高等院校经济学管理学精品规划教材

成本会计学

（第四版）

李会青　黄丽丹　梁　敏　主编

上海财经大学出版社
SHANGHAI UNIVERSITY OF FINANCE & ECONOMICS PRESS

图书在版编目(CIP)数据

成本会计学/李会青,黄丽丹,梁敏主编. —4版. —上海:上海财经大学出版社,2024.6

高等院校经济学管理学精品规划教材

ISBN 978-7-5642-4388-3/F·4388

Ⅰ.①成… Ⅱ.①李…②黄…③梁… Ⅲ.①成本会计-高等学校-教材 Ⅳ.①F234.2

中国国家版本馆CIP数据核字(2024)第096141号

□ 责任编辑 刘光本

□ 责编电邮 lgb55@126.com

□ 责编电话 021-65904890

□ 封面设计 张克瑶

成本会计学

(第四版)

李会青 黄丽丹 梁 敏 主编

上海财经大学出版社出版发行

(上海市中山北一路369号 邮编200083)

网 址:http://www.sufep.com

电子邮箱:webmaster@sufep.com

全国新华书店经销

启东市人民印刷有限公司印刷装订

2024年6月第4版 2024年6月第1次印刷

787mm×1092mm 1/16 17.5印张 403千字

印数:25 001—28 000 定价:49.00元

前言

PREFACE

经济越发展，会计越重要。随着科学技术的进步、世界经济的发展，会计进入一个不断发展和变革的时代，并在人们的生活中处于越来越重要的地位。为适应普通高等院校会计学专业教学的需要，培养能够适应现代财务岗位需要的高级应用型和技能型会计人才，我们根据高等教育人才培养方案的要求，结合中共二十大精神，以实用为目的，以必需、够用为原则，精心修订了本版《成本会计学》教材。

本教材具有以下特点：

第一，注重理论与实践相结合。本书以提高教学质量为基础，引入国内外成本会计领域的最新研究成果，在介绍必要的基本理论的基础上，着重介绍成本会计核算的基本方法，辅之以大量的案例和实务题，使学生既能熟悉和掌握成本会计学的一般原理和方法，又能面对和解决企业成本核算中存在的具体问题，具有很强的实用性。

第二，内容新颖、突出重点。本书紧密结合企业会计准则，力求切合我国成本会计理论与实务的现状。各章节内容相互衔接，突出重点和难点的介绍，注重内容的逻辑性。每章正文前附有要点提示、内容引言、素养提升，每章末附有本章小结、关键概念、思考题、自测题和实务题。各章节内容连贯，通俗易懂，使学生在达到知识目标的基础上提升综合素质。

本教材适用于普通高校会计学专业的学生学习，也可作为从事成本会计实务的人员、企业管理人员和自学人员的辅导资料。

本教材由李会青、黄丽丹、梁敏主编，张芳源参编，共分十三章。本教材在编写过程中得到了学校及企业财务人员的大力支持，同时参考了有关专家、学者的学术著作，在此一并致谢。

随着我国市场经济和会计改革的不断发展，新的成本会计理论与实践有待我们进一步探索。此次编写本教材，由于时间紧迫，加之水平所限，恳请读者给予批评指正。

编　者

2024年6月

目 录

CONTENTS

第一章

成本会计概述

本章要点

- 掌握成本的含义
- 了解成本会计的职能
- 了解成本会计的基础工作

本章引言

本章主要讲述成本会计的一些基本概念和基础知识，包括成本的含义、成本会计的职能、成本会计的基础工作等。通过本章学习，为后续内容的深入学习打下基础。

关于成本的概念，不同的领域有着不同的解释。理论成本是按马克思的价值学说对成本做出的理论概括，现实成本对正确计算产品成本、加强成本管理具有重要意义，而管理成本标志着成本理论体系的不断充实和完善。在成本会计中，产品成本是它的核心概念。

成本会计基于生产的需要而产生，随着社会经济的发展而逐步完善。成本会计产生于19世纪后期，经历了传统成本会计阶段和现代成本会计阶段，从实践和理论方面都得以不断充实和完善，形成了独立的学科。当代现代市场经济的发展，科学技术的进步，企业内部环境和企业外部环境的变化，正推动着成本管理理论与方法不断改革与创新。

成本会计拥有多项职能，贯穿于企业生产经营的全过程，构成了现代成本管理的整体框架。科学地组织成本会计工作，是发挥成本会计职能、完成成本会计任务的前提条件。

素养提升

本章通过介绍成本的相关概念，引导学生明白晋商文化中以商为本的思想，知道任何主体做任何事情都会产生成本，所以要有降低成本、创造价值的理念，使学生认识到节约成本也是爱国思想的一种体现。将来作为企业的一名员工，要为企业降低成本费用、提高企业经济效益做出自己的贡献。

第一节　成本的含义和作用

一、成本的含义

成本作为商品生产的经济范畴，它随着产品交换而产生，又随着商品经济的发展而不断改变其表现形式。特别是在商品经济日趋成熟的今天，出于各种管理的需要，成本更是不断拓宽其发挥作用的领域，在表现形式上更加丰富、完善。成本的概念和内涵也在不断地发展、变化，成本的范围也在逐渐扩大。学习成本会计就必须充分认识成本的经济内涵。

（一）理论成本

在经济学中，成本是指商品价值中已经耗费的需要在产品销售收入中获得补偿的那部分价值，即已经消耗的生产资料转移的价值和活劳动消耗的价值。

马克思指出："按照资本主义方式生产的每一个商品 W 的价值，用公式可以表示为 $W=C+V+M$。如果我们从这个产品价值中减去剩余价值 M，那么，在商品中剩下的，只是一个在生产要素上耗费的资本价值 $C+V$ 的等价物或补偿价值"。"只是补偿商品使资本家自身耗费的东西，所以对资本家来说，这就是商品的成本价格。"马克思的成本价格理论中称为商品的"成本价格"的那部分商品价值，指的就是商品成本，即产品成本的经济内容包括物化劳动 C 和生产者必要劳动 V 两部分。物化劳动 C 是指生产过程中所耗费的生产资料（劳动对象和劳动资料）转移的价值，如材料耗费、燃料耗费、动力耗费的价值，机器设备、厂房等固定资产的折旧费，工具、用具等低值易耗品的摊销费。生产者必要活劳动 V 是指相当于一定生产力水平下劳动力再生产所需平均生活资料的价值，是劳动者为自己劳动所创造的价值，劳动者在进行生产时，要耗费一部分必要劳动以保证劳动力自身再生产的需要，具体表现为工资及其他工资性支出。

马克思指出："不论生产的社会形式如何，劳动者和生产资料始终是生产的因素。"所以不论是在资本主义市场经济条件下，还是在社会主义市场经济条件下，成本的经济内容都是一样的。根据马克思的成本价格理论，产品的成本由 $C+V$ 两部分构成，$C+V$ 构成的内涵既是成本研究的理论基础，又是测算理论价格的依据，所以被称为理论成本。

理论成本是按马克思的价值学说对成本做出的符合其客观经济内涵的高度理论概括，它对正常生产经营下的成本认识具有普遍的指导意义。成本概念中最具典型意义的是产品成本。企业的生产过程既是产品的制造过程，也是物化劳动和活劳动的消耗过程。从理论上说，产品成本是指企业为生产一定种类和数量的产品而发生的生产耗费。所以，成本的经济内涵可以概括为:成本是生产经营过程中所耗费的生产资料转移的价值和劳动者为自己劳动所创造的价值的货币表现,是企业在生产过程中所耗费的资金的综合。

(二)核算成本

在会计核算中,为了保持成本核算口径一致,防止乱挤乱摊成本,核算成本的开支范围是由国家在《企业会计准则》《企业财务通则》中统一规定的。核算成本制定的基础和理论依据是理论成本,但它与理论成本的内涵有一定差别。

成本开支范围主要包括:

(1)为制造产品而消耗的原材料、辅助材料、外购半成品和燃料动力费。

(2)企业支付给生产单位职工的薪酬,包括工资、奖金、津贴和补贴,职工福利费,医疗保险费、养老保险费、失业保险费、工伤保险费等社会保险费,住房公积金,工会经费和职工教育经费以及非货币性福利。

(3)生产用固定资产折旧费。

(4)生产单位因生产原因发生的废品损失,季节性、修理期间的停工损失。

(5)企业生产单位为管理和组织生产而支付的办公费、水电费、劳动保护费、设计费和差旅费等。

为了促使企业加强经济核算、节约资源耗费、减少生产损失,充分考虑到经济生活中的许多特殊情况以及相关方针政策的影响,将不属于理论成本的、不形成产品价值的损失(如废品损失、停工损失等),也允许计入产品成本。同时,为了简化成本核算工作,对于属于理论成本的、企业物化劳动耗费和活劳动耗费的部分(如管理部门的固定资产折旧和管理人员工资等),则作为期间费用直接计入当期损益而不再计入产品成本。

我国由国家通过有关法规、制度界定的成本开支范围,是我们在成本核算中应遵循的规则,它对于加强成本管理、正确评价企业的经济效益、保证企业再生产的顺利进行具有重要的意义。

(三)管理成本

成本概念产生于商品生产的经济环境中。作为管理的重要手段,成本的内涵和外延也随着商品经济的不断发展而处于不断变化之中。世界各国由于具体情况不同,对成本概念的认识和对实际应用成本的规定也不完全一致。服从于成本管理的不同目的,基于成本信息的不同需要,形成了成本定义更为广泛的外延和成本表现形式的各种不同组合。

在管理会计中,为了进一步研究成本,满足成本核算的要求,有效地进行成本预测、决策、计划和控制,寻求降低成本的途径,可按照不同标准对成本进行分类。

1. 按成本的可变性分类

成本的大小,与业务量(产量或销量)的增减变动具有一定的关系。成本按可变性分为变动成本和固定成本。

变动成本,是指在一定时期和一定业务量范围内,其成本总额的变动和业务量之间保持正比例关系的成本。例如产品生产中的原材料成本、计件工资等。

固定成本，是指在一定时期和一定业务量范围内，其成本总额不受业务量增减变动的影响而保持固定不变的成本。例如按直线法计提的折旧费、计时工资、房屋设备的租金、保险费、广告费等都属于固定成本。

2. 按成本是否与决策相关分类

成本按其是否与决策相关可分为相关成本和无关成本。

相关成本，是指与特定决策有关，在决策过程中必须考虑的成本。例如机会成本、差别成本、重置成本、专属成本、边际成本等。

无关成本也称不相关成本，是指对未来决策没有影响的成本，如沉没成本、共同成本等。

以上这些概念解释如下：

(1)机会成本，在决策时，由于选择一个方案而放弃或错过其他方案所失去的收益就是所选择方案的机会成本。机会成本是一个特殊的成本概念，它不是一项现实的成本支出，只是用于计量各决策方案潜在的经济影响，在会计核算中不用入账，但它又是决策分析时必须考虑的重要因素，如果忽视机会成本，可能会造成决策失误。例如运输卡车一辆，若出租，每年可取得租金 5 万元；若自营，每年可取得收入 10 万元，营运费用共计 6 万元，每年可获得收益 4 万元。运输卡车出租可取得的租金 5 万元，就是自营方案的机会成本，则自营成本总额为 11 万元，高于未来收入，因此企业应放弃自营而将卡车出租。机会成本在决策分析中的应用，有助于企业全面考虑可能采用的各种方案，为有限资源寻求最为有利的使用途径。

(2)差别成本又称差量成本，是指可供选择方案之间的预计成本的差异。它在定价决策中有重要用途。

(3)重置成本，是一种资产成本，是指目前从市场上新购买同一项资产所需支付的成本。它是制定产品价格的重要依据，在进行经营决策时应着重考虑重置成本。

(4)专属成本，是指可以明确归属于某种、某批产品或某个部门等特定对象的成本。例如生产某产品的专用设备折旧费、维修费等。

(5)边际成本，从理论上说，边际成本是产量无限小的变化所引起的成本总额的变动。在实际经济生活中，边际成本是产量每增减一个单位所引起的成本总额的变动，在一定范围内，边际成本就是单位变动成本。它在生产决策和定价决策中起重要作用。

(6)沉没成本，是指过去已经支付、无法收回或得到补偿的成本。例如企业厂房原值 100 万元，已提折旧 40 万元，账面价值 60 万元，在进行固定资产决策时，厂房的原值 100 万元和账面价值 60 万元，都是沉没成本，无须再考虑。

(7)共同成本，是指需要由几种或几批产品等成本对象共同负担的成本。在进行这些产品的决策时，不用考虑共同成本因素。

美国会计学会与标准委员会对成本的认识是比较广义的，他们认为：成本是为了一定的目的而付出(或可能付出)的用货币测定的价值牺牲。这就远远超出了成本概念的内涵与外延。按照这种解释，劳务成本、资金成本、开发成本、工程成本、资产成本、质量成本、人力成本、环保成本等都是成本范畴，形成了不同方面、不同管理要求的不同成本组合。同时，由于人们对成本所具有各种特性的进一步认识，以及人们对影响成本的各种复杂因素的深入了解，在成本管理和核算的实践中不断推出了诸如标准成本、作业成本等新的成本概念，组成了多元化的成本概念体系。

本书所讲的“成本”一词，遵循了成本的原始经济含义，主要以产品成本作为特定目标，着重研究企业在产品制造过程中所发生成本的会计核算这一特定问题。

二、成本的作用

随着社会主义市场经济的发展，成本在经济管理工作中的作用越来越重要，概括起来，主要包括以下几方面：

1. 成本是产品生产耗费的补偿尺度

成本是企业生产消耗的客观范畴，任何企业要维持起码的简单再生产、保证继续经营的必要条件是首先要补偿其在生产中发生的耗费。其生产耗费必须从销售收入中得到补偿，补偿数额的多少取决于成本，成本是衡量这一耗费补偿的价值尺度。如果能够按成本得以补偿生产经营中的资金耗费，才能保证企业再生产的正常进行。如果不能按照成本来补偿生产耗费，就会影响整个社会的再生产和扩大再生产。因此，加强经济核算，降低成本，提高经济效益，不仅是每个企业自身生存的需要，也是整个社会供求发展的必然要求。

2. 成本是反映企业管理水平的综合指标

成本是一项综合性的经济指标，是生产耗费的综合反映，它体现在企业经营管理的方方面面。比如，产品设计是否合理、原材料消耗是否节约、生产工艺的合理程度、固定资产是否充分利用、劳动生产率的高低、产品质量的优劣、产品产量的多少、生产组织是否协调等，都可以通过成本反映出来。这一切都促使企业合理地使用人力、物力和财力，不断寻求降低成本的途径。所以说成本是综合反映企业管理水平的指标。

3. 成本是制定产品价格的重要依据

在商品经济中，产品价格是产品价值的货币表现。制定产品价格要考虑多方面的因素，根据价值规律的要求，产品价格应大体上符合其价值，这就必须充分考虑企业目前的成本水平和可实现的成本目标。正常情况下，产品价格制定是否合理，关键在于成本因素考虑得是否充分，而产品成本是否合理，关键在于成本的管理、控制是否得当。这就要求企业必须提高经营管理水平，依据市场和企业成本情况，向市场提供价廉物美的产品。所以产品成本是制定产品价格的一项重要因素。

4. 成本是企业进行生产经营预测、决策的重要依据

在市场经济条件下，企业要努力提高在市场上的竞争能力和经济效益，在激烈的竞争中求得生存和发展，就要勇于面对市场，根据外部环境和内部条件的变化，对新产品的开发、生产计划的安排等做出科学合理的生产经营预测和决策。成本是影响企业发展的一个非常重要的因素，在产品价格和税收一定的情况下，产品成本水平的高低直接影响着企业经济效益的高低和市场竞争能力的大小。因此，企业进行经营决策就必须考虑产品成本这一重要因素，并以经济效益为标准来选择最优方案。

5. 成本是编制企业内部财务报表的主要依据

成本报表是根据产品成本和期间费用的核算资料以及其他有关资料编制的，企业管理者通过成本报表可以了解企业成本管理的现状和发展趋势，考核各部门成本计划的完成情况，进一步挖掘降低成本的潜力，并通过综合分析，做出正确的经营决策。

第二节 成本会计的发展和职能

一、成本会计的产生和发展

成本会计是基于生产的需要而产生的，随着社会经济发展的需要而逐步发展的。成本会计产生于19世纪后期，经历了传统成本会计阶段和现代成本会计阶段，在实践和理论方面都得以不断充实和完善，成为独立的学科。

(一)传统成本会计阶段(1880—1945年)

成本会计起源于英国。随着西方各国产业革命的完成，英国成为资本主义最发达的国家，工厂代替了手工工场，机器代替了手工劳动，企业规模不断扩大，出现了竞争，产品的生产成本得到普遍重视。会计人员为了满足生产和外部审计的需要，精确计算成本，将成本计算与复式簿记结合起来，利用账户对应关系，通过借贷平衡原理，反映生产过程的各种耗费，形成了记录型成本会计。成本会计产生以后，陆续传入美国及其他国家。20世纪初，随着资本主义的迅速发展，企业推行泰罗制的科学管理制度，使成本会计的职能扩大，会计不仅能够计算成本，还能够控制和分析成本。20世纪30年代，科学管理制度预算控制被引入成本会计，使成本会计的理论与方法进一步完善和发展。在传统成本会计阶段，成本会计取得了以下成就：

1. 会计核算方面，成本核算方法逐步完善

在会计核算方面，建立了材料核算和管理办法，建立了工时记录和人工成本计算方法，规范了间接费用、制造费用分配办法，根据制造业生产特点，出现了产品成本计算的品种法、分批法、分步法及一系列辅助方法，为现代成本会计的发展奠定了基础。

2. 会计控制方面，形成成本事前控制、事中控制和事后控制

由于泰罗制的科学管理方法在企业的广泛运用，美国会计学家提出了标准成本制度，为生产过程的成本控制提供了条件，而在成本会计中引入弹性预算，使企业预算可以合理地控制不同属性的费用支出，有助于正确考核经营者的工作成绩。标准成本制度和预算控制成为成本控制的两大支柱。

3. 会计理论方面，成本会计著作大量出版

1885年，英国H. 梅特卡夫所著第一本成本会计著作《制造成本》一书出版，为成本会计的发展奠定了基础。而1887年由E. 加可和J. M. 费尔斯合著的《工厂会计》一书，对于成本会计的建立具有极为重要的意义，被认为是19世纪最著名、最有影响的成本会计著作。20世纪初，成本会计名著纷纷出版，美国尼克尔森和罗尔巴可合著的《成本会计》、托尔的《成本会计

原理和实务》等，使成本会计具备了完整的理论和方法体系，成为独立学科。

4. 成本会计的应用范围扩大

在传统成本会计阶段，成本会计的应用范围最初只限于工业企业，后来逐渐扩大到各种行业，并应用到企业内部的各个部门，在企业的经营和销售方面也得到了广泛应用。

在传统成本会计阶段，成本会计的定义可做如下表述：成本会计是运用会计一系列核算方法，对企业生产经营过程中发生的一切费用进行核算和控制，为管理者提供有效的决策依据。

(二)现代成本会计阶段(1945 年以后)

第二次世界大战以后，科学技术迅速发展，企业规模越来越大，市场竞争十分激烈，对企业管理提出了更高的要求。电子计算机等各种科学技术成就在成本会计中得到了广泛应用，形成了新型的着重管理的经营型成本会计。主要表现如下：

1. 成本会计的职能扩大

在传统成本会计阶段，以成本核算为主，在此基础上进行成本的控制和分析。而为了主动控制成本，现代成本会计逐步把成本的预测和决策放在主要地位，利用各种成本数据，对未来成本发展趋势做出科学的估计和预算，按照成本最优化要求，研究各种方案的可行性，选取最优方案，谋取企业最佳效益。

2. 成本会计的方法体系不断完善

实行目标成本计算，使成本会计扩展到技术领域，把技术与经济结合起来，促使企业有效降低成本。实行责任成本核算，加强了企业内部各级单位的业绩考核，使成本控制更为有效。实行变动成本计算法，不仅可以减少成本计算工作量，同时还为企业进行成本预测和决策创造了有利条件。推行质量成本核算，提高了产品质量，扩大了成本会计的研究领域。

综上所述，现代成本会计是根据会计资料和其他有关资料，对企业经营活动过程中发生的各种耗费，全面地、系统地进行预测、决策、核算、控制、分析和考核，促使企业不断降低成本，提高经济效益。

(三)成本会计的发展趋势

随着社会经济的发展、科学技术的进步，企业的内部环境发生了巨大变化：成本会计技术手段与方法不断更新，会计电算化已经或正在取代手工记账，而且由于企业内部网的建立，实时报告成为可能；成本会计的应用范围也在不断拓展，不论在银行、快餐连锁店、专业组织还是政府机关，成本控制已受到越来越广泛的重视。

此外，企业外部环境也日新月异：大多数产品供过于求，国家间贸易合作日趋频繁、密切，使全球市场竞争日趋激烈；产品需求多样化，顾客对产品质量的苛求，使新技术、新工艺的创新蔚然成风。

企业内部环境和企业外部环境的变化，要求成本会计必须适应新的制造环境，不断创新成本管理理论与方法。

1. 制造环境的变化促使成本会计的方法不断创新

相对于传统制造环境，新制造环境主要表现为：

(1)弹性制造系统，是指使用机器人及电脑控制的材料处置系统，结合各种独立的电脑程式机器工具进行生产。它有益于产品制造程序的弹性化，可以从事多样化产品的生产，解决对产品多样化、精致化的需求。

(2)电脑辅助设计、电脑辅助工程及电脑辅助制造系统，不但提高了电脑的功能，并且为厂商提供了更为宽广的发展空间。使用电脑辅助系统可减少人工成本、节省时间，并提高工作效率。

(3)制造资源规划，是指制造业所采用的电脑管理信息系统。有助于管理当局进行及时、有效的投资与生产经营决策。

(4)电脑整合制造系统，是指以电脑为核心，结合所有新科技的系统，以形成自动化的制造程序，实现工厂无人化管理。

在企业新制造环境的冲击下，传统的成本会计技术与方法造成产品成本计算不正确和成本控制可能产生反功能行为后果。针对传统成本会计不适应新制造环境的局面，美国会计学者提出了作业成本法(ABC)，作业成本法就是把为生产一种产品所发生的所有作业(如质量检验、机器维修和顾客服务等)分配到产品成本中的一种成本计算方法。这种方法较传统成本计算方法更为精细，成本数据更加准确。作业成本法所提供的成本信息能够促使管理人员重新设计整个价值链上的作业活动以节省企业资源。

2. 管理理论与方法的创新使成本会计理论体系不断完善

管理理论与方法的创新主要表现为：

(1)适时制

它是一种严格的需求带动生产制度，要求企业生产经营管理各环节紧密协调配合，原材料、在产品、产成品保质保量并适时地送到后一加工(或销售)环节。其目的是使原材料、在产品及产成品等各类存货保持在最低水平，尽可能实现“零存货”，以降低存货成本。在存货水平很低的情况下，会计人员为简化存货计价，可能采用倒推成本法，就是当产品完工或销售时，倒过头来计算在产品、产成品等生产成本。这样，倒推成本法便应运而生。

(2)全面质量管理(TQM)

全面质量管理是20世纪60年代从传统质量管理发展起来的，随着国际国内市场环境的变化，全面质量管理已经发展成为一种企业竞争的战略武器，一种由顾客的需要和期望驱动的、持续的改进产品质量的管理哲学。全面质量管理的目标就是公司在生产的各个环节追求产品“零缺陷”，并由顾客最终界定质量。在全面质量管理情况下，管理人员绩效衡量标准包括了产品的可靠度、服务的及时性等，促使管理人员努力提高产品质量的非货币性指标。

(3)战略管理

所谓战略管理，就是着眼于对企业发展有长期性、根本性影响的问题。战略管理思想对成本会计系统的影响主要体现在战略成本管理的提出。战略成本管理就是运用成本数据和信息，来发展及确认能促进公司竞争优势的最优战略。

(4)基准管理和持续改进

管理方法的新趋势就是基准与持续改进的结合。所谓基准，就是以公司外部或内部最优的业绩标准来衡量自身的生产活动。持续改进意味着管理人员不是一次性地确定基准，而是持续不断地改进提高的过程。基准管理与持续改进对成本会计系统的影响，主要表现在管理人员和会计师们认识到降低成本要向本行业最好的公司学习，以同质产品的最低成本作为基准，了解自身与最优者的差距，并分析其原因，进而实行企业再造工程，以增强竞争力。

(5)限制理论(TOC)

根据限制理论，每个公司至少有一个"瓶颈"制约着它的发展，否则无论公司定下什么目标都会实现。企业限制因素通常可分为资源、市场、政策、原材料和后勤五类。限制理论把企业看成一系列链状相连的过程，如果薄弱的连接处得到了加强，那么整条链也就得到了加强，但是如果加强了其他的连接处，整条链就不会得到加强。限制理论对成本会计系统的影响是，管理人员和会计人员认识到，在有些情况下，不能一味强调降低成本和费用，要有逆向思维，要在企业的薄弱环节加大投入量，"为了省钱而花钱"。

(6)目标管理

按目标进行管理，要求一个企业在一定时期内应当确定总的奋斗目标，如利润总额、资金利润率等，并据以指导、组织、动员员工为完成企业总目标而努力。围绕这个总目标，企业各部门、各环节乃至每个人都应当制定自己的奋斗目标，如销售量目标、成本目标、技术目标等，并制定实现目标的措施，以保证总目标的完成。实行目标管理可以提高企业管理工作的主动性和积极性，克服盲目性，提高企业的经营管理水平。目标管理对成本会计系统的影响就是目标成本的制定、分解、控制和分析。我国的目标战术管理已初步形成比较完整的体系。

面对现代成本会计的发展趋势，我国的成本会计工作应顺应国际、国内市场环境以及企业生产环境的变化，加强成本理论的研究，要建立中国特色的会计理论研究方法体系，总结完善和推广我国行之有效的成本会计方法，提高我国成本会计水平。学习外国一切先进的经验和方法，博采众长，为我所用，借鉴西方成本会计理论与方法，与我国国情相结合，不断创新、探索，形成一套中国特色的现代成本会计理论与方法体系。

二、成本会计的职能

所谓职能，是指事物本身客观上所具有的功能。成本会计的职能，是指成本会计在经济管理工作中所具有的客观功能。成本会计作为会计的一个重要分支，其基本职能同会计一样，具有反映和监督两大基本职能。但现代成本会计因涉及多种目的，已在成本核算这一基本职能之上有了新的功能。因此，完整意义上的成本会计职能应包括成本预测、成本决策、成本计划、成本控制、成本核算、成本分析和成本考核。

(一)成本预测

成本预测是指依据成本的有关资料及其与各种技术经济因素的依存关系，结合发展前景，采取各种措施，通过一定的程序、方法和模型对未来成本水平及其变化趋势做出科学的估计。通过成本预测，有助于减少盲目性，有利于选择最优方案，提高了降低成本的自觉性。

(二)成本决策

成本决策是指根据成本预测提供的资料和其他有关资料,制定出优化成本的各种方案,运用决策理论和方法,对各种方案进行比较分析,从中选择最优方案确定目标成本的过程。进行成本决策、确定目标成本是编制成本计划的前提,也是实现成本的事前控制、提高经济效益的重要途径。

(三)成本计划

成本计划是指在成本预测和成本决策的基础上,为保证成本决策所确定的目标成本的实现,具体规定在计划期为完成生产经营任务所应发生的生产耗费和各产品的成本水平,并提出达到规定成本水平所应采取的措施方案。成本计划是建立成本管理责任制的基础,对于控制成本、挖掘降低成本潜力有着重要的作用。

(四)成本控制

成本控制的实质是根据成本预算,制定各项消耗定额、费用定额、标准成本等,对实际发生的和将要发生的各项费用成本进行审核,及时揭示实施过程中的差异,采取措施将费用成本控制在预算、计划之内,以实现或超过预期的成本目标。成本控制是成本预测、成本决策、成本计划所拟定目标的实施环节,它对成本计划的正确实施起到保证作用。

(五)成本核算

成本核算是指对生产经营过程中实际费用的发生和产品成本的形成进行的核算。它包括对发生的费用成本的审核、记录、归集、计算、分配,并做出有关账务处理,直至编制成本报表等一系列核算环节,最终为成本管理提供客观、真实的成本资料。

(六)成本分析

成本分析是指根据成本核算所提供的信息和其他相关资料,对成本水平及构成变动情况、影响成本费用的各种因素及其影响程度、成本超支节约的责任和原因等进行的分析研究。通过成本分析可以了解成本水平与结构是否合理,发现成本管理中存在的问题及其原因,从而寻求进一步降低成本的途径。

(七)成本考核

成本考核是在成本分析的基础上,对成本计划的执行结果或完成情况进行的考查评价。成本考核应将责、权、利紧密结合,明确责任,落实权限,赏罚分明。通过成本考核,能调动职工控制成本、降低成本的自觉性。

必须指出,成本会计的各项职能之间是相互联系、相辅相成的,它们贯穿于企业生产经营的全过程,构成现代成本管理的整体框架。成本预测是成本会计的首要环节,它是成本决策的前提。成本决策是成本会计的重要环节，在成本会计中居中心地位，它既是成本预测的结果，又是制定成本计划的依据。成本计划是成本决策的具体化。成本控制是成本会计的必要环节，对成本计划的实施进行监督，是实现成本决策既定目标的保证。成本核算是成本会计的基本职能，它提供企业管理所需的成本信息资料，是发挥其他职能的基础，同时也是对成本计划是否得以实现的最后检验。成本分析和成本考核是实现成本决策目标和成本计划的有效手段，只有通过成本分析，查明原因，制定、执行、改进和完善企业管理的措施，才能有效降低成本。通过正确评价与考核各责任单位的工作业绩，才能调动各部门和全体职工的积极性，进行有效控制，为切实执行成本计划、实现既定目标提供动力。

三、成本会计的任务

成本会计的任务，是成本会计职能的具体化，也是人们期望成本会计应达到的目的和对成本会计的要求。从整体上说，成本会计的根本任务是促进企业尽可能节约生产经营过程中物化劳动和活劳动的消耗，不断提高经济效益。具体来说，成本会计的任务有以下几个方面：

1. 正确计算产品成本，及时提供成本信息

成本计算是成本核算的具体工作，是成本会计的关键和基础。企业的成本信息，主要来源于成本计算。只有在正确计算产品成本并及时提供成本信息的基础上，企业才能保证损益计算的正确性，并有效地考核成本计划的完成情况，为成本的预测、决策、控制等提供资料，为财务报表的编制提供资料。所以，企业应严格按照国家规定的成本开支范围，结合企业自身特点采用适当的成本计算方法，以正确、及时地计算产品成本。这是做好成本会计工作、完成成本会计任务的最基本要求。

2. 加强成本预测，优化成本决策

搞好成本预测、优化成本决策是成本会计适应社会生产发展和现代化管理需要而必须承担的重要任务。搞好成本预测，应兼顾事前和事中全过程的成本预测，并按照一定程序，在充分占有资料的基础上采用科学的计算方法，才能确保预测的准确程度。优化成本决策，应对收集的有关信息去伪存真、去粗取精，并在客观评价、合理判断的基础上做出正确决策，确保成本的最优化。成本预测和成本决策两者具有密切的联系，搞好成本预测是优化成本决策的前提，而优化成本决策则是搞好成本预测的结果。因此，将两者有机地结合起来，可以为企业挖掘降低成本的潜力、提高经济效益指明方向和途径。

3. 制定目标成本，强化成本控制

目标成本是为了保证实现目标利润而制定的成本控制指标。目标成本是成本控制的依据，它制定的正确与否对于成本控制的有效性有着很重要的影响；而成本控制是目标成本的实施过程，可以促进目标成本更好地实现。目标成本的制定必须以可靠的资料为依据，采用科学的方法计算出来，同时注意激发职工的积极性，经过主观努力达到目标，保证其可行性。加强成本控制，则必须对目标成本的各分指标进行归口分级控制，并以产品成本的整个过程为对象，结合生产经营不同阶段的不同性质和特点进行有效的控制，确保成本管理工作的改进和成

本效益的提高。

4. 建立成本责任制度，严格成本业绩考核

成本责任制是企业内部对各部门、各层次和执行人在成本方面的职责做出的规定。建立成本责任制度，要把成本责任指标分解落实到生产经营的各部门、各层次甚至每个责任人头上，使其直接承担一定的成本责任。同时，将责权利结合起来，形成激励机制，以增强企业的活力。实行成本责任制，最好是先建立成本责任单位，然后再通过对责任成本的核算，特别是对各责任单位的可控费用实际发生额的计算，参照责任成本指标确定成本差异，分析原因，提出建议，消除不利差异，扩大有利差异，以确保成本目标的实现。成本考核是成本责任制顺利进行的保证，明确了责任就应该严格考核。通过成本业绩考核，可以分清责任，客观评价各责任单位的工作，以鼓励先进、鞭策后进，使成本管理的业绩与职工的切身利益紧密结合，提高各部门主动降低成本的意识，自觉为企业获取更大经济利益做出贡献。

第三节　成本会计的基础工作

一、成本会计的工作机构

企业的成本会计机构，是指在企业中直接从事成本会计工作的机构。成本会计机构是企业会计机构的一部分，建立成本会计机构就为搞好成本会计工作提供了组织上的保证。一般来说，成本会计机构的设置应与企业经营规模的大小、业务的多少和管理的体制相适应。在大中型企业中，应单独设置成本会计机构（如成本处、成本科），在总会计师的领导下进行成本会计的各项工作。在规模较小、会计人员不多的企业，可以不设立成本会计的专门机构，在会计部门中配置专职的成本会计人员负责成本会计工作。另外，企业的有关职能部门和生产车间，也应根据工作需要设置成本会计组，或者配备专职或兼职的成本会计人员。

企业内部各级成本会计机构的设置分为集中设置和分散设置两种方法。

在集中工作形式下，企业成本会计工作中的计划、控制、核算和分析主要是由厂部成本会计机构集中处理，车间等其他单位中的成本会计机构或人员只负责原始记录和原始凭证的填制，对它们进行初步的审核、整理和汇总，为厂部成本会计机构进一步工作提供基础资料。在这种方式下，车间大多只配备专职或兼职的成本会计人员或核算人员。集中设置的优点是：有利于厂部成本会计机构及时掌握有关成本的全面信息，便于集中使用计算机进行成本数据处理，还可以减少成本会计机构的层次和成本会计人员的数量。但这种工作形式不便于直接从事生产经营活动的各单位和职工及时掌握本单位的成本信息，从而不便于加强对成本的及时控制。因此，一般只适用于小型企业。

在分散工作形式下，成本会计工作中的计划、控制、核算和分析由车间等其他单位的成本会计机构或人员分别进行。成本考核工作由厂部成本会计机构对车间等其他单位中的成本会计机构逐级进行。厂部成本会计机构除对全厂成本进行综合的计划、控制、分析和考核以及汇总核算外，还应负责对各下级成本会计机构或人员进行业务上的指导和监督。

分散工作形式虽然会相应增加成本会计工作的层次和会计工作人员的数量，但它却有利于各具体生产经营单位及时掌握成本信息和进行成本控制，促进各单位的生产经营管理，也便于配合经济责任制的实行，为各单位的成本控制业绩考核提供必要信息。因此，这种组织形式一般适用于成本会计工作较为复杂、会计人员数量较多、各单位独立性较强的大中型企业。

企业应该根据规模大小、内部单位经营管理的要求以及成本会计人员的数量和素质，从有利于发挥成本会计的职能和提高成本会计的效率出发，确定企业应该采用哪一种工作方式。大中型企业一般采用分散工作形式，中小型企业一般采用集中工作形式，但也可以在一个企业中结合采用两种形式。

二、成本会计人员的配备

社会主义市场经济的建立，科学技术的迅猛发展，经济业务的日新月异，经营管理要求的不断提高，要求成本会计人员更新观念、解放思想，以适应瞬息万变的市场经济。我国作为世界贸易组织的成员国，要遵照国际惯例开展贸易服务活动，在国际经济大舞台上与国外企业平等竞争，要求成本会计人员必须具有经营意识、竞争意识、风险意识、创新意识和终身学习意识，不断提高自身素质，加强成本核算和成本管理，向管理要效益，为企业提高效益和创造价值。

要充分发挥成本会计的职能作用，完成成本会计的任务，企业就必须配备合格的成本会计人员。合格的成本会计人员必须符合两方面要求：

（一）成本会计人员应具备良好的职业道德

我国对会计人员职业道德的研究起步较晚，但在《会计基础工作规范》等会计法规中都做了明确规定，主要有以下七条：

1. 爱岗敬业

爱岗敬业，热爱本职工作，这是做好会计工作的出发点，也是会计人员职业道德的首要前提。具体表现为会计人员对工作有责任感和义务感，热爱自己的职业，忠实地履行自己的职责，努力做好自己的本职工作。

2. 诚实守信

诚实守信是会计职业道德的一个重要内容，具体表现为会计人员要真实客观地反映单位的经济活动状况，实事求是，不弄虚作假，不欺上瞒下。

3. 廉洁自律

廉洁自律是会计职业道德的一个重要标志。会计人员必须做到不义之财不取，金钱面前不动摇，做到不沾、不拿、不贪，坚持原则，依法办事。自觉做到行为清廉，奉公守法，依法理财。

4. 坚持准则

坚持准则是指会计人员在进行会计工作中，以会计准则为自己的行动指南，熟悉财经法律、法规、会计制度和会计准则，结合本单位的实际情况，合理设置会计科目进行账务处理，明确人员职责分工等。做到在处理各项经济业务时知法依法、知章循章、依法把关。

5. 客观公正

客观公正是一种工作态度，也是会计人员追求的一种境界，会计人员在办理会计事务中，应当实事求是、客观公正。

6. 精通业务

精通业务是指会计人员必须具备全面的专业知识、丰富的专业经验，以及应用这些知识和经验处理会计具体问题的能力。会计人员要在实践中不断磨炼自己，提高自己的综合素质水平，做一名理论强、业务精、技术硬的会计人员。

7. 保守秘密

保守秘密是指会计人员在处理业务过程中，除法律规定和单位负责人外，不能私自向外界、向任何人提供或者泄露单位的会计信息。会计人员对单位财务情况负有保密的义务，会计人员在工作中应做到不该问的不问、不该说的不说，不为利益所诱惑，坚决保守秘密。

以上会计职业道德只是约束成本会计人员的最低下限，是对成本会计人员的基本要求。

(二)必须熟悉成本会计人员的职责和权限

1. 成本会计人员的职责

成本会计机构和成本会计人员应在企业总会计师和会计主管人员的领导下，正确计算产品成本，及时提供成本信息资料，有效实施成本预测，认真参与制定生产经营决策，深入生产经营的各个环节，结合实际情况，制定目标成本，向有关人员和职工宣传企业在成本管理方面的计划和目标等，强化成本控制，建立成本责任制度，及时发现成本管理中存在的问题并提出改进成本管理的意见和建议，为降低成本、提高企业经济效益发挥重要作用。

2. 成本会计人员的权限

成本会计人员有权要求企业有关单位和有关人员认真执行成本计划，严格遵守有关法规、制度和财经纪律；有权参与制定企业生产经营计划和各项费用定额，参加与成本管理有关的生产经营管理会议；有权督促检查企业各单位对成本计划和有关法规、制度、财经纪律的执行情况。

成本会计工作是企业经营管理工作的重要组成部分，成本会计人员应顺应时代的发展，摆脱传统会计记账、算账的束缚，把成本预测、决策、控制和分析逐步应用到成本会计的日常工作中来，更好地发挥成本会计的职能作用，以适应经济发展对成本会计越来越高的要求。

三、成本会计的法规和制度

成本会计制度是组织和从事成本会计工作必须遵循的规范和具体依据，是会计法规和制度的重要组成部分。企业必须根据《企业会计准则》《企业财务通则》等法规、制度有关规定，根据企业生产经营的特点和管理的要求，建立企业内部成本会计制度，使企业成本会计的各项工作有章可循，做到规章明确、管理有序，保证成本会计核算资料真实、可靠、规范、有用。

企业成本会计制度的制定，除必须考虑国家的法规、制度等有关规定外，还必须根据企业的生产经营特点和成本管理要求，从实际出发，做到规范、简明、适用。就工业企业来说，成本会计制度一般应包括以下几个方面的内容：

(1)成本岗位责任制度；

(2)成本预测和决策的制度；

(3)目标成本制定和成本计划编制的制度；

(4)成本控制制度；

(5)成本核算制度；

(6)成本报表制度；

(7)成本分析制度；

(8)企业内部价格制定和内部结算制度；

(9)其他有关成本会计的制度。

成本会计制度制定以后，要认真严格执行，保持相对稳定性，随着时间的推移和经济技术条件的变化，应对成本会计制度进行相应的修订和完善，以充分发挥成本会计制度应有的作用。

本章小结

本章主要介绍了成本的含义、成本会计的职能、成本会计的基础工作，也简单介绍了成本会计的发展趋势。

成本的经济内涵可以概括为：成本是生产经营过程中所耗费的生产资料转移的价值和劳动者为自己劳动所创造的价值的货币表现，是企业在生产过程中所耗费的资金的综合；产品成本是指企业为生产一定种类和数量的产品而发生的生产耗费。

现代成本会计的主要职能有成本预测、成本决策、成本计划、成本控制、成本核算、成本分析和成本考核七个方面，各项职能相互联系、互为条件，相辅相成。

成本会计的基础工作，主要包括设置成本会计机构，配备成本会计人员，加强制度建设等。与成本会计有关的法规和制度主要有《企业财务通则》《企业会计准则》和企业内部成本会计制度等。

我国成本会计工作应顺应国际、国内市场的变化，借鉴新的管理理论、方法和成功经验，不断丰富和完善我国成本会计理论。

关键概念

成本　　成本会计　　集中设置　　分散设置

思考题

1. 什么是理论成本？什么是核算成本？两者之间的关系如何？
2. 简述成本会计的形成和发展。
3. 怎样理解成本的经济内涵？
4. 成本会计人员应具备的基本职业道德准则有哪些？
5. 成本的作用有哪些？
6. 成本会计的任务有哪些？
7. 成本会计的职能有哪些？它们之间的关系如何？
8. 怎样组织企业的成本会计工作？

自测题

一、判断题

1. 成本的经济实质，是生产经营过程中所耗费的劳动对象和劳动资料的转移价值。（　）

2. 从理论上讲，商品价值中的补偿部分，就是商品的理论成本。（　）

3. 企业为生产一定种类、一定数量的产品所支出的各种生产费用的总和，就是这些产品的成本。（　）

4. 通常情况下，理论成本包括的内容和实际工作中成本开支的范围是相互一致的。（　）

5. 从理论成本上讲，产品成本是企业在生产产品过程中已经耗费的，用货币金额表示的生产资料的价值与相当于工资的劳动者为社会所创造的价值总和。（　）

6. 成本会计的核算职能，就是通过对实际成本信息资料进行检查和分析，来评价、考核有关经济活动。（　）

7. 在实际工作中，不形成产品价值的废品损失应计入产品成本。（　）

8. 期间费用不计入产品成本，但它是成本会计的核算对象。（　）

9. 成本会计机构内部的组织分工不受任何限制，可任意分工。（　）

10. 成本会计的任务包括成本的预测、决策、计划、核算、控制、考核和分析等内容。（　）

11. 成本预测和决策是成本会计的最基本的任务。（　）

12. 全国性的成本会计法规和制度，应由国务院和财政部统一制定；而每个企业的成本会计制度或办法，应由企业的主管部门制定。（　）

二、单项选择题

1. 商品的理论成本由（　　）构成。

A. 已耗费的生产资料转移的价值

B. 劳动者为社会劳动所创造的价值

C. 劳动者为自己劳动所创造的价值

D. 已耗费的生产资料转移的价值和劳动者为自己劳动所创造的价值

2. 商品成本与商品价值的数量关系是(　　)。

A. 商品价值大于商品成本　　B. 商品价值等于商品成本

C. 商品价值小于商品成本　　D. 商品价值与商品成本没有关系

3. 产品成本是企业在生产产品过程中已经耗费的，用货币表现的生产资料的价值与相当于工资的劳动者为自己劳动所创造的价值总和。这种成本称为(　　)。

A. 核算成本　　B. 理论成本　　C. 管理成本　　D. 制造成本

4. 一般情况下，理论成本包括的内容与实际工作中成本开支范围(　　)。

A. 毫无关系　　B. 有一定差别　　C. 相互一致　　D. 可以相互替代

5.(　　)是成本会计的最基本、最重要的职能。

A. 分析职能　　B. 预测职能　　C. 决策职能　　D. 核算职能

6. 在下列各项目中，不属于核算成本内容的有(　　)。

A. 废品损失　　B. 燃料及动力　　C. 制造费用　　D. 管理费用

7. 成本会计最基本的任务是(　　)。

A. 加强成本预测，优化成本决策　　B. 制定目标成本，强化成本控制

C. 建立成本责任制度，严格成本业绩考核　　D. 正确计算产品成本，及时提供成本信息

8. 在成本会计的各项职能中，属于事中职能的有(　　)。

A. 成本分析职能　　B. 成本考核职能

C. 成本控制职能　　D. 成本核算职能

9. 下列各项费用中，不应计入产品成本的是(　　)。

A. 废品损失　　B. 季节性的停工损失

C. 销售费用　　D. 修理期间的停工损失

10. 按产品的理论成本，不应计入产品成本的是(　　)。

A. 生产管理人员工资　　B. 废品损失

C. 生产用动力　　D. 设备维修费用

三、多项选择题

1. 从理论成本上讲，产品成本是由生产产品所耗费的(　　)构成。

A. 劳动者为社会劳动所创造的价值　　B. 劳动者为自己劳动所创造的价值

C. 必要的社会劳动价值　　D. 生产资料转移的价值

2. 在下列各项目中，属于理论成本内容的有(　　)。

A. 劳动手段的耗费　　B. 劳动对象的耗费

C. 劳动者为自己劳动所创造的价值　　D. 废品损失

3. 工业企业成本会计人员应具备的职业道德包括(　　)。

A. 诚实守信　　B. 客观公正　　C. 廉洁自律　　D. 坚持准则

4. 成本会计工作的组织包括(　　)。

A. 设置成本会计机构　　B. 配备成本会计人员

C. 正确划分各种费用的界限　　D. 采用适当的成本计算方法

E. 按照与成本会计有关的各种法规和制度进行工作

5. 成本的作用主要表现在(　　)。

A. 是产品生产耗费的补偿尺度

B. 是反映企业工作质量的重要指标

C. 是制定产品价格的重要因素

D. 是进行生产经营预测、决策的重要依据

E. 成本是编制企业内部财务报表的主要依据

6. 企业如何组织成本会计工作应考虑的因素有(　　)。

A. 企业生产经营特点　　B. 企业规模大小

C. 会计人员的素质　　D. 企业管理的要求

7. 与成本会计有关的法规和制度有(　　)。

A.《中华人民共和国会计法》　　B.《企业财务通则》和《企业会计准则》

C.《中华人民共和国注册会计师法》　　D. 企业的成本会计制度、规程或办法

8. 在下列各项目中,属于实际成本内容的有(　　)。

A. 生产人员的工资及福利费　　B. 废品损失

C. 制造费用　　D. 管理费用

实务题

1. 目的:练习成本会计机构、岗位设置及成本会计人员职责。

2. 资料:王伟大学毕业后,应聘到瑞星纺织机械有限公司担任成本会计工作。经过一段时间的工作,王伟了解了公司生产和成本核算的一些具体情况:

(1)产品情况

瑞星纺织机械有限公司为国家级高新技术企业,是一家主要生产棉纺织设备的大型企业,生产的产品包括清花机、梳棉机、清梳联合机、并条机、粗纱机、细纱机、自动络筒机、精梳机、条并卷、转杯纺纱机。公司建有完善的产品开发、工艺技术、生产制造、市场营销、经营管理体系,产品在市场上享有较高的声誉,企业效益较好。

(2)车间、部门设置

公司设置人力资源部、财务部、生产部、技术开发部等10个部门;设有8个基本生产车间,分别生产纺织设备各种零部件及零部件的组装;另设3个辅助生产车间,为基本生产车间和厂部其他部门提供服务。

(3)成本核算

瑞星纺织机械有限公司现有成本会计人员16名。由于生产规模较大、车间较多，成本会计为集中设置。

公司成本会计人员在近三年没有专业培训，成本会计人员下车间较少。另外，企业的内部成本会计制度也不完善，部分岗位责任不明。

3. 要求：

(1)根据王伟掌握的情况，说明瑞星纺织机械有限公司集中设置成本会计是否正确？如何配置成本会计人员？

(2)根据瑞星纺织机械有限公司车间、部门设置，在公司应设置哪些成本会计岗位？

(3)对企业成本核算现状，王伟应从哪些方面提出改进企业成本管理的建议？

第二章

成本核算的要求和一般程序

本章要点

- 熟悉成本核算的要求
- 掌握要素费用和成本项目的区别
- 熟悉成本核算使用的账户以及成本核算的程序

本章引言

本章主要介绍制造业成本核算的内容、生产费用的分类、成本核算的基本要求及一般程序。费用按照经济内容可以分为若干要素费用,按照经济用途可以分为若干成本项目。成本核算的基本要求,即在成本核算中应严格执行国家规定的成本开支范围和费用开支标准;正确划分各种费用界限,做好成本核算的基础工作,完善成本责任制度,选择适当的成本计算方法。成本核算的一般程序主要是各项生产费用的归集、分配及产品成本形成的账务处理过程。

素养提升

通过各种手段虚减、虚增成本,一直是财务造假惯用的手段。本章通过介绍成本核算的要求等内容来强调学生要遵纪守法、按章办事,做任何事情都要按照要求,讲原则,公平客观,法治廉洁,不弄虚作假,做人做事脚踏实地,从而引入晋商文化中贵乎章程的管理思想。

第一节　要素费用与成本项目

一、制造业成本核算的内容

制造业是专门从事产品生产的企业，其目的是向社会提供商品，满足人们日常生活和各方面消费的需要，并从中获取利润。制造业成本核算的内容概括地说，就是对生产经营过程中发生的生产费用，按经济用途进行分类，并按一定对象和标准进行归集和分配，以计算确定各产品的总成本和单位成本。

制造业产品的生产过程，也是生产的耗费过程。在生产经营过程中，会发生原材料、燃料及动力、辅助材料、机器设备等的耗费，还要支付生产工人和经营管理人员工资以及经营管理各项费用。制造业在一定时期发生的、能够用货币表现的生产耗费，称为生产费用。制造业为生产一定种类、一定数量的产品所发生的生产费用的总和，称为产品成本。

生产费用和产品成本两者之间既有联系，又有区别：产品成本是对象化的生产费用，生产费用的发生过程也是产品成本的形成过程，所以费用是产品成本形成的基础。产品成本是生产产品所耗费的生产费用，它与一定种类、一定数量的产品相联系。生产费用是企业在某一期间为进行生产而发生的耗费，它与一定期间相联系。

成本核算是成本会计的核心内容，包括生产费用的汇总核算和产品成本的计算两方面内容。首先，应按照成本开支范围、费用开支标准和企业的计划、定额，严格控制和审核费用，分析这些费用是否应该发生；对已经发生的费用，应分清哪些费用应该计入产品成本，哪些费用不应计入成本；对于计入产品成本的费用，按照一定的程序进行归集，以汇总所发生的费用总额。其次，将汇集的应计入产品成本的生产费用，按照受益原则，采用一定的方法，在各个成本计算对象之间进行分配，进一步确定为生产某种产品所发生的费用总和。最后，在会计期末，根据费用的特点，采用一定的分配方法，在完工产品和期末在产品之间进行分配，以计算出该完工产品的总成本和单位成本。

产品成本计算有制造成本计算、完全成本计算和变动成本计算，国际上通常采用的是制造成本计算法。制造成本计算法是指在计算产品成本时，只计算为生产产品而耗费的直接材料、直接人工和制造费用。我国的产品成本计算均采用制造成本计算法。

二、要素费用

对生产费用进行分类，是正确计算产品成本的重要条件。制造业在生产经营过程中的耗费是多种多样的，为了正确地进行成本核算和管理，需要对生产费用按照一定的标准进行分类。生产费用可以按经济内容划分为劳动对象、劳动手段和活劳动三方面的耗费，称为制造业三大要素费用，具体可分为以下七个要素：

1. 外购材料、燃料

外购材料、燃料是指企业为进行生产经营而耗用的一切从外部购入的原料、主要材料、半成品、辅助材料、包装物、修理用备件和低值易耗品以及各种燃料，包括液体、气体和固体燃料等。

2. 外购动力

外购动力是指企业为进行生产经营而耗用的一切从外部购入的各种动力，如电力、热力等。

3. 工资

工资是指企业应计入产品制造成本和期间费用的职工工资。

4. 福利费

福利费是指企业根据国家规定，按工资总额的一定比例计提的、应计入产品成本和期间费用的、用于职工福利方面的支出。包括职工福利费、社会保险费、住房公积金、工会经费、职工教育经费、非货币性福利及离职后福利等。

5. 折旧费

折旧费是指企业按照规定计提的固定资产折旧费用。

6. 利息支出

利息支出是指企业应计入财务费用的借款利息支出减去利息收入后的净额。

7. 其他支出

其他支出是指企业发生的不属于以上各要素费用而应计入产品制造成本或期间费用的支出，如差旅费、办公费、租赁费、邮电费、广告费、外部加工费等。

生产费用按经济内容进行分类，可以反映企业一定时期内发生了哪些费用，耗费了多少，便于了解生产费用的构成和水平，加强生产费用的核算和管理，为企业编制采购资金计划和劳动工资计划提供依据，为企业核定储备资金定额提供资料。

三、成本项目

为了正确进行成本核算和管理，生产费用还可以按经济用途进行划分。生产费用按经济用途可分为制造成本与非制造成本。

（一）制造成本

制造成本又称为生产成本，是指产品在制造过程中发生的各种耗费，包括直接材料、直接人工和制造费用三个项目。

直接材料是指企业产品生产过程中直接用于产品生产、构成产品实体或有助于产品实体形成的原料及主要材料、辅助材料、外购半成品、备品配件、燃料、包装物等。例如制作服装的布料、制作家具的木料等。

直接人工是指在产品生产过程中对材料直接加工并制成产品的工人的工资、奖金、津贴和补贴，根据规定计提的福利费，医疗保险费、养老保险费、失业保险费、工伤保险费等社会保险费，住房公积金，工会经费和职工教育经费等。

制造费用是指在产品生产过程中除直接材料、直接人工之外生产单位为组织和管理生产所发生的各项费用，例如生产车间厂房、机器设备等固定资产的折旧费，设备经营租赁费，机物料消耗，劳动保护费，水电费，低值易耗品摊销，及车间管理人员工资、福利费、社会保险费、住房公积金、工会经费和职工教育经费等。

(二)非制造成本

非制造成本又称为期间费用，是指与产品制造过程没有联系的非生产性耗费。包括企业在销售商品过程中发生的销售费用，企业为组织和管理整个企业生产经营发生的管理费用和企业在筹资等活动中发生的财务费用。

工业企业在生产经营中发生的全部费用，并不都计入产品成本，它可以分为计入产品成本的生产费用和计入当期损益的期间费用。工业企业计入产品成本的生产费用在产品生产过程中的用途也是多种多样的，为具体反映计入产品成本的生产费用的各种用途，提供产品成本构成情况的资料，还应将其进一步划分为若干个项目，称为产品生产成本项目，简称成本项目。工业企业的成本项目一般包括直接材料、直接人工和制造费用。

按照经济用途对计入产品成本的生产费用所划分的各个成本项目并不是固定不变的，企业可根据自身的生产特点和管理要求对上述成本项目做适当的调整。对于管理上需要单独反映、控制和考核的费用，以及在产品成本中所占比重较大的费用，应专设成本项目予以核算。例如，如果废品损失和燃料、动力在产品成本中所占比重较大，需要对其在管理上进行重点控制和考核，就应单独设置“燃料及动力”和“废品损失”成本项目对其进行核算。为了简化核算手续，生产产品所耗用的燃料和动力不多的企业，可将其并入“直接材料”“制造费用”成本项目进行核算。

产品生产费用按经济用途进行分类，它能够反映出费用与产品的关系，从而揭示出产品成本的构成内容，便于进一步分析费用支出的合理性和结构水平，为挖掘企业降低成本的潜力创造有利条件。因此，产品成本不仅要分产品计算，而且要分成本项目计算，要计算各种产品的各个成本项目的成本。产品成本计算的过程，也就是各种要素费用按其经济用途划分，最后计入各种产品成本，按成本项目反映完工产品和月末在产品成本的过程。

综上所述，通过按经济内容和经济用途对费用的分类可以看出，两者之间既有区别，又有联系。它们都是从不同的角度反映了企业生产经营过程中的各项耗费，按经济内容对费用的分类，主要说明耗费了什么、耗费了多少，它反映了某一时期内实际发生的全部生产费用，而不管它是用于哪一方面的耗费；而按经济用途对费用的分类，主要反映了耗费的原因和具体去向，反映某一时期生产一定种类和一定数量的产品应该负担的费用。例如工资，若按经济内容分类，它只表明企业发生了工资费用及其总额的多少，但企业的工资费用既包括生产工人的工资，也包括各管理部门、专设销售机构等人员的工资；而按经济用途分类的工资，仅指直接从事产品生产人员的工资，即直接人工。尽管费用要素与成本项目都从各自不同的角度反映了企业的耗费，且各有一定的不足，但两者却可以相互弥补，若将其配合使用，可以完整地反映出企业生产经营过程中耗费的全貌，满足产品成本核算的基本需要。

四、生产费用的其他分类

生产费用除了可以按照经济内容和经济用途进行分类以外，还可以按其他的标准进行分类。

(一)直接生产费用和间接生产费用

生产费用按其与工艺过程的关系，可分为直接生产费用和间接生产费用。

直接生产费用是指与产品生产工艺过程直接相关的生产费用，如产品生产直接耗用的原材料费用、生产工人的工资等。间接生产费用是指与产品生产工艺过程没有直接联系的各项生产费用，如生产车间的机物料消耗、管理人员工资、车间厂房的折旧费等。

(二)直接计入费用和间接计入费用

生产费用按计入产品成本的方法可分为直接计入费用和间接计入费用。

直接计入费用是指费用在发生时，可以分清属于哪种产品所耗用、能够直接计入某种产品成本的费用。间接计入费用是指费用在发生时，不能分清由哪种产品所耗用、不能直接计入某种产品成本，而需要采用一定的分配标准分配计入各有关产品成本的费用。

直接生产费用在一般情况下大多直接计入费用，例如原材料费用、生产工人工资等大多能够直接计入某种产品的生产成本。间接生产费用在一般情况下大多间接计入费用，例如机物料消耗等大多需要采用一定的标准分配计入各有关种类产品的生产成本。但直接生产费用并不等同于直接计入费用，间接生产费用不等同于间接计入费用。例如，在只生产一种产品的企业(或车间)中，直接生产费用和间接生产费用都可以直接计入该种产品的生产成本，因而均属于直接计入费用；在使用同一种原材料、经过同一生产过程、同时生产出好几种产品的联产品生产企业(车间)中，直接生产费用和间接生产费用都需要按照一定标准分配计入各有关产品的生产成本，因而均属于间接计入费用。

第二节　成本核算的要求

正确核算企业的生产成本，对于加强企业的经济管理，控制和降低成本，增强企业的竞争能力，提高经济效益，以及正确确定企业的收益，处理好企业与国家、投资者的利益关系，有着十分重要的意义。为了充分发挥成本核算的重要作用，在成本核算工作中应符合以下五方面要求。

一、严格执行国家规定的成本开支范围和费用开支标准

成本开支范围是根据企业在生产过程中的生产费用的不同性质，根据成本的内容以及加强经济核算的要求，由国家统一制定的。企业在进行成本核算时，首先要根据国家有关的法规和制度，以及企业的成本计划和相应的消耗定额，对企业发生的各项费用进行审核，看应不应

该开支,可以开支的,应不应该计入产品成本。例如,企业为生产产品所发生的各项费用应计入产品生产成本,为购建固定资产、无形资产发生的支出以及发生的与企业经营活动无关的营业外支出,不得列入产品成本。费用开支标准是国家对某些费用的开支数额、比例所做的具体规定。例如,业务招待费在一定限额内可据实列支。严格执行国家规定的成本开支范围和费用开支标准,既能够保证企业成本核算的真实性,也能保证企业财务成果核算的真实可靠。成本开支范围和费用开支标准是国家的一项重要财经纪律,每个企业都必须严格执行。

二、正确划分各种费用界限

企业发生的各种支出,有的可以计入成本,有的不能计入成本。为了正确地进行成本核算,正确地计算产品成本和期间费用,必须正确划分以下五个方面的费用界限:

1. 正确划分经营性支出与非经营性支出的界限

工业企业的经济活动是多方面的,除了生产经营活动以外,还有其他方面的经济活动,因而,其支出的用途是多方面的,其列支的会计科目也不尽相同。比如企业为购建固定资产所发生的全部支出,应计入固定资产;为购买无形资产所发生的全部支出,应计入无形资产。这些经济活动都不是企业日常生产经营活动,不属于经营性支出。又如企业的固定资产盘亏损失、固定资产报废清理净损失、罚款赔款支出以及由于自然灾害发生的非常损失等应计入营业外支出。这些经济活动也不是企业日常生产经营活动,不属于经营性支出。只有企业在生产和销售产品、提供劳务、用于组织和管理生产经营活动以及为筹集生产经营资金等日常生产经营管理活动中所发生的各种支出,才属于经营性支出。在进行成本核算时,如果少计成本、费用,则会虚增资产、虚增利润;如果多计成本、费用,则会虚增费用、减少利润,造成企业成本、费用、利润不实,会计信息失真。所以,企业必须按照国家有关成本开支范围的有关规定,正确划分经营性支出与非经营性支出的界限,以保证成本核算和财务成果核算的准确性。

2. 正确划分各期生产经营费用的界限

《企业会计准则——基本准则》第九条规定,企业应当以权责发生制为基础进行会计确认、计量和报告。企业在生产经营过程中发生的费用,有的应计入当期成本费用,有的应计入以后各期成本费用。为了按期分析和考核成本,正确计算各期损益,企业必须根据权责发生制,正确划分各期的费用界限。这要求企业必须正确地进行跨期摊提费用的核算。对于本期已支付但应由本期和以后各期共同负担的费用,应作为预付费用进行核算;对于本期虽未支付但应由本期负担的费用,应作为应付费用进行核算。为了简化会计核算工作,对于那些应该跨期摊销和预提的数额较小的费用,可将其全部计入支付期的成本、费用。只有正确划分各期费用界限,才能保证成本核算结果的正确性,防止人为地调节各期成本、损益的错误行为。

3. 正确划分产品生产成本与期间费用的界限

企业发生的各种经营性支出,并非全部都计入产品生产成本。产品生产成本是指企业在生产经营过程中为制造产品所发生的直接费用和间接费用。期间费用是指企业在某一会计期间内发生的直接计入当期损益的管理费用、财务费用和销售费用,而不应将其计入产品成本。为了正确计算产品生产成本,必须分清产品生产成本与期间费用的界限。

4. 正确划分各种产品的费用界限

成本核算的目的是计算各种产品的总成本和单位成本。企业在生产两种或两种以上的产品时，会发生用于产品生产的原材料费用、生产工人工资费用和制造费用。这些费用中能分清属于某种产品单独发生的费用，属于直接计入费用，可直接计入该种产品的生产成本；对于几种产品共同负担的费用，属于间接计入费用，则应选择适当的分配标准，采用适当的分配方法，分别计入各种产品的生产成本。为了正确地计算各种产品的成本，分析和考核各种产品成本计划或定额成本的执行情况，必须将应计入本期产品成本的生产费用在各种产品之间正确地进行分配。这样可以防止有意抬高某种或某些产品的生产成本而压低其他产品的生产成本，在盈利产品与亏损产品之间、可比产品与不可比产品之间任意转移生产费用，以盈补亏掩盖成本超支或掩盖利润的错误行为。

5. 正确划分完工产品和月末在产品的费用界限

由于产品的生产周期与会计核算期间往往不一致，致使各会计期末经常有尚未完工的在产品存在。所以在每个会计期末，就应将各种产品成本负担的生产费用在完工产品和在产品之间进行分配，以划清两者之间的费用界限。当然，在月末计算产品成本时，如果某种产品已全部完工，则该种产品的各项生产费用之和即为该产品的完工产品成本；如果该种产品没有完工产品，则该种产品的各项生产费用之和即为该产品的月末在产品成本；如果该种产品月末既有完工产品又有在产品，则应将该产品的各项生产费用，采用适当的分配方法在完工产品与月末在产品之间进行分配，分别计算完工产品成本和月末在产品成本。分配方法既要合理又要简便。企业通过划分完工产品和在产品的费用界限，可以有效地防止任意提高或降低期末在产品费用以调节完工产品成本水平的错误行为。

费用界限的划分是否正确，直接决定了产品成本计算结果的正确与否。因此，企业在产品成本核算中应特别注意这一具体要求。上述五个方面费用界限的划分过程也就是计算产品成本的过程。制造业产品成本计算过程如表 2—1 所示。

表 2—1　　工业企业成本计算过程

<table>
<tr><td colspan="7">工业企业费用支出</td></tr>
<tr><td colspan="6">生产经营管理费用</td><td>非生产经营管理费用</td></tr>
<tr><td colspan="5">本月生产经营管理费用</td><td rowspan="4">以后各期生产经营管理费用</td><td rowspan="4">购入固定资产、无形资产、对外投资等支出</td></tr>
<tr><td colspan="4">本月制造成本</td><td>本月经营管理费用</td></tr>
<tr><td colspan="2">甲产品生产费用(按成本项目反映)</td><td colspan="2">乙产品生产费用(按成本项目反映)</td><td rowspan="2">销售费用、管理费用、财务费用直接计入当月损益</td></tr>
<tr><td>完工产品成本</td><td>在产品成本</td><td>完工产品成本</td><td>在产品成本</td></tr>
</table>

三、完善成本责任制度

为了提高成本核算的质量，保证各责任单位成本的考核水平，企业必须完善成本责任制度，以进一步降低产品成本，提高企业的经济效益。为此应做好以下几个方面的工作：

1. 建立健全责任成本制度

建立健全责任成本制度，应以各责任单位作为成本计算对象计算其责任成本。责任成本的计算与产品成本的计算应结合进行，在产品成本的计算过程中能够反映每一个责任单位的工作业绩，并将其单位成本的高低直接与其应承担的责任和经济效益相联系，在满足产品成本核算需要的同时，也为成本考核与分析创造了有利条件。

2. 建立健全内部成本管理体系

内部成本管理体系是一个涉及企业所有部门和全体职工的复杂系统。它的设立是否完善、运行是否合理，直接关系到责任成本制度的实施与运行。因此，只有建立一个运行自如、合理完善的内部成本管理体系，才能保证责任成本制的顺利推行。

3. 建立健全成本考核制度

企业在计算产品成本的同时，还要对每一种产品成本的升降水平以及各责任单位的成本情况进行必要的考核与分析。对成本的考核，应注重诸如成本指标、定额、消耗量的制定等方面的基础工作，建立一整套成本考核资料的收集、整理、对比、计算等方法和程序，使成本考核形成制度。

4. 建立健全成本责任奖惩制度

建立健全成本责任奖惩制度，就是将成本工作的好坏直接与各责任单位、个人的经济利益挂钩，以起到鼓励先进、鞭策后进的激励作用。在计算出产品成本及责任成本之后，应对各责任单位的可控成本进行深入分析，以此作为主要责任考核指标，实行规范、严格的奖惩制度，充分调动各部门及人员不断降低产品成本的积极性，使企业的经济效益不断提高。

四、做好成本核算的各项基础工作

为了保证成本核算工作的顺利进行，提高成本核算的质量，企业应高度重视成本核算的各项基础工作。这就需要会计部门和其他相关部门密切配合、相互协调，共同做好以下几个方面的工作：

1. 建立和健全原始记录制度

原始记录是指按照规定的格式，对企业生产经营活动中的具体情况所做的最初记载。它是反映企业经营活动的原始资料，是编制成本计划、制定各项消耗定额、进行成本核算的重要依据。因此，为了保证成本核算的各项数据资料真实、可靠，企业必须建立和健全原始记录制度。在成本会计中，企业应建立和健全的原始记录主要有：

(1)原材料的验收入库、领用、退库、盘盈、盘亏等记录；

(2)动力消耗、维修费用及其他费用记录；

(3)岗位分配、工时耗费、工资等记录；

(4)设备运转、事故、报废等记录；

(5)在产品及半成品的内部转移、交库、废品损失等记录；

(6)产品质量检验记录等。

2. 建立和健全材料物资的计量、验收、领退和清查制度

材料物资是企业的一项重要存货，建立和健全材料物资的计量、验收、领退和清查制度，是正确进行成本核算的必要条件。

企业材料物资的收发、领退，都要经过严格计量和交接手续，按规定填写收料单、领料单、退库单、产品交库单，并由经办人和负责人签字。对于库存物资，还要定期进行清查盘点，分析盘盈盘亏的原因，确保计量的准确性，并防止企业财产物资的丢失、损坏、积压等，保证财产物资的安全完整。

3. 建立和健全定额管理制度

产品的各项消耗定额，是企业对生产经营过程中的人力、物力、财力的耗费所规定的数量标准。定额管理是成本管理的基础，是进行成本预测、决策、计划、分析和考核的依据，是企业开展全面经济核算、衡量成本管理工作质量的客观尺度。在成本会计中，企业应制定的定额主要有：

(1)单位产品原材料、辅助材料等消耗定额；

(2)单位产品工时消耗定额，产品包装、检验人员定额；

(3)单位产品水、电、气等动力消耗定额；

(4)车间办公费、差旅费等费用定额。

企业应从实际出发，在全面测算的基础上，制定出科学、先进、合理的定员定额，以保证成本核算的正确性。

4. 建立和健全内部结算制度

内部结算制度是企业内部各部门单位之间相互提供产品和劳务进行结算的一种制度。建立和健全内部结算制度，有利于明确企业内部各单位的经济责任，便于进行成本责任的考核，加速和简化成本核算工作。各单位之间相互提供原材料、半成品和修理、运输等劳务时，可采用内部结算价格。内部结算价格的制定应尽可能符合实际，保持相对稳定，一般在年度内不变。

五、选择适当的成本计算方法

计算产品成本，是企业成本管理的需要。成本计算方法的选择是否恰当，将直接影响产品成本计算结果的准确性。企业在进行成本核算时，应根据本企业产品的生产工艺特点、生产组织特点和管理要求，选择适合本企业的产品成本计算方法。生产的特点按组织方式有大量生产、单件生产和成批生产；按工艺过程的特点有单步骤生产和多步骤生产，多步骤生产又分为连续式生产和装配式生产，企业对成本管理的要求也不尽相同，所以，生产特点和成本管理要求决定了企业所采用的成本计算方法。成本计算方法一经确定，一般不应随意变动，以保证成本信息的可比性。

第三节 制造业成本核算的一般程序

一、成本核算应设置的账户

为了能够正确地反映和核算产品生产过程中所发生的生产费用以及产品生产成本形成的情况，企业一般应设置以下有关账户：

（一）"生产成本"账户

"生产成本"属于成本类账户。该账户用来核算企业进行工业性生产，包括生产各种产品（包括产成品、自制半成品、提供劳务等）、自制材料、自制工具、自制设备等所发生的各项生产费用。"生产成本"账户下设"基本生产成本"和"辅助生产成本"两个二级明细账户。根据成本核算的需要，企业也可以将"基本生产成本"和"辅助生产成本"两个二级明细账户设置成两个一级账户进行核算。

1."基本生产成本"明细账户

"基本生产成本"明细账户用来核算企业为完成主要生产目的而进行的、产品生产所发生的各种生产费用，其借方登记企业为进行基本生产而发生的各种费用，如直接材料、直接人工等直接费用，以及通过设置"制造费用"账户归集的、在月末按一定标准分配后转入的间接费用；贷方登记完工入库转出的产品生产成本；期末余额在借方，表示尚未加工完成的在产品成本。

"基本生产成本"明细账户应按产品品种、批别、生产步骤等成本计算对象设置明细账（或称基本生产成本明细账），账中按产品成本项目分设专栏，登记月初在产品成本、本月生产成本、本月完工产品成本和月末在产品成本。其格式详见表2—2。

表2—2　　基本生产成本明细账

产品名称：甲产品　　单位：元

202×年		凭证号	摘　要	直接材料	直接人工	燃料及动力	制造费用	合　计
月	日							
略	略	略	期初在产品	5 000	8 000	2 200	2 800	18 000
			根据材料费用分配表	36 000				36 000
			根据燃料费用分配表			6 000		6 000
			根据工资费用分配表		48 000			48 000
			根据福利费分配表		6 720			6 720
			根据辅助生产费用分配表			10 504		10 504
			根据制造费用分配表				19 004	19 004
			结转完工产品成本	30 750	53 760	16 030	18 690	119 230
			期末在产品成本	10 250	8 960	2 674	3 114	24 998

2."辅助生产成本"明细账户

"辅助生产成本"明细账户用来核算企业为基本生产服务而进行的产品生产和劳务供应所发生的各项费用。该账户的借方登记为进行辅助生产而发生的各种费用;贷方登记完工入库产品的成本或分配转出的劳务成本;期末余额在借方,表示辅助生产在产品的成本。"辅助生产成本"明细科目应按辅助生产车间和生产的产品、劳务开设明细分类账,账中按辅助生产的成本项目或费用项目分设专栏进行明细登记。如果辅助生产车间生产自制材料、自制工具,则其明细账核算方法与"基本生产成本"明细账户的核算方法基本相同。

(二)"制造费用"账户

"制造费用"属于成本类账户,该账户核算企业生产车间为生产产品和提供劳务而发生的各项间接费用或直接用于产品生产,没有专设成本项目,因而不便于直接计入产品成本的费用。主要包括车间管理人员的工资和福利费、折旧费、修理费、办公费、水电费、机物料消耗、低值易耗品摊销、劳动保护费、季节性和修理期间的停工损失等。该账户借方登记实际发生的制造费用;贷方登记分配转出的制造费用;除季节性生产企业外,月末该账户经过结转后一般应无余额。"制造费用"账户应按车间、部门设置明细账,账中按费用项目设立专栏进行明细核算。其格式详见表2—3。

表2—3 **制造费用明细账**

车间名称:基本生产车间 单位:元

202×年		凭证号	摘要	机物料	工资及福利费	水电费	折旧费	维修费	其他费用	合计
月	日									
8	31		根据材料费用分配表	1 500						1 500
			根据工资分配表		2 500					2 500
			根据福利费分配表		350					350
略	略	略	支付的其他费用						5 500	5 500
			根据折旧费用分配表				8 000			8 000
			根据辅助生产费用分配表			500				500
			根据辅助生产费用分配表					5 400		5 400
			月末转出	1 500	2 850	500	8 000	5 400	5 500	23 750

企业如果单独核算废品损失和停工损失,还应增设"废品损失"和"停工损失"账户。这些账户的结构和核算内容将在以后章节中述及。

为了核算期间费用,企业应分别设置"销售费用""管理费用"和"财务费用"账户,期末一并转入"本年利润"账户。

二、产品成本核算的一般程序

产品成本核算的一般程序,就是对企业在生产经营过程中发生的各项费用,按经济用途进行归类,计入产品成本,最后计算出各种完工产品成本的过程。产品成本核算的一般程序如下:

1. 要素费用的归集和分配

要素费用的归集是根据相关原始凭证，对外购材料及燃料、外购动力、工资、福利费、折旧费、利息费用、税金和其他费用分别进行汇总；要素费用的分配是对生产过程中所耗用的各种费用，编制材料费用分配表、工资费用分配表、燃料费用分配表、外购动力费用分配表等。这些费用凡能直接计入成本计算对象的，根据各要素费用分配表直接记入“生产成本——基本生产成本”“生产成本——辅助生产成本”账户；不能计入成本计算对象的费用，可先在“制造费用”账户中进行归集，或记入相应的期间费用及其他账户。

2. 跨期摊提费用的归集和分配

月末，企业应将以前月份预付的费用中属于本月负担的费用，摊入本月的生产成本或期间费用；还应将本月尚未支付但应由本月负担的费用，预提计入本月的生产成本或期间费用，以正确计算本期的成本费用。

3. 辅助生产费用的归集和分配

月末，对企业的供水、供电、供汽、维修等辅助生产车间归集的费用，按用途、受益对象编制辅助生产费用分配表，以适当的方法分配记入“生产成本——基本生产成本”“制造费用”和“管理费用”等账户，确保成本计算的准确完整。

4. 制造费用的归集和分配

制造费用的归集是根据有关付款凭证、转账凭证及各种费用分配表，把本期发生的制造费用全部汇集到“制造费用”账户的借方；制造费用的分配是根据归集的制造费用，按受益对象编制制造费用分配表，以适当的方法分配计入各种产品成本。

5. 生产费用在完工产品和在产品之间的分配

经过以上费用的分配，各成本计算对象应负担的生产费用，全部归集在基本生产成本明细账中。如果本月没有完工产品，全部生产费用就是期末在产品成本；如果本月产品全部完工，则全部生产费用就是完工产品成本；如果月末部分完工，就需要采用适当的分配方法，将全部生产费用在完工产品和月末在产品之间进行分配，计算本月完工产品成本和在产品成本。

6. 结转完工产品成本

企业完工产品验收入库后，应将成本从“生产成本——基本生产成本”账户的贷方转至“库存商品”账户的借方。“生产成本——基本生产成本”账户月末借方余额，就是在产品成本。

本章小结

本章主要介绍制造业的费用分类、成本核算的要求和成本核算的一般程序。

生产费用按经济内容可以分为外购材料和燃料、外购动力、工资、福利费、折旧费用、利息支出、税金和其他支出八个要素费用。

生产费用按经济用途可以分为制造成本和非制造成本。制造成本按用途可分为直接材料、直接人工和制造费用三个成本项目。

成本核算的要求是严格执行国家规定的成本开支范围和费用开支标准，严格划分各种费用支出的界限，完善成本责任制度，做好成本核算的各项基础工作，选择适当的成本计算方法。

工业企业的费用核算，要正确划分生产经营管理费用与非生产经营管理费用的界限，属于生产经营管理费用的要正确划分本期生产经营管理费用与以后各期生产经营管理费用，属于本期生产经营管理费用的要正确划分生产成本与经营管理费用的界限，属于生产成本的要正确划分各种产品的费用界限，属于某一种产品的费用要正确划分完工产品与在产品的费用界限。

工业企业通过成本核算，可以审核和控制各种费用的支出，分析和考核成本计划的执行情况，为企业进行成本和利润的预测提供数据，促使企业挖掘降低产品成本的潜力。做好成本核算工作，对于降低成本费用、提高企业生产技术和经营管理水平具有重要意义。

关键概念

生产费用　　要素费用　　成本项目

思考题

1. 工业企业进行成本核算时，应划清哪几种费用界限？
2. 为了正确、规范地进行成本核算，企业应该做好哪些基础工作？
3. 简述产品成本项目包括的主要内容。
4. 试述费用按经济内容的分类。
5. 试述费用按经济用途的分类。
6. 简述工业企业成本核算的一般程序。
7. 制造业成本核算需要设置哪些主要账户？试述它们的用途和结构。

自测题

一、判断题

1. 工业企业本期发生的成本必须与本期的收入相配比。（　）
2. 生产车间工人的工资就是产品成本中的直接工资费用。（　）
3. 费用按经济内容进行分类，便于分析各种费用的支出是否节约、合理。（　）
4. 本期发生的管理费用会直接影响本期的损益，而本期发生的制造费用则不一定会影响本期的损益。（　）
5. 一个时期的费用可能分配给几个时期完工的产品，而一种产品成本则只能包括一个时期的费用。（　）
6. 产品成本项目中的直接人工费用是指参加产品生产的工人工资及按生产工人工资总额和规定的比例提取的职工福利费等。（　）

7. 在工业企业里，凡是在生产经营过程中发生的耗费，都要计入生产成本或期间费用。 （ ）

8. 费用要素是生产费用按其经济内容分类的，而产品成本项目则是生产费用按经济用途分类的。 （ ）

9. 工业企业制定和修订成本定额，是为了成本审核和分析，与成本计算无关。 （ ）

10. 企业可在“生产成本”总分类科目下分设“基本生产成本”和“辅助生产成本”两个二级科目，也可以将该两个二级科目直接作为两个总分类科目。 （ ）

11. 工业企业费用要素中的材料费用，是产品成本的组成部分。 （ ）

12. 为了正确计算产品成本，应该正确划分应计入产品成本的费用与期间费用的界限。 （ ）

13. 企业应该正确划分各种产品应负担的费用界限，而不必进一步划分完工产品与期末在产品的费用界限。 （ ）

14. 直接生产费用既可能是直接计入费用，也可能是间接计入费用。 （ ）

二、单项选择题

1. 下列各项属于间接生产费用的是（ ）。

A. 厂房折旧费用　　B. 工艺用燃料费用

C. 主要材料费用　　D. 生产工人工资

2. 对本期生产经营性支出，为了正确计算产品的生产成本，应划清的界限是（ ）。

A. 生产成本和制造费用　　B. 制造成本和期间成本

C. 制造费用和管理费用　　D. 管理费用和财务费用

3. 可以直接计入“直接材料”成本项目的材料费用是（ ）。

A. 为组织管理生产用的机物料　　B. 为组织管理生产用的低值易耗品

C. 生产过程中间接耗用的材料　　D. 直接用于生产过程中的原材料

4. 某企业只生产和销售甲产品，202×年 5 月初，在产品成本为 1.5 万元。5 月份发生如下费用：生产耗用材料 4 万元，生产工人工资 3 万元，行政管理部门人员工资 2.5 万元，制造费用 2 万元。月末在产品成本 1.8 万元，该企业 5 月份完工甲产品的生产成本为（ ）万元。

A. 10.5　　B. 11.2　　C. 8.7　　D. 9

5. 下列各项属于费用要素的是（ ）。

A. 直接材料　　B. 直接人工　　C. 制造费用　　D. 利息支出

6. 下列各项属于产品成本项目的是（ ）。

A. 折旧费用　　B. 工资费用　　C. 废品损失　　D. 材料费用

7. 工业企业为生产一定种类、一定数量的产品所支出的各种生产费用之和称为产品的（ ）。

A. 生产费用　　B. 制造成本　　C. 变动成本　　D. 总成本

8. 下列各项不应计入制造费用的是（ ）。

A. 车间机物料消耗　　B. 燃料及动力
C. 车间管理人员工资　　D. 车间厂房的折旧费用

9. 下列各项应计入产品成本的是(　　)。
A. 材料费用　　B. 水电费
C. 人工费用　　D. 产品生产工人工资

10. 甲公司202×年6月份生产产品领用原材料3 000千克,单位成本为12元;生产人员工资10 000元,车间管理人员工资15 000元。假定不考虑其他因素,应记入“生产成本”科目的金额为(　　)元。
A. 36 000　　B. 46 000　　C. 51 000　　D. 25 000

11. 下列各项应计入销售费用的是(　　)。
A. 销售人员工资　　B. 职工教育经费
C. 车间办公费　　D. 折旧费

12. 下列各项属于直接计入生产费用的是(　　)。
A. 机器设备折旧费　　B. 某产品专用设备折旧费
C. 产品销售广告费　　D. 职工工资

13. 下列各项属于间接生产费用的是(　　)。
A. 原材料及主要材料　　B. 辅助材料
C. 燃料　　D. 生产车间一般消耗性材料

14. 下列各项应计入产品成本的有(　　)。
A. 办公费　　B. 水电费
C. 固定资产租赁费　　D. 融资租入生产线的折旧费

15. 下列各项属于成本项目的是(　　)。
A. 外购材料和燃料　　B. 折旧费
C. 制造费用　　D. 期间费用

16. 制造业为了正确及时地计算产品成本,应做好的基础工作是(　　)。
A. 正确确定成本计算对象　　B. 正确划分各种费用的界限
C. 建立和健全原始记录　　D. 做好各种费用的分配工作

17. 制造业为了正确计算产品成本,必须正确划分的各种费用界限是(　　)。
A. 直接费用和间接费用的界限　　B. 生产费用和制造费用的界限
C. 预提费用和待摊费用的界限　　D. 产品生产成本和期间费用的界限

18. 下列各项不能列入产品成本,也不能列入期间费用的是(　　)。
A. 车间设备维修领用材料　　B. 厂部维修领用材料
C. 辅助生产车间设备维修领用材料　　D. 建造厂房领用材料

三、多项选择题

1. 下列属于直接生产费用的有(　　)。

A. 外购材料和燃料　　B. 车间厂房折旧费用
C. 生产工人计件工资　　D. 生产工人计时工资
E. 直接材料费用

2. 下列项目(　　)是将费用按经济用途划分的。
A. 制造费用　　B. 固定费用　　C. 直接材料　　D. 间接费用
E. 管理费用

3. 下列各项属于费用要素的是(　　)。
A. 外购材料　　B. 计提的职工福利费
C. 外购动力　　D. 折旧费

4. 下列各项中,应计入产品生产成本的有(　　)。
A. 生产产品耗用的直接材料　　B. 生产产品耗用的燃料费
C. 生产产品耗用的动力费　　D. 生产车间管理人员的职工薪酬

5. 下列各项应计入管理费用的是(　　)。
A. 退休人员工资　　B. 业务招待费
C. 职工医药费　　D. 职工子弟学校经费

6. 下列各项属于产品成本项目的是(　　)。
A. 工资费用　　B. 直接人工　　C. 制造费用　　D. 废品损失

7. 下列各项属于直接生产费用的是(　　)。
A. 产品专属设备折旧费　　B. 车间厂房折旧费
C. 几种产品共同消耗的原材料费用　　D. 车间的机物料消耗

8. 正确计算产品成本必须做好的各项基础工作是(　　)。
A. 建立和健全原始记录制度　　B. 建立和健全内部价格制度
C. 建立和健全费用审批制度　　D. 建立和健全定额管理制度

9. 按照会计制度规定,属于成本类的科目有(　　)。
A. 主营业务成本　　B. 生产成本　　C. 制造费用　　D. 管理费用

10. 某企业本月发生生产车间折旧费 20 万元,车间管理人员工资 80 万元,车间固定资产折旧费 15 万元,行政管理部门办公费 8 万元。下列说法不正确的是(　　)。
A. 本月应记入"制造费用"科目的金额为 123 万元
B. 本月应记入"制造费用"科目的金额为 115 万元
C. 本月应记入"基本生产成本"科目的金额为 80 万元
D. 本月应记入"管理费用"科目的金额为 8 万元

11. 下列各项属于间接计入费用的有(　　)。
A. 几种产品共同消耗的原材料费用　　B. 几种产品共同负担的生产工人工资
C. 原材料费用　　D. 销售费用

12. 不能在成本、费用中开支的有(　　)。
A. 购建固定资产的支出　　B. 分配给投资者的利润

C. 购建无形资产的支出　　D. 劳动保险费用

13. 生产费用要素中的外购材料，包括了进行生产经营耗用的一切从外部购进的(　　)。

A. 包装物　　B. 半成品

C. 原料及主要材料　　D. 产成品

14. 一般情况下，期末没有余额的科目有(　　)。

A. 财务费用　　B. 生产成本　　C. 制造费用　　D. 管理费用

15. 下列各项目中，属于工业企业成本核算的一般程序有(　　)。

A. 对各种要素费用进行审核，确定费用应不应该开支

B. 将生产费用在各种产品之间进行归集和分配

C. 正确确定成本计算对象

D. 将生产费用在各完工产品与在产品之间进行归集和分配

16. 要素费用中的工资费用，可能记入的会计科目有(　　)。

A. 销售费用　　B. 管理费用　　C. 制造费用　　D. 基本生产成本

17. 要素费用中的外购材料费用，可能计入的成本项目有(　　)。

A. 直接材料　　B. 直接人工　　C. 管理费用　　D. 制造费用

18. 工业企业费用要素与产品成本项目的主要区别表现为(　　)。

A. 按费用要素反映的费用包括了企业发生的全部费用，而按成本项目反映的产品生产成本只是费用中用于产品生产的部分

B. 按费用要素反映的费用是指用于产品生产的部分费用，而按成本项目反映的费用包括了企业发生的全部费用

C. 按费用要素反映的费用是指某一时期内实际发生的费用，而按成本项目反映的产品成本是某一产品应负担的费用

D. 按费用要素反映的费用是指某一时期某一产品应负担的费用，而按成本项目反映的产品成本是某一时期内实际发生的费用

19. 下列各项应计入销售费用的有(　　)。

A. 展览费　　B. 代销商品手续费

C. 销售机构经费　　D. 广告费

20. 下列各项应计入财务费用的有(　　)。

A. 国债利息收入　　B. 汇兑损失

C. 电汇手续费　　D. 财务部门办公费

实务题

实务题一

1. 目的：练习费用的分类。

2. 资料：海天印染厂 202×年 12 月发生下列业务：

(1)购买一套生产设备 360 000 元,以存款支付。

(2)生产产品领用材料 48 000 元。

(3)以现金支付维修厂房费用 16 420 元。

(4)支付生产工人工资 215 000 元。

(5)向希望工程捐款 20 000 元。

(6)支付生产部门水电费 13 400 元,支付管理部门水电费 9 600 元。

(7)本月生产厂房及设备计提折旧 27 200 元。

(8)支付本季度短期借款利息 30 000 元。

(9)车间领用一般生产工具 1 900 元。

(10)支付下年度设备租金 80 000 元。

(11)按生产工人工资 2%计提工会经费 4 300 元。

(12)以存款支付广告宣传费 4 500 元。

(13)本月发生废品损失 1 090 元。

(14)支付审计费 18 800 元。

(15)支付基本生产车间职工培训费 12 000 元。

3. 要求:对于以上经济业务,判断哪些费用应计入产品成本、哪些费用应计入期间费用。

实务题二

1. 目的:练习制造业成本核算的账户设置和成本核算程序。

2. 资料:北方大学在校学生暑期来到校外实习基地华光轨枕有限公司参观,了解到公司的实际情况:

(1)产品情况

华光轨枕有限公司是隶属于中国铁路物资总公司的一家大型企业,主要业务是制造销售各型号混凝土轨枕、桥枕、岔枕等系列产品,产品主要应用于铁路的维修及铁路建设。

(2)组织机构

企业组织机构包括人力资源部、财务部、生产部、质量部、规划发展部、市场营销部、物流业务部、物资部等。企业基本生产车间有轨枕车间,辅助生产车间包括砂石车间、运输车间、动力车间和机修车间。

(3)成本核算

华光轨枕有限公司采用品种法进行成本计算。由于生产规模较大、车间较多,采用厂部和车间二级核算管理体制。

3. 参观后老师布置了任务,要求大家结合所学知识回答以下问题:

(1)华光轨枕有限公司在成本核算中车间和厂部应设置的账户有哪些?

(2)轨枕、桥枕、岔枕等产品成本计算应按什么程序进行费用的归集和分配?

第三章

制造业要素费用的分配

本章要点

- 熟练掌握各项要素费用的归集和分配的方法
- 了解应付费用和预付费用的核算

本章引言

按照成本核算的要求和一般程序，企业发生的各种生产费用应先按照不同的要素费用进行归集，然后再采用适当的分配方法在各个成本计算对象之间进行分配，分别记入"生产成本——基本生产成本"明细账对应的成本项目中。本章将分别论述材料费用、燃料费用、人工费用、动力费用、折旧费用等各项要素费用的归集和分配。通过各种费用的核算，将生产产品所发生的全部费用归集到相关的产品成本明细账中。

素养提升

本章引导学生了解制造费用分配的不同方法如何影响企业财务状况和经营成果，让学生认识到制造费用分配对企业成本控制的重要作用，提升对成本会计管理活动的认同水平，增强会计职业归属感。强调财务人员要遵守法律、法规，根据国家规定的成本开支范围，严格审核生产费用支出，以客观、公平、公正的态度准确核算各项经济业务，从而培养学生义内求财的商业精神。

第一节 材料费用的分配

一、材料费用核算概述

(一)材料核算的凭证手续

材料包括企业在生产经营过程中经加工改变其形态或性质并构成产品主要实体的各种原料及主要材料、辅助材料、包装材料、燃料、外购半成品和修理用备件等。在会计核算中,将材料按其存放地点不同分为在途材料、库存材料和委托加工材料三大类。企业耗用的材料,不管是自制的,还是外购的,都应当按照一定手续从仓库领用。

生产单位或其他部门从仓库领料时应填制领料单、限额领料单或领料登记表等领料凭证。财务部门在记账前,审核领料凭证上所列材料的种类、数量及用途等是否正确,是否符合规定,有无超定额或超计划的情况发生,经过审核后的领料凭证才能作为发出材料核算的原始凭证。如果企业采用限额领料制度,在限额以内的领料填制限额领料单,限额以外的领料则应重新填制领料单,而且需经过主管人员审核批准后才能据以领料。

如果一定会计期间内生产单位领用的材料尚未完全耗用,未用的材料应办理退料手续,即填制退料单,将未用材料退回仓库。如果本期未用的材料下期仍需继续使用,材料实物可以不退回仓库,但退料手续必须办理,称为"假退料"手续。即本期末填制退料单,表示材料已退回仓库,下期初再重新填制领料单,表示材料在下期重新领用。"假退料"既完善了材料领用的手续,又避免了材料实物搬运的重复劳动。

企业应对材料费用开设数量金额式明细账,详细核算材料收入、发出、结存的数量和金额。原材料明细账应根据材料收发的记账凭证及相应的领料、退料原始凭证登记。

(二)外购材料的核算

企业生产所使用的材料有自制材料和外购材料两种来源,自制材料的核算和生产产品类似,不再赘述。此处只介绍外购材料的核算。

1. 材料采购成本的构成

企业从外部购入的材料用于产品生产,首先要准确核算其采购成本,因为材料成本作为产品成本中一个主要的成本项目,其核算的正确与否将直接影响到产品成本的准确性。材料的采购成本主要包括材料的买价和采购费用两大部分。

材料的买价是指企业在购入材料时发票账单上标明的金额,即采购价格,但是不包括专用发票上注明的增值税额。采购价格一般由材料的单价和采购数量计算确定,如果存在商业折扣的,应以扣除商业折扣后的价格作为采购价格。

采购费用包括采购过程中发生的运输费、保险费、相关税费以及其他可归属于采购成本的费用。比如运输途中的合理损耗、大宗物资的市内运杂费、入库前的挑选整理费等。

核算材料的采购成本时，可以采用实际成本计价，也可以采用计划成本计价。

2. 材料按实际成本计价的核算

材料按实际成本计价是指从材料的收、发凭证到材料的总分类和明细分类核算都采用实际成本进行计价。这种计价方法一般适用于材料品种较少、采购业务不多的企业。采用实际成本计价，企业应开设“原材料”账户和“在途物资”账户。

“原材料”账户核算企业库存的各种材料的实际成本。该账户为资产类账户，借方登记入库材料的实际成本，贷方登记发出材料的实际成本，期末有借方余额，表示月末库存材料的实际成本。

“在途物资”账户核算企业已付款或已收到结算凭证但尚未验收入库的材料的实际成本。该账户为资产类账户，借方登记企业购入的在途物资的实际成本，贷方登记验收入库的在途物资的实际成本，期末有借方余额，表示月末尚未验收入库的在途物资的实际成本。

材料按实际成本计价，其核算程序及会计分录如下：

(1)采购材料时：

借：在途物资

　　应交税费——应交增值税(进项税额)

　贷：银行存款、应付账款等

(2)材料验收入库时：

借：原材料

　贷：在途物资

3. 材料按计划成本计价的核算

材料按计划成本计价是指从材料的收、发凭证到材料的总分类和明细分类核算都采用计划成本进行计价。采用计划成本计价的企业，首先应制定材料的计划单位成本，要使其尽可能地接近实际成本。日常材料的收发凭证、总分类账和明细分类账都以计划成本记录。购入材料时，先通过“材料采购”账户核算，材料的实际成本与计划成本之间的差异通过“材料成本差异”账户核算。发出材料仍以计划成本记录，月末再将发出材料应负担的成本差异予以调整，记入相关成本费用账户，将发出材料的计划成本调整为实际成本。这种计价方法适用于材料品种繁多、采购业务量较大的企业。采用计划成本计价，企业除开设“原材料”账户外，还应开设“材料采购”账户和“材料成本差异”账户。

“材料采购”账户用来核算计划成本计价法下企业已付款或已收到结算凭证但尚未验收入库的材料成本。该账户为资产类账户，借方登记购入材料的实际成本和实际成本小于计划成本的节约额的结转，贷方登记验收入库材料的计划成本和实际成本大于计划成本的超支额的结转，期末有借方余额，表示月末尚未验收入库的材料的实际成本。

“材料成本差异”账户用来核算材料的实际成本与计划成本的差异额。该账户是“原材料”账户的调整账户，借方登记已验收入库材料的实际成本大于计划成本的超支差异额，贷方登记已验收入库材料的实际成本小于计划成本的节约差异额和月末分配结转的发出材料应负担的差异额(超支差异用蓝字，节约差异用红字)。期末有借方余额，表示月末结存材料的超支差异额;有贷方余额,表示月末结存材料的节约差异额。

材料按计划成本计价,其核算程序及会计分录如下:

(1)采购材料时:

借:材料采购(实际成本)

应交税费——应交增值税(进项税额)

贷:银行存款、应付账款等

(2)材料验收入库时:

借:原材料

贷:材料采购(计划成本)

若为超支差异:

借:材料成本差异

贷:材料采购

若为节约差异:

借:材料采购

贷:材料成本差异

(三)材料发出的核算

发出材料的日常核算可以按照材料实际的采购成本进行,也可以按照企业预先制定的计划成本进行。如果按照计划成本核算,月末应计算材料成本差异率,将发出材料的计划成本调整为实际成本,使得产品的生产成本按照实际成本核算。

1. 材料按照实际成本计价

如果材料按照实际成本进行日常核算,材料发出时,可以选择先进先出法、加权平均法和个别计价法等方法,计算发出材料成本,计价方法一经选用,不得随意变更;如确实需要变更,应在会计报表附注中说明。

原材料明细账应根据材料的收入和发出凭证登记,总账则可以根据材料收入发出凭证编制“收入材料汇总表”“发出材料汇总表”,再根据汇总表汇总登记。

例3—1 某企业材料采用实际成本核算,202×年8月材料发出情况如表3—1所示。

表3—1 发出材料汇总表

202×年8月 单位:元

领用部门	A材料	B材料	合 计	应借科目
产品生产	35 800	23 000	58 800	生产成本——基本生产成本
基本生产车间一般消耗	2 600	—	2 600	制造费用
辅助生产车间	9 400	6 800	16 200	生产成本——辅助生产成本
行政管理部门	6 900	5 400	12 300	管理费用
在建工程	18 700	21 500	40 200	在建工程
合 计	73 400	56 700	130 100	—

根据“发出材料汇总表”，登记有关总账账户。编制的会计分录如下：

借：生产成本——基本生产成本　　58 800
　　制造费用　　2 600
　　生产成本——辅助生产成本　　16 200
　　管理费用　　12 300
　　在建工程　　40 200
　贷：原材料　　130 100

2. 材料按计划成本计价

如果材料按照计划成本进行日常核算，月末应先根据期初结存材料和本期收入材料的成本及差异情况，计算材料成本差异率，计算公式如下：

$$\text{材料成本差异率}=\frac{\text{月初结存材料的成本差异}\pm\text{本月收入材料的成本差异}}{\text{月初结存材料的计划成本}+\text{本月收入材料的计划成本}}\times 100\%$$

再根据发出材料的计划成本和材料成本差异率，计算发出材料的成本差异以及发出材料的实际成本，计算公式如下：

$$\text{发出材料成本差异}=\text{发出材料的计划成本}\times\text{材料成本差异率}$$

$$\text{发出材料的实际成本}=\text{发出材料的计划成本}\pm\text{发出材料成本差异}$$

会计人员按照发出材料的实际成本，借记有关成本费用账户；按照发出材料的计划成本，贷记“原材料”账户；同时将发出材料的成本差异，贷记“材料成本差异”账户，超支差异用蓝字，节约差异用红字。

例 3—2　某企业材料采用计划成本核算，202×年 8 月份“发出材料汇总表”如表 3—2 所示。

表 3—2　**发出材料汇总表**

202×年 8 月　　单位：元

领用部门	计划成本	成本差异（差异率：−1%）	实际成本	应借科目
产品生产	200 000	−2 000	198 000	生产成本——基本生产成本
基本生产车间一般消耗	18 000	−180	17 820	制造费用
辅助生产车间	16 000	−160	15 840	生产成本——辅助生产成本
行政管理部门	20 000	−200	19 800	管理费用
在建工程部门	13 000	−130	12 870	在建工程
合　计	267 000	−2 670	264 330	—

根据发出材料汇总表登记有关总账账户，会计分录如下：

借：生产成本——基本生产成本　　198 000
　　制造费用　　17 820
　　生产成本——辅助生产成本　　15 840
　　管理费用　　19 800
　　在建工程　　12 870

贷：原材料　　267 000

材料成本差异　　[2 670]

采用计划成本核算材料费用，可以反映出材料供应的超支或节约情况，便于分析和考核计划的完成情况，而且发出材料的单价直接采用计划成本，简化了材料发出的核算工作。但是由于不能对每一种材料分别计算其材料成本差异率，因此经过调整后的材料实际成本的准确性会差一些。

二、材料费用的分配

企业耗用的外购或自制的材料，应当根据审核后的领退料凭证，按照材料的用途分配计入产品成本或其他相关费用账户。其中，用于车间一般性消耗的记入“制造费用”账户，用于行政管理和产品销售的分别记入“管理费用”和“销售费用”账户，用于辅助生产的记入“生产成本——辅助生产成本”账户，用于在建工程的记入“在建工程”账户，而用于产品基本生产的记入“生产成本——基本生产成本”账户。如果用于产品生产的材料费用是直接计入费用，可以直接记入“基本生产成本”明细账中的“直接材料”项目；如果是间接计入费用，则需要先按照一定的标准在各成本计算对象之间分配，再记入各自明细账中的“直接材料”项目。可以用来分配材料费用的标准有：产品的重量、体积、材料的定额消耗量、材料的定额费用等。由于原材料和主要材料的费用通常与产品的重量、体积或产量有关，所以可以用重量、体积或产量作为费用分配的标准。在定额制定比较准确、稳定的企业，材料费用也可以按照定额消耗量或定额费用来分配。重量（体积、产量）分配法比较简单，在此不再赘述，以下只介绍定额消耗量比例分配法和定额费用比例分配法。

（一）定额消耗量比例分配法

定额消耗量是由企业根据合理的生产组织设计，按照正常生产条件制定的、生产每一单位合格产品所需材料、人工、机器台班的社会平均消耗量标准。材料的定额消耗量是指产品的实际产量按照单位产品消耗材料定额计算的总消耗量。定额消耗量比例分配法的计算公式如下：

$$\text{某产品材料定额消耗量}=\text{该产品的实际产量}\times\text{单位产品材料消耗定额}$$

$$\text{材料费用分配率}=\frac{\text{待分配的材料费用总额}}{\text{各种产品材料定额消耗量之和}}$$

$$\text{某产品应负担的材料费用}=\text{该产品材料定额消耗量}\times\text{材料费用分配率}$$

例 3—3　某企业基本生产车间 202×年 8 月生产 A、B、C 三种产品，领用甲材料 3 600 千克，材料单价 20 元/千克，共计 72 000 元，车间一般性消耗用料 360 千克，共计 7 200 元，辅助生产车间领用 4 000 元，行政管理部门领用 6 000 元。三种产品本月的产量分别为 A 产品 120 件，B 产品 180 件，C 产品 240 件，三种产品甲材料的消耗定额分别为 A 产品 2.4 千克，B 产品 4.8 千克，C 产品 7.2 千克。采用定额消耗量比例分配法在三种产品之间分配甲材料。

在定额消耗量比例分配法下，编制的甲材料费用的分配表如表 3—3 所示。

表 3—3

甲材料费用分配表

202×年 8 月

产品名称	实际产量(件)	单位产品消耗定额(千克)	材料定额消耗量(千克)	分配率	分配金额(元)
A 产品	120	2.4	288	25	7 200
B 产品	180	4.8	864	25	21 600
C 产品	240	7.2	1 728	25	43 200
合　计	—	—	2 880	25	72 000

$$材料费用分配率=\frac{72\ 000}{288+864+1\ 728}=25$$

定额消耗量比例分配法还可以先将材料的实际消耗量按照定额消耗量的标准在各种产品之间分配，再乘以材料单价计算各种产品应负担的材料费用。其计算公式如下：

某产品材料定额消耗量＝该产品的实际产量×单位产品材料消耗定额

$$材料消耗量分配率=\frac{材料实际消耗量总额}{各种产品材料定额消耗量之和}$$

某产品应负担的材料数量＝该产品材料定额消耗量×材料消耗量分配率

某产品应负担的材料费用＝该产品应负担的材料数量×材料单价

按照定额消耗量标准分配甲材料费用，材料费用分配表如表 3—4 所示。

表 3—4

甲材料费用分配表

202×年 8 月

产品名称	材料定额消耗量(千克)	分配率	材料实际消耗量(千克)	材料单价(元)	材料实际费用(元)
A 产品	288	1.25	360	20	7 200
B 产品	864	1.25	1 080	20	21 600
C 产品	1 728	1.25	2 160	20	43 200
合　计	2 880	1.25	3 600	20	72 000

表 3—4 中材料数量分配率为 1.25，表明材料的实际消耗量比定额消耗量超支了 25%。

(二)定额费用比例分配法

定额费用比例分配法是以产品消耗材料的定额费用作为分配标准分配材料费用的方法。材料定额费用是指产品的实际产量按照单位产品消耗材料的费用定额计算的费用总额。其中，单位产品消耗材料的费用定额一般通过单位产品材料的消耗定额和材料的单价来确定。这种分配方法的计算公式如下：

单位产品材料费用定额＝单位产品材料消耗定额×材料单价

某产品的材料定额费用＝该产品的实际产量×单位产品材料费用定额

$$材料费用分配率=\frac{待分配的材料费用总额}{各种产品的材料定额费用之和}$$

某产品应负担的材料费用＝某产品的材料定额费用×材料费用分配率

例3—4 某企业基本生产车间202×年8月生产甲、乙两种产品，共同耗用A材料27 560元。本月两种产品的实际产量分别为300件和200件，单位产量的A材料消耗定额分别为2千克和3.5千克，A材料的单价为20元。采用定额费用比例分配A材料费用，其费用分配表如表3—5所示。

表3—5 **A材料费用分配表**

202×年8月 单位：元

产品名称	单位产品材料消耗定额(千克)	材料单价	单位产品材料费用定额	实际产量(件)	材料定额费用	分配率	分配金额
甲产品	2	20	40	300	12 000	1.06	12 720
乙产品	3.5	20	70	200	14 000	1.06	14 840
合 计	—	20	110	—	26 000	1.06	27 560

(三)材料费用分配的账务处理

在实际工作中，材料费用的分配是通过编制“材料费用分配表”进行的。材料费用分配表是按照材料的具体用途，根据归类的领退料凭证编制。领用材料用于产品生产的借记“生产成本——基本生产成本”账户，用于车间一般消耗的借记“制造费用”账户，用于辅助生产的借记“生产成本——辅助生产成本”账户，用于管理部门的借记“管理费用”账户，用于销售部门的借记“销售费用”账户，用于在建工程的借记“在建工程”账户，贷记“原材料”账户。

在例3—3中，材料费用分配表如表3—6所示。

表3—6 **材料费用分配表**

202×年8月

分配对象		成本费用项目	直接计入费用(元)	间接计入费用			费用合计(元)
				定额消耗量(千克)	分配率	金 额(元)	
基本生产车间	A产品	直接材料		288	25	7 200	7 200
	B产品	直接材料		864	25	21 600	21 600
	C产品	直接材料		1 728	25	43 200	43 200
	小 计			2 880	25	72 000	72 000
制造费用		材料费	7 200				7 200
供电车间		材料费	4 000				4 000
管理费用		修理费	6 000				6 000
合 计			17 200				89 200

根据表3—6，编制会计分录如下：

借：生产成本——基本生产成本(A产品) 7 200

生产成本——基本生产成本(B产品) 21 600

生产成本——基本生产成本(C产品) 43 200

制造费用 7 200

生产成本——辅助生产成本(供电车间) 4 000

管理费用　　6 000

贷：原材料——甲材料　　89 200

三、燃料费用的分配

企业在产品生产中，燃料费用如果在产品成本中所占的比重不大，可以在“生产成本——基本生产成本”明细账中的“直接材料”项目中反映，企业也不需单独开设“燃料”账户，记入“原材料”账户即可；如果燃料费用在产品成本中所占比重比较大，则可以与动力费用一起增设“燃料与动力”项目，另单独开设“燃料”账户，记录燃料的收发存情况。

燃料费用如果属于直接计入费用，则直接计入产品成本；如果属于间接计入费用，则需要在几种产品之间分配后计入产品成本。燃料的性质与材料相同，因此材料费用的分配方法完全适用于燃料费用的分配，可以选择的分配标准有产品的重量、体积，所耗原材料的数量、费用，或者燃料的定额消耗量、定额费用等。

燃料费用支出直接用于产品生产的借记“生产成本——基本生产成本”账户；用于辅助生产、车间一般消耗、管理部门和销售部门消耗的，分别借记“生产成本——辅助生产成本”“制造费用”“管理费用”和“销售费用”账户，贷记“燃料”账户或“原材料”账户。

例 3—5　某企业基本生产车间 202×年 8 月份共发生燃料费用 25 000 元，其中用于甲、乙两种产品热处理 16 000 元，基本生产车间消耗 5 000 元，行政管理部门消耗 4 000 元。间接计入的燃料费用按燃料的定额费用分配，甲产品的燃料费用定额 86 元，乙产品的燃料费用定额 57 元。两种产品本月的实际产量分别为 100 件和 200 件，企业单独开设“燃料”账户。

$$燃料费用分配率=\frac{16\ 000}{86\times100+57\times200}=0.8$$

甲产品应负担的燃料费用 $=86\times100\times0.8=6\ 880$（元）

乙产品应负担的燃料费用 $=57\times200\times0.8=9\ 120$（元）

（燃料费用分配表略）

该企业做如下账务处理：

借：生产成本——基本生产成本（甲产品）　　6 880

生产成本——基本生产成本（乙产品）　　9 120

制造费用　　5 000

管理费用　　4 000

贷：燃料　　25 000

四、包装物摊销的核算

包装物是指企业在生产经营活动中为包装本企业产品而储备的，随同产品出售、出租或出借的各种包装容器，如桶、箱、瓶、坛、袋等。包装物按其用途不同可分为以下四类：

（1）生产过程中用于包装产品作为产品组成部分的包装物；

（2）随同商品出售不单独计价的包装物；

(3)随同商品出售单独计价的包装物；

(4)出租或出借给其他单位的包装物。

但是以下三种情况不属于包装物的核算范围：

(1)各种包装材料，如绳、纸、铁丝、铁皮等，应列作“原材料”核算；

(2)用于储存和保管本企业产品或材料、不对外出售的包装物，按其单位价值的大小和适用年限的长短，分别列作“固定资产”或“价值易耗品”核算；

(3)单独列作本企业商品产品的自制包装物，作为本企业的“库存商品”核算。

企业对包装物的核算既可以通过“周转材料——包装物”核算，也可以单独设置“包装物”账户。本书单独设置“包装物”账户，借方登记收入的包装物，贷方登记发出领用的包装物，并按包装物的种类设置明细账户。核算时可以采用实际成本计价，也可以采用计划成本计价。如果采用计划成本计价，其成本差异可通过“材料成本差异”账户核算。

(一)生产领用包装物

生产部门领用包装物时，包装物将形成产品价值的组成部分，应将包装物成本计入产品成本中，借记“生产成本——基本生产成本”账户，贷记“包装物”账户。如果企业按计划成本核算，月末还应结转包装物应负担的材料成本差异。

(二)随同产品出售的包装物

随同产品出售不单独计价的包装物，在发出时，计入销售费用。

借：销售费用

　贷：包装物

随同产品出售单独计价的包装物，在出售时单独反映其销售收入。

借：银行存款、应收账款等

　贷：其他业务收入

　　应交税费——应交增值税(销项税额)

同时结转包装物的成本。

借：其他业务成本

　贷：包装物

(三)出租出借包装物

企业出租或出借的包装物，其价值损耗应采用适当的方法予以摊销。出借包装物摊销的价值记入“销售费用”账户，出租包装物摊销的价值记入“其他业务成本”账户。摊销的方法分为一次摊销法和五五摊销法。

1. 一次摊销法

一次摊销法也称为一次转销法、一次记入法，是指在包装物领用发出时，将其价值一次性全部计入当月的成本费用中的方法。对出租、出借的包装物，在发出时分别借记“其他业务成本”和“销售费用”账户，贷记“包装物”账户。一次摊销法适用于包装物价值不大、适用期限较短、一次领用数量不多的情况。

2. 五五摊销法

五五摊销法又称为五成摊销法，是指包装物在领用时即摊销其价值的50%，到报废时再摊销剩余的50%。适用于包装物每月领用和报废比较均衡的情况。采用这种方法，应在“包装物”总账账户下，再开设三个明细账，分别为“在库”“在用”和“摊销”。

(1)领用新包装物时：

借：包装物——在用

　贷：包装物——在库

(2)摊销新包装物价值的一半时：

借：销售费用

　贷：包装物——摊销

(3)包装物报废，摊销其另一半价值时：

借：销售费用

　贷：包装物——摊销

(4)回收残料时：

借：原材料

　贷：销售费用

(5)注销报废的包装物及其摊销值时：

借：包装物——摊销

　贷：包装物——在用

出租包装物的核算与出借包装物类似，此处不再赘述。

五、低值易耗品摊销的核算

低值易耗品是指单位价值较低、使用年限较短、不能作为固定资产管理的各种用具物品，如自制工具、模具等。低值易耗品按用途可以分为以下几类：

(1)一般工具，指生产中常用的工具，如量具、装配工具等；

(2)专用工具，指专用于某种产品生产或某一工序使用的工具，如特制模具等；

(3)替换设备，指易被磨损或需要替换使用的设备，如轧钢用的轧辊等；

(4)管理用具，指管理部门使用的各种物品，如办公用具等；

(5)劳保用品，指为了安全生产而发给工人使用的物品，如工作服等各种防护用具；

(6)其他价值较低、使用年限较短的低值易耗品。

对低值易耗品的收、发、存情况，企业既可以通过“周转材料——低值易耗品”账户核算，也可以单独设置“低值易耗品”账户核算。本书以后者为例进行阐述。

企业外购低值易耗品的核算与原材料的核算类似，不再赘述。低值易耗品的摊销应结合其价值大小、使用期限长短以及领用情况，分别采用一次摊销法和五五摊销法。

一次摊销法下，领用低值易耗品时，即将其全部价值转入有关成本费用。

借：制造费用、管理费用、其他业务成本等

贷：低值易耗品

报废时，如果有残值，应冲减相关成本费用。

借：原材料

贷：制造费用、管理费用、其他业务成本

五五摊销法下，企业应在低值易耗品总账下开设三个明细账账户："在库低值易耗品""在用低值易耗品"和"低值易耗品摊销"。

领用低值易耗品时：

借：低值易耗品——在用低值易耗品

贷：低值易耗品——在库低值易耗品

月末，摊销其价值的50%：

借：制造费用、管理费用、其他业务成本

贷：低值易耗品——低值易耗品摊销

报废时：

借：低值易耗品——低值易耗品摊销（已提摊销额）

原材料（回收的残料）

其他应收款（应收的赔偿）

制造费用、管理费用、其他业务成本（补提摊销额）

贷：低值易耗品——在用低值易耗品（原值）

第二节 人工费用的分配

根据2014年财政部修订的《企业会计准则第9号——职工薪酬》的规定，职工薪酬是指企业为获得职工提供的服务或解除劳动关系而给予的各种形式的报酬或补偿。职工薪酬包括短期薪酬、离职后福利、辞退福利和其他长期职工福利。企业提供给职工配偶、子女、受赡养人、已故员工遗属及其他受益人等的福利，也属于职工薪酬。本节主要论述短期薪酬的核算。

短期薪酬是指企业在职工提供相关服务的年度报告期间结束后12个月内需要全部予以支付的职工薪酬，因解除与职工的劳动关系给予的补偿除外。短期薪酬具体包括：职工工资、资金、津贴和补贴，职工福利费，医疗保险费、工伤保险费和生育保险费等社会保险费，住房公积金，工会经费和职工教育经费，短期带薪缺勤，短期利润分享计划，非货币性福利以及其他短期薪酬。

一、工资费用核算概述

（一）工资总额的组成

工业企业的工资费用应当按照国家劳动部门制定的工资总额核算。工资总额是指各单位在一定时期内应直接支付给本单位职工的劳动报酬总额。目前我国规定工资总额由计时工资、计件工资、奖金、津贴和补贴、加班加点工资和特殊情况下支付的工资六部分组成。

1. 计时工资

计时工资是指按照计时工资标准和职工工作时间支付给职工的劳动报酬。计时工资标准是指每个职工在一定时间(年、月、周、日、小时)内应得的工资额。职工工作时间根据企业的考勤记录确定。计时工资包括按计时工资标准支付的工资、实行结构工资制的企业支付给职工的基础工资和职务(岗位)工资及新参加工作职工的见习工资等。

2. 计件工资

计件工资是指按照计件单价和职工完成工作的数量支付给职工的劳动报酬。计件单价是指职工每完成一单位工作应得的工资额。计件工资包括直接无限计件工资、限额计件工资、超定额计件工资和超额累进计件工资,以及按照营业额(或利润)提成办法支付给职工的工资等。

3. 奖金

资金是指支付给职工的超额劳动报酬以及增收节支业绩报酬,如生产奖、节约奖、劳动竞赛奖以及企业支付的其他奖金。

4. 津贴和补贴

津贴是指为补偿职工特殊劳动、额外劳动或其他劳动需支付的报酬,如技术津贴、保健津贴等。补贴是指为了保证职工工资水平不受物价变动影响而支付的物价补贴,如生活补贴等。

5. 加班加点工资

加班加点工资是指按照规定的工资标准和职工增加或延长的劳动时间支付给职工的劳动报酬,如节假日工资等。

6. 特殊情况下支付的工资

特殊情况下支付的工资是指按照国家法律、法规和政策规定,在特殊情况下支付给职工的工资。特殊情况包括工伤假、事假、病假、婚丧假、产假、探亲假、定期休假、脱产学习以及履行国家或社会义务。在有的情况下应全额发放职工的计时工资,而有的情况下则按照一定比例支付职工工资。

在工资总额中,不包括以下内容:

(1)按国务院有关规定颁发的创造发明奖、科学技术进步奖、自然科学奖、技术改进奖等;

(2)离退休人员的工资和福利费;

(3)有关劳动保险和职工福利费方面的支出;

(4)有关劳动保护费的支出;

(5)购买本企业股票、债券的职工应得的股息、利息;

(6)交通补贴、差旅费补贴等;

(7)随同工作支付的其他款项,如市内交通费、伙食补助费等。

进行工资核算时,应严格区分是否属于工资总额核算范围,以加强成本、费用支出的控制。

(二)工资费用核算的基础工作

企业工资费用的核算应在劳资部门和财务部门工资结算的基础上进行。工资结算是指企业对一定时期应付工资总额、实发工资额和代扣款项等的核算。工资结算要做好以下基础工作：

1. 制定合理的工资标准

工资标准包括计时工资标准和计件单价。劳资部门应根据国家法律、法规和政策的有关规定，结合企业的实际情况，制定出符合本企业生产特点的计时工资标准和计件单价。另外还应制定奖金发放标准和特殊情况下支付工资的标准等。

2. 建立健全考勤制度，加强考勤管理

企业应在成立之初建立严格的考勤制度，如为每个职工建立出勤档案，分部门每月或每周汇总出勤情况等，以便于计时工资的核算。对于加班加点的出勤应单独记录。

3. 做好职工工作量的统计工作

对于按计件工资形式发放职工工资的企业，应对职工完成的工作量做出准确统计。统计工作可以由专门人员完成，也可由检验人员代为完成。

4. 建立健全监督管理体制

工资计算是否准确合理，不仅会影响到企业成本、费用核算的准确性，而且直接涉及职工利益，会在很大程度上影响职工工作的积极性。因此，企业在建立各项基本工资制度，确保工资计算合理、准确的同时，还应建立健全监督体制，给企业的管理工作搭建一个公平、合理的平台。

二、工资的计算

工资的计算在不同的工资制度下有不同的方法，最基本的工资制度有计时工资制度和计件工资制度。

(一)计时工资的计算

每位职工的计时工资是根据规定的计时工资标准和企业的考勤记录计算的工资。其中，计时工资标准有年工资标准、月工资标准、日工资标准以及小时工资标准等。以下以月工资标准为例讲述。

采用月工资标准核算工资的企业，由于考勤时一般以日为单位记录，月工资标准需要换算为日工资标准。但是每月的天数不同，就导致同一位职工在不同月份的日工资标准不同。为了简化核算，在计算日工资标准时，采用固定天数计算，计算方法有两种。

1. 每月固定按 30 天计算。30 天可通过如下方法计算：

$$\frac{\text{全年 365 天}}{12} \approx 30.42 \approx 30(\text{天})$$

$$\text{日工资率} = \frac{\text{月工资标准}}{30}$$

在这种制度下，由于节假日和双休日计算了工资，因此，如果缺勤期间有节假日和双休日，也应扣掉相应的工资。

2. 按月计薪天数 21.75 天计算。21.75 天可通过如下方式计算得出：

$$\frac{\text{全年 365 天}-\text{104 个双休日}}{12}\approx 21.75(\text{天})$$

$$\text{日工资率}=\frac{\text{月工资标准}}{21.75}$$

按国家劳动法规定，法定节假日用人单位应依法支付工资，即计算日工资时不剔除国家规定的 11 天法定节假日。

这种工资计算制度是在全年 365 天的基础上计算的每月平均天数，因此称为年平均工资制度。在这种制度下，由于双休日没有计算工资，因此，如果缺勤期间有双休日，也不扣相应工资。

不论采用多少天计算工资，都可以用两种方式计算：一种是用日工资率乘以每月出勤天数计算应付工资；另一种是用月工资标准扣掉缺勤工资计算应付工资。企业可以根据实际情况选择其中的一个固定天数和一种计算方法核算工资，一经确定不应随意变更。

例 3—6 某企业一职工的月工资标准为 3 000 元。20××年 10 月份该职工的出勤情况如下：病假 2 天，事假 1 天，星期休假 8 天，另有 3 天法定节假日，实际出勤 17 天。按照该职工的工龄，病假期间支付其 90%的工资，且该职工缺勤期间没有双休日。该职工 20××年 10 月份的应付工资可计算如下：

方法一：按 30 天计算日工资率，计算出勤工资。

$$\text{日工资率}=\frac{3\ 000}{30}=100(\text{元/天})$$

应付出勤工资＝100×(17＋8＋3)＝2 800(元)

应付病假工资＝100×2×90%＝180(元)

应付工资＝2 800＋180＝2 980(元)

方法二：按 30 天计算日工资率，扣算缺勤工资。

日工资率＝100(元/天)

应扣事假工资＝100×1＝100(元)

应扣病假工资＝100×2×(1－90%)＝20(元)

应付工资＝3 000－100－20＝2 880(元)

这两种方法下计算的应付工资并不相同，相差 100 元，即一天的工资，这是因为日工资率按 30 天计算，而 10 月份实际天数为 31 天。

方法三：按 21.75 天计算日工资率，计算出勤工资。

$$\text{日工资率}=\frac{3\ 000}{21.75}\approx 137.93(\text{元/天})$$

应付出勤工资＝137.93×20＝2 758.60(元)

应付病假工资＝137.93×2×90%＝248.27(元)

应付工资＝2 758.60＋248.27＝3 006.87(元)

方法四：按 21.75 天计算日工资率，扣算缺勤工资。

日工资率为 137.93(元/天)

应扣事假工资＝137.93×1＝137.93(元)

应扣病假工资＝137.93×2×(1－90%)＝27.59(元)

应付工资＝3 000－137.93－27.59＝2 834.48(元)

这两种方法计算的应付工资也不相同，相差 172.39 元。这是因为日工资率按 21.75 天计算，而 10 月份的计薪天数为 23 天。

以上四种计算方法各有利弊，相比之下，第四种方法更加简便。

(二)计件工资的计算

计件工资是按照计件单价和职工完成产品的数量计算确定。计件单价由产品的工时定额和某一级别职工的小时工资率计算确定。职工完成产品的数量包括合格品的数量和料废品的数量，工废品的数量不纳入完工产品数量中，有的还应由职工赔偿损失。具体计算公式如下：

应付计件工资＝计件单价×∑(合格品数量＋料废品数量)

其中，某产品计件单价＝该产品工时定额×该级别职工的小时工资率。

例 3－7　某企业一职工本月生产甲、乙两种产品，合格品数量分别为 1 000 件和 800 件，乙产品另产出料废品 10 件。两种产品的工时定额分别为 0.52 小时和 0.7 小时，该职工的小时工资率为 3 元/小时。企业本月应付该职工计件工资计算如下：

甲产品的计件单价＝0.52×3＝1.56(元)

乙产品的计件单价＝0.7×3＝2.1(元)

甲产品的计件工资＝1.56×1 000＝1 560(元)

乙产品的计件工资＝2.1×(800＋10)＝1 701(元)

本月企业应付该职工计件工资＝1 560＋1 701＝3 261(元)

企业实际发放工资时，除了计算确定的应付工资以外，通常会有一些代发款项(如市内交通补助等)和代扣款项(如代扣个人所得税、保险金等)。所以实发工资应在应发工资的基础上加上代发款项，再扣减代扣款项。企业应对工资发放情况按车间、部门编制“工资结算单”，详细记录应发工资、实发工资的具体内容。

三、工资费用的分配

(一)工资费用核算应设置的会计科目

企业进行工资费用核算，除应在“生产成本——基本生产成本”“生产成本——辅助生产成本”“制造费用”等有关成本费用账户中设置“直接人工”专栏或“工资及福利费”项目外，还应设置“应付职工薪酬——工资”科目。

“应付职工薪酬——工资”科目用来核算企业应支付的工资及工资的实际发放情况。该科目贷方登记应支付的工资总额，借方登记实际发放的工资额。该科目为负债类科目，期末余额一般在贷方，表示应付而未付的工资额。

(二)工资费用分配的账务处理

企业每月月末计算本月应支付的工资总额，记入“应付职工薪酬——工资”账户的贷方。

属于产品生产工人的工资，借记“生产成本——基本生产成本”账户；车间管理人员的工资，借记“制造费用”账户；辅助生产工人的工资，借记“生产成本——辅助生产成本”账户；行政管理人员的工资，借记“管理费用”账户；销售部门人员的工资，借记“销售费用”账户；在建工程人员的工资，借记“在建工程”账户。企业应遵循以上原则，将工资费用分配记入相应的账户。

直接生产产品的工人工资，应记入“生产成本——基本生产成本”账户。如果企业采用计件工资制，则工资费用为直接计入费用；而计时工资一般都为间接计入费用，只有在只生产一种产品的情况下为直接计入费用。在企业生产多种产品时，工资费用需要在几种产品之间进行分配，通常会选择实际生产工时或定额工时作为分配标准。计算公式如下：

$$\text{工资费用分配率}=\frac{\text{待分配的工资费用总额}}{\text{各种产品的生产工时(实际或定额)之和}}$$

某种产品应负担的工资费用＝该种产品的生产工时(实际或定额)×工资费用分配率

例 3—8 某企业基本生产车间 202×年 8 月同时生产甲、乙、丙三种产品，三种产品的产量分别为 1 000 件、850 件和 1 200 件，单位产品生产工时定额分别为 2 小时、3 小时和 1.6 小时。三种产品由一类工人生产加工，本月应付给该类工人的工资共计 16 175 元。生产工人工资按定额工时比例分配。基本生产车间管理人员工资 5 300 元。企业另有两个辅助生产车间，供水车间工人工资 2 390 元，供电车间工人工资 3 700 元。企业行政管理人员工资 8 700 元，销售人员工资 8 760 元。基本生产车间工人工资计算分配如下：

甲产品定额工时＝1 000×2＝2 000(小时)

乙产品定额工时＝850×3＝2 550(小时)

丙产品定额工时＝1 200×1.6＝1 920(小时)

$$\text{工资费用分配率}=\frac{16\ 175}{2\ 000+2\ 550+1\ 920}=2.5$$

甲产品应负担的工资费用＝2 000×2.5＝5 000(元)

乙产品应负担的工资费用＝2 550×2.5＝6 375(元)

丙产品应负担的工资费用＝1 920×2.5＝4 800(元)

以上计算过程也可通过编制工资费用分配表完成，如表 3—7 所示。

表 3—7 **工资费用分配表**

202×年 8 月 单位：元

分配对象		成本项目	直接计入费用	间接计入费用			费用合计
				定额工时	分配率	金额	
基本生产成本	甲产品	直接人工		2 000	2.5	5 000	5 000
	乙产品	直接人工		2 550	2.5	6 375	6 375
	丙产品	直接人工		1 920	2.5	4 800	4 800
	小　计			6 470	2.5	16 175	16 175
辅助生产成本	供水车间	直接人工	2 390				2 390
	供电车间	直接人工	3 700				3 700

续表

分配对象	成本项目	直接计入费用	间接计入费用			费用合计
			定额工时	分配率	金额	
制造费用	工资	5 300				5 300
管理费用	工资	8 700				8 700
销售费用	工资	8 760				8 760
合　计		28 850			16 175	45 025

根据上述工资费用分配表，编制如下会计分录：

借：生产成本——基本生产成本（甲产品）　5 000
　　生产成本——基本生产成本（乙产品）　6 375
　　生产成本——基本生产成本（丙产品）　4 800
　　制造费用　5 300
　　生产成本——辅助生产成本（供水车间）　2 390
　　生产成本——辅助生产成本（供电车间）　3 700
　　管理费用　8 700
　　销售费用　8 760
　贷：应付职工薪酬——工资　45 025

四、职工福利费的核算

职工福利费，主要是指尚未实行分离办社会职能的企业，其内设福利部门（医务室、食堂、托儿所等集体福利机构）所发生的设备、设施和人员费用，为职工卫生保健、生活、住房、交通等发放的各项补贴以及按照国家规定开支的其他职工福利支出。根据我国《企业会计准则第9号——职工薪酬》的规定，企业的职工福利费应当在实际发生时直接计入当期损益。

例3—9　某企业202×年8月发放食堂员工工资15 000元，发放给车间生产工人李某困难补助500元。企业应编制如下会计分录：

借：管理费用　15 000
　　生产成本——基本生产成本　500
　贷：应付职工薪酬——职工福利费　15 500
借：应付职工薪酬——职工福利费　15 500
　贷：银行存款　15 500

五、其他短期薪酬的核算

除工资和职工福利费外，短期薪酬还包括社会保险费、住房公积金、工会经费、职工教育经费和非货币性福利等内容。

(一)社会保险费和住房公积金的核算

这里的社会保险费具体包括医疗保险、工伤保险、生育保险。社会保险费和住房公积金是企业依照有关法律、行政法规和国务院规定的范围和职工的工资情况确定的基数和比例计算缴纳的。企业计算提取社会保险费和住房公积金时,分别借记“生产成本——基本生产成本”“生产成本——辅助生产成本”“制造费用”“管理费用”“销售费用”等账户,贷记“应付职工薪酬——社会保险费”或“应付职工薪酬——住房公积金”账户。

(二)工会经费和职工教育经费的核算

工会经费和职工教育经费是企业为了改善职工文化生活、提高业务水平,用于开展工会活动和职工教育活动的费用支出。工会经费按照职工工资总额的2%计提,职工教育经费按照职工工资总额的8%计提,计提的费用分别借记“生产成本——基本生产成本”“生产成本——辅助生产成本”“制造费用”“管理费用”“销售费用”等账户,贷记“应付职工薪酬——工会经费”或“应付职工薪酬——职工教育经费”账户。

例3—10 根据例3—8的资料,编制工会经费分配表如表3—8所示。

表3—8 **工会经费分配表**

202×年8月

分配对象		成本或费用项目	工资总额(元)	工会经费(2%)
基本生产成本	甲产品	直接人工	5 000	100.00
	乙产品	直接人工	6 375	127.50
	丙产品	直接人工	4 800	96.00
辅助生产成本	供水车间	直接人工	2 390	47.80
	供电车间	直接人工	3 700	74.00
制造费用		福利费	5 300	106.00
管理费用		福利费	8 700	174.00
销售费用		福利费	8 760	175.20
合　计			45 025	900.50

根据上述费用分配表,编制会计分录如下:

借:生产成本——基本生产成本(甲产品)	100.00
生产成本——基本生产成本(乙产品)	127.50
生产成本——基本生产成本(丙产品)	96.00
生产成本——辅助生产成本(供水车间)	47.80
生产成本——辅助生产成本(供电车间)	74.00
制造费用	106.00
管理费用	174.00

销售费用　　175.20

贷：应付职工薪酬——工会经费　　900.50

(三)非货币性福利的核算

非货币性福利，是指企业以自产产品或外购商品发放给职工作为福利，或者将企业拥有的房屋等资产或租赁资产无偿提供给职工使用而负担的费用。非货币性福利费用发生时，应当按照权责发生制的要求，根据受益人员所在部门分别借记"生产成本——基本生产成本""生产成本——辅助生产成本""制造费用""管理费用""销售费用"等账户，贷记"应付职工薪酬——非货币性福利"账户。

例3—11 某企业为副总及以上职工分别租赁住房一套并配备汽车一辆，每月支付房屋租金共计20 000元，汽车计提折旧费共计8 000元。该企业应编制如下会计分录：

借：管理费用　　28 000

　贷：应付职工薪酬——非货币性福利　　28 000

借：应付职工薪酬——非货币性福利　　28 000

　贷：银行存款　　20 000

　　累计折旧　　8 000

第三节　其他要素费用的分配

一、外购动力费的核算

(一)外购动力费的分配

企业外购的动力可以有不同的用途，有的直接用于产品生产，如加热、焊接、溶解、动力等；有的则用于组织管理生产，如照明、取暖等。因此，外购动力费的分配应根据其不同的用途，分别计入相应的成本费用中。直接用于产品生产的，借记"生产成本——基本生产成本"账户；用于组织管理生产的，分别借记"制造费用""管理费用"等账户，贷记"应付账款"或"银行存款"等账户。动力费用在各个部门之间通常可以根据仪表或仪器测量的消耗量，乘以单价分配。在一个部门内部(如基本生产车间内部)，同时生产多种产品时，一般不会对各种产品分别安装仪表，此时，需要将动力费用按照各种产品的生产工时或机器工时分配计入各种产品成本。分配计算的公式如下：

$$\text{外购动力耗用量分配率}=\frac{\text{产品生产动力用电总度数}}{\text{各种产品生产(或机器)工时之和}}$$

某产品应负担的动力耗用量＝该产品生产(或机器)工时×外购动力耗用量分配率

某产品应负担的动力费用＝该产品应负担的动力耗用量×动力费单价

(二)外购动力费分配的账务处理

对外购动力费的核算，企业可以采用两种方法：一是在"生产成本——基本生产成本"明细账户中专设“燃料及动力”项目，对燃料费用和动力费用单独核算，产品生产耗用的动力费用直接或间接分配计入产品的成本。二是不专设“燃料及动力”项目，发生的动力费用记入“制造费用”账户中的“水电费”项目，再通过制造费用的分配计入各产品的成本。本书以第一种处理方法进行讲述。

例 3—12 某工业企业 202×年 8 月共消耗电力 59 000 度，每度电 0.7 元，共计应支付给电力部门电费 41 300 元。其中基本生产车间生产三种产品，动力用电 32 000 度，三种产品本月的机器工时分别为甲产品 6 000 小时，乙产品 4 500 小时，丙产品 5 500 小时，车间照明用电 8 000 度，管理部门照明用电 13 000 度，机修车间耗电 6 000 度。动力费用的分配如表 3—9 所示。

表 3—9 **外购动力费用分配表**

202×年 8 月 单位：元

分配对象		机器工时（小时）	分配率	耗电量（度）	单价	金额	应借科目
基本生产车间	甲产品	6 000	2	12 000	0.7	8 400	基本生产成本
	乙产品	4 500	2	9 000	0.7	6 300	基本生产成本
	丙产品	5 500	2	11 000	0.7	7 700	基本生产成本
	小计	16 000	2	32 000	0.7	22 400	基本生产成本
	照明			8 000	0.7	5 600	制造费用
机修车间				6 000	0.7	4 200	辅助生产成本
管理部门				13 000	0.7	9 100	管理部门
合 计				59 000	0.7	41 300	—

根据上述外购动力费用分配表，企业应编制如下会计分录：

借：生产成本——基本生产成本（甲产品） 8 400
　　生产成本——基本生产成本（乙产品） 6 300
　　生产成本——基本生产成本（丙产品） 7 700
　　制造费用 5 600
　　生产成本——辅助生产成本（机修车间） 4 200
　　管理费用 9 100
　贷：应付账款 41 300

二、折旧费的核算

固定资产在企业的生产经营过程中可以长期使用而保持其实物形态不变，但其服务能力会随着使用而逐渐降低。其价值也会随着使用等的磨损而逐渐转移到生产的产品成本中，或构成企业的费用，并从产品的销售收入中逐渐得到补偿。这部分逐渐转移的价值一般称为折旧。但是，折旧不是对固定资产转移价值的准确计价，折旧是指在固定资产的使用寿命内，按照确定的方法对应计折旧额进行的系统分摊。其中，应计折旧额是指应当计提折旧的固定资产原价扣除其预计净残值后的余额，如果已对固定资产计提减值准备，还应当扣除已计提的固定资产减值准备累计金额。值得注意的是，最新的《企业会计准则——固定资产》规定，在计算应计提折旧额时，预计净残值使用的不是终值而是现值，企业应将固定资产预计净残值折现。

从空间范围上看，除了已提足折旧仍在继续使用的固定资产和按照规定单独估价作为固定资产入账的土地外，企业应对所有固定资产计提折旧。尤其应注意，以融资租赁方式租入的固定资产和经营租赁方式租出的固定资产，应当计提折旧；对融资租出的固定资产和经营租入的固定资产，则不应计提折旧。

对于折旧计提的方法，新准则规定，企业应当根据固定资产所含经济利益预期实现方式选择折旧方法，可选用的折旧方法包括年限平均法、工作量法、双倍余额递减法和年数总和法。折旧方法一经确定，不得随意变更。如果企业随意调整固定资产折旧方法，按照《企业会计准则——会计政策、会计估计变更和前期差错更正》的规定，属于滥用会计政策，应作为重大会计差错予以更正。企业应定期复核固定资产的折旧方法。如果固定资产包含的经济利益的预期实现方法有重大改变，则应当相应改变固定资产折旧方法，并按照《企业会计准则——会计政策、会计估计变更和前期差错更正》的规定进行会计处理。企业还应定期对固定资产使用寿命进行复核。如果固定资产使用寿命的预期数与原先的估计数有重大差异，则应当相应调整固定资产折旧年限，并进行会计处理。

在四种不同的方法下，固定资产折旧的计算分别如下：

1. 年限平均法

年限平均法又称为直线法，是指按固定资产预计使用年限平均分摊应计折旧额的一种折旧方法。计算公式如下：

$$\text{年折旧率}=\frac{1-\text{预计净残值率}}{\text{预计使用年限}}$$

$$\text{月折旧率}=\frac{\text{年折旧率}}{12}$$

$$\text{月折旧额}=\text{固定资产原值}\times\text{月折旧率}$$

例 3—13 某企业基本生产车间设备一台，原值为 120 000 元，预计使用 10 年，预计净残值率为 4%。该设备的折旧率和折旧额计算如下：

$$\text{年折旧率}=\frac{1-4\%}{10}=9.6\%$$

$$\text{月折旧率}=\frac{9.6\%}{12}=0.8\%$$

月折旧额＝120 000×0.8%＝960(元)

折旧率的计算可以分项计算，也可以分类合并计算，但是不能采用全厂综合折旧的方法计算当月折旧。

2. 工作量法

工作量法是指按照固定资产在预计使用年限内所能完成的工作总量(如总小时数、总吨公里数等)计算折旧的一种方法。其计算公式如下：

$$单位工作量折旧额=\frac{固定资产原值\times(1-预计净残值率)}{预计使用年限内完成的总工作量}$$

某项固定资产月折旧额=该项固定资产当月工作量×单位工作量折旧额

例 3—14 某企业一辆运货卡车，其原值为 70 000 元，预计总行驶里程为 60 万公里，预计净残值率为 4%。本月行驶 5 000 公里。该卡车本月折旧额计算如下：

$$单位里程折旧额=\frac{70\ 000\times(1-4\%)}{600\ 000}=0.112(元)$$

本月折旧额=5 000×0.112=560(元)

3. 双倍余额递减法

双倍余额递减法是在预先不考虑固定资产残值的情况下，根据每期之初固定资产的账面净值和双倍直线折旧率，计算各期固定资产折旧额的一种方法。其计算公式如下：

$$双倍直线年折旧率=\frac{2}{预计使用年限}\times100\%$$

$$月折旧率=\frac{年折旧率}{12}$$

月折旧额=年初固定资产账面净值×月折旧率

由于预先不考虑残值，在实务中，在固定资产折旧年限到期以前两年内，应将固定资产净值扣除预计净残值后的余额平均摊销。

例 3—15 某固定资产原值 60 000 元，预计净残值 1 000 元，预计使用 5 年。各年折旧额计算如表 3—10 所示。

表 3—10 **各年折旧额计算**

年　份	年初账面净值	折旧率	折旧额	累计折旧额	年末账面净值
1	60 000	40%	24 000	24 000	36 000
2	36 000	40%	14 400	38 400	21 600
3	21 600	40%	8 640	47 040	12 960
4	12 960	—	5 980	53 020	6 980
5	6 980	—	5 980	59 000	1 000

表 3—10 中：

$$前三年的折旧率=\frac{2}{5}\times100\%=40\%$$

$$后两年的折旧额=\frac{12\ 960-1\ 000}{2}=5\ 980(元)$$

4. 年数总和法

年数总和法是以固定资产的原值减去净残值后的净额乘以一个逐年递减的分数计算固定资产折旧的一种方法。这个分数即变动折旧率，分子代表固定资产尚可使用年限，分母代表使用年数的逐年数字之和。其计算公式如下：

$$年折旧率=\frac{预计使用年限-已使用年限}{预计使用年限\times(1+预计使用年限)\div2}\times100\%$$

$$月折旧率=\frac{年折旧率}{12}$$

月折旧额=(固定资产原值-预计净残值)×月折旧率

例 3—16 某企业固定资产原值 62 000 元，预计净残值 2 000 元，预计使用 5 年。采用年数总和法计算各年的折旧额，如表 3—11 所示。

表 3—11 **年数总和法计算各年的折旧额** 单位：元

年份	原值－净残值	年折旧率	年折旧额	累计折旧额
1	60 000	5/15	20 000	20 000
2	60 000	4/15	16 000	36 000
3	60 000	3/15	12 000	48 000
4	60 000	2/15	8 000	56 000
5	60 000	1/15	4 000	60 000

为了核算固定资产的折旧，企业应设置“累计折旧”账户。该账户是“固定资产”账户的备抵调整账户，在资产负债表中作为固定资产项目的减项列示。其贷方登记固定资产计提的折旧，借方登记减少固定资产的已提折旧。贷方余额反映固定资产已提折旧的累计数，该账户只进行总分类核算。

企业在分配折旧费用时，应根据固定资产的使用地点和用途计入有关成本费用，即借记“制造费用”“管理费用”“销售费用”“其他业务成本”等账户，贷记“累计折旧”账户。专用机器设备的折旧费虽然是直接生产费用，可以直接计入产品成本，但一般为了简化核算，也可以和其他间接生产费用一起计入制造费用，月末一并分配计入产品成本。

折旧费用的分配过程一般通过“折旧费用分配表”完成，如表 3—12 所示。

表 3—12 **折旧费用分配表**

202×年 8 月 单位：元

车间、部门	月折旧率	上月折旧额	上月增加资产的折旧额	上月减少资产的折旧额	本月折旧额
基本生产车间		5 000	600	240	5 360
供水车间		2 100	200	—	2 300
行政管理部门		4 600	320	120	4 800
销售部门		3 200	—	200	3 000
合计		14 900	1 120	560	15 460

根据上述折旧费用分配表，企业应编制如下会计分录：

借：制造费用	5 360	
生产成本——辅助生产成本(供水车间)	2 300	
管理费用	4 800	
销售费用	3 000	
贷：累计折旧		15 460

三、利息费用的核算

企业要素费用中的利息费用，不作为产品成本的组成部分，而是作为财务费用计入企业当期损益。

四、其他费用的核算

企业要素费用中的各种其他费用，是指除了上述各项要素费用以外的各种费用，包括差旅费、修理费、邮电费、保险费、劳动保护费、办公费、水电费、技术转让费、职工培训费、交通费等。其他费用有两种类型：一种是产品成本的组成部分，但未设成本项目；另一种不是产品成本的组成部分，企业在费用发生时应根据具体情况分别记入相关成本费用科目。其会计分录如下：

借：制造费用/生产成本——辅助生产成本/管理费用/销售费用

贷：银行存款/ 库存现金

第四节　跨期摊提费用的归集和分配

企业在生产经营过程中，由于各种原因会出现跨期摊提费用，即本期已付但不应计入本期的成本费用和本期尚未支付但应由本期负担的成本费用。跨期摊提费用的期限不超过一年。为了如实计算产品成本，根据现行会计准则规定，对于跨期摊提费用采用分摊和预提的方法进行核算，以保证各期费用负担的合理性。

一、预付费用的归集和分配

预付费用是指本期已经支付但应由本期和以后各期负担的费用，通常包括预付的保险费、报刊费、租金和一次性购买印花税票数额较大的税金等。预付费用的摊销期限最长为 12 个月，这些费用的受益期较长，在支付时不应一次计入当月成本费用，而应按受益期限分月摊入成本费用。如预付费用数额较小时，为了简化核算，也可以不作为预付费用处理，直接计入当期成本费用。如预付费用的摊销期超过 12 个月，应列为长期待摊费用。

预付费用的归集和分配通过“其他应付款”或“预付账款”账户进行核算。支付预付费用时，借记“其他应付款”或“预付账款”账户，贷记“银行存款”或“库存现金”账户；按月摊销时，根据受益部门和费用的用途，借记“生产成本——辅助生产成本”“制造费用”“销售费用”“管理费用”等账户，贷记“其他应付款”或“预付账款”账户。

例 3—17　某企业年初以银行存款预付全年财产保险费 12 000 元，每月摊销 1 000 元，其中基本生产车间负担 400 元，机修车间负担 300 元，管理部门和销售部门各负担 150 元。企业编制如下会计分录：

年初预付保险费时：

借：其他应付款	12 000	
贷：银行存款		12 000

各月摊销保险费时：

借：制造费用	400	
生产成本——辅助生产成本(机修车间)	300	
销售费用	150	

　　管理费用　　　　　　　　　　　　　　150

　贷：其他应付款　　　　　　　　　　　　　　1 000

二、应付费用的归集和分配

应付费用是指已经发生但实际尚未支付的费用，通常包括经营租赁固定资产租金、将要开支的大额保险费等。应付费用的特点是受益的发生在先，与费用相关的现金支付在后。在受益发生时，预先计入当期成本费用，相应增加负债；实际支付时，冲减负债。

应付费用的归集和分配通过“其他应付款”账户进行核算。按月预提时，借记“生产成本——辅助生产成本”“制造费用”“销售费用”“管理费用”等账户，贷记“其他应付款”账户；实际支付时，借记“其他应付款”账户，贷记“银行存款”或“库存现金”账户。

本章小结

本章主要介绍生产过程各要素费用的归集和分配，重点掌握材料费用、工资费用的核算。材料和燃料的分配方法主要有定额耗用量比例分配法和定额费用比例分配法。工资费用的分配方法主要有生产工时比例法。应当注意的是，要根据不同的适用条件，正确选择归集和分配的方法。读者在学习核算方法的同时，还应注意从中挖掘降低成本、提高效益的途径，以达到有效进行成本管理的目的。

关键概念

材料费用　　人工费用　　折旧费用　　材料成本差异　　定额消耗量　　定额费用
预付费用　　应付费用

思考题

1. 材料费用核算的方法有哪些？
2. 材料费用分配可以采用什么方法？
3. 什么是定额耗用量比例分配法？
4. 人工费用包括哪些内容？
5. 社会保险费、住房公积金、工会经费和职工教育经费如何核算？
6. 固定资产折旧的计提方法有哪些？

自测题

一、判断题

1. 几种产品共同耗用的构成产品实体的材料费用，可以直接计入各种产品成本。（　　）

2.“材料采购”账户月末不会出现贷方余额。（　　）

3.“材料成本差异”账户借方登记验收入库材料的实际成本大于计划成本的超支差异，贷方登记验收入库材料的实际成本小于计划成本的节约差异；发出或领用材料应负担的材料成本差异做反向记录。（　　）

4. 在实际成本计价下，发出材料成本核算可以采用先进先出法、后进先出法、加权平均法、移动加权平均法和个别计价法中的一种。（　　）

5. 当低值易耗品用于产品生产时，其摊销的价值可直接记入基本生产成本明细账。（　　）

6. 企业如果采用计时工资制，当生产多种产品时，工资费用需要在几种产品之间分配，分配的标准通常选择生产工时。（　　）

7. 直接用于产品生产的动力费用计入产品成本。（　　）

8. 机器设备折旧费是产品成本的组成部分，一般按使用部门归集，与车间部门的其他费用一起分配计入产品成本或期间费用。（　　）

二、单项选择题

1. 材料采用计划成本计价时，不会用到（　　）账户。

A.“原材料”　B.“在途物资”　C.“材料采购”　D.“材料成本差异”

2. 基本生产车间一般性消耗的材料，应记入（　　）账户。

A.“生产成本”　B.“辅助生产成本”　C.“制造费用”　D.“管理费用”

3.“在途物资”账户的期末借方余额表示（　　）。

A. 库存物资的实际成本　B. 库存物资的计划成本

C. 在途物资的实际成本　D. 在途物资的计划成本

4. 几种产品共同耗用的材料费用可以采用的分配方法是（　　）。

A. 计划分配率法　B. 定额消耗量比例分配法

C. 交互分配法　D. 生产工时分配法

5. 某企业生产甲、乙两种产品，甲产品的单位定额工时为 30 小时，乙产品的单位定额工时为 50 小时。202×年 3 月，企业生产甲、乙产品共发生生产工人职工薪酬 84 000 元。本月生产甲产品 200 件、乙产品 180 件，则甲产品应分配的职工薪酬为（　　）元。

A. 50 400　B. 33 600　C. 39 790　D. 44 210

6. 随同产品出售不单独计价的包装物，在发出时应记入（　　）账户。

A.“管理费用”　B.“主营业务成本”

C.“其他业务成本”　D.“销售费用”

7. 不计入产品成本的人工费用有(　　)。

A. 生产工人工资

B. 车间管理人员工资

C. 按生产工人工资比例计提的住房公积金

D. 材料采购人员工资

8. 甲公司生产 A、B 两种产品领用某材料 5 000 千克，单价 100 元。本月生产 A 产品 3 000 件，B 产品 2 000 件。A 产品重量为每件 12 千克，B 产品重量为每件 22 千克，按照产品的重量进行材料成本的分配，则 A 产品负担的材料费用为(　　)元。

A. 225 000　　B. 275 000　　C. 300 000　　D. 200 000

9. 某企业生产甲、乙两种产品，8 月份共发生生产工人工资 140 000 元，福利费 20 000 元。上述人工费按生产工时比例在甲、乙产品之间分配，其中甲产品的生产工时为 12 000 小时，乙产品的生产工时为 8 000 小时。当月甲产品应分配的人工费为(　　)元。

A. 56 000　　B. 84 000　　C. 64 000　　D. 96 000

10. 某企业生产 A、B 两种产品，两种产品的外购动力消耗定额分别为 2 工时和 4.5 工时。5 月份生产 A 产品 500 件，B 产品 400 件，共支付动力费 15 400 元。该企业按定额消耗量比例分配动力费，当月 A 产品应分配的动力费为(　　)元。

A. 4 738　　B. 8 555　　C. 9 900　　D. 5 500

三、多项选择题

1. 材料采购成本核算的方法有(　　)。

A. 实际成本计价　　B. 先进先出法

C. 实地盘点法　　D. 计划成本计价

2. “材料成本差异”账户贷方登记(　　)。

A. 入库材料的超支差异　　B. 入库材料的节约差异

C. 发出材料应结转的超支差异　　D. 发出材料应结转的节约差异

3. 计划成本计价时，应记入“材料采购”账户借方的有(　　)。

A. 支付购入材料的货款　　B. 支付购入材料的增值税

C. 自制材料的加工费　　D. 购入材料入库的节约差异

4. 材料费用的分配标准有(　　)。

A. 产品体积　　B. 产品重量

C. 材料定额消耗量　　D. 材料定额费用

5. 下列属于包装物的有(　　)。

A. 生产过程中用于包装产品的包装物　　B. 随同产品出售不单独计价的包装物

C. 随同产品出售单独计价的包装物　　D. 出租出借的包装物

6. 企业按照职工工资总额的一定比例计提的职工教育经费，可能记入(　　)账户。

A. 生产成本　　B. 管理费用

C. 应付职工薪酬　　　　　　　　D. 制造费用

7. 固定资产计提折旧的方法主要有(　　)。

A. 平均年限法　　　　　　　　B. 年数总和法

C. 工作量法　　　　　　　　D. 双倍余额递减法

8. 应计提折旧的固定资产包括(　　)。

A. 在用的设备　　　　　　　　B. 大修理停用的设备

C. 房屋建筑物　　　　　　　　D. 融资租出的设备

9. 202×年6月份A公司生产甲、乙两种产品,共领用某种材料8 640千克,每千克20元。本月投产的甲产品为400件,乙产品为600件。甲产品的材料消耗定额为每件15千克,乙产品的材料消耗定额为每件20千克,按照材料定额消耗量比例进行材料成本的分配。下列计算结果中正确的是(　　)。

A. 材料消耗量分配率为9.8　　　　　　B. 甲产品负担的材料费用为57 600元

C. 乙产品负担的材料费用为115 200元　D. 甲、乙产品材料费用合计为172 800元

10. 某企业生产A、B两种产品,202×年8月份共发生生产工人工资70 000元,车间办公费10 000元。上述人工费按生产工时比例在A、B产品之间分配,其中A产品的生产工时为16 000小时,B产品的生产工时为4 000小时。下列说法不正确的是(　　)。

A. A产品应分配的人工费为64 000元　B. A产品应分配的人工费为56 000元

C. 基本生产成本增加80 000元　　　D. 基本生产成本增加70 000元

实务题

实务题一

1. 目的:练习材料费用的分配。

2. 资料:某企业生产101、102两种产品,202×年9月共耗用材料32 800元。本月生产101产品60件,102产品80件。单位材料消耗定额为:101产品10元,102产品13元。按定额费用比例分配材料费用。另有辅助生产车间耗用材料4 500元,行政管理部门耗用5 700元,车间一般耗用3 800元。

3. 要求采用定额费用比例分配法核算:

(1)计算101、102两种产品的定额费用;

(2)计算材料费用分配率;

(3)计算101、102产品分配的材料费用;

(4)编制材料费用分配的会计分录。

实务题二

1. 目的:练习人工费用的分配。

2. 资料:某企业生产甲、乙、丙三种产品,202×年10月生产工时分别为:甲产品21 000小时,乙产品35 000小时,丙产品24 000小时。工资结算汇总表上的工资费用为:基本生产车

间生产工人工资28 000元,车间管理人员工资4 200元,行政管理部门人员工资6 000元,销售机构人员工资8 400元。

3. 要求:

(1)计算甲、乙、丙三种产品分配的工资费用;

(2)编制工资费用分配的会计分录。

第四章

辅助生产费用和制造费用的归集和分配

本章要点

- 掌握各种辅助生产费用分配方法
- 掌握制造费用分配方法

本章引言

工业企业的生产过程不仅包括生产主要产品的基本生产过程，还应当包括生产辅助产品和为基本生产提供服务的辅助生产过程。辅助生产过程中发生的费用应单独进行核算，最终也应由基本生产的产品以及其他受益部门负担其费用，分配过程应采用专门的分配方法进行。

对于企业在生产产品过程中发生的间接费用，一般先通过“制造费用”账户进行归集，月末再采用一定的方法分配转入产品成本。制造费用的分配将直接影响到产品成本计算的准确性。

素养提升

本章通过学习辅助生产费用的分配方法，让学生认识到不同的分配方法对企业利润的影响不同，核算过程中会涉及向各个业务部门获取原始单据的业务，因此需要教育学生与人沟通要耐心，要善于交流，努力提高学生的交际能力。

第一节 辅助生产费用的归集和分配

一、辅助生产费用核算概述

在许多工业企业，除了设有基本生产车间之外，还设有一些辅助生产车间以保证生产经营活动的顺利进行。辅助生产是指为企业基本生产车间和行政管理部门等单位提供服务而进行的产品生产或劳务供应。如为基本生产提供工具、模具、修理用备件等的生产，为全厂进行供水、供电、供气、供暖以及修理、运输劳务的提供，都属于辅助生产。

辅助生产有的只提供一种产品或劳务，比如供水、供电、供气、修理、运输劳务；有的可以提供多种产品或劳务，比如生产工具、模具、修理用备件等。辅助生产提供的产品或劳务有时也对外销售，但这不是辅助生产的主要任务，其主要任务是为企业内部的生产和管理服务。这就决定了辅助生产提供产品或劳务而发生的费用，必须随着产品和劳务的转移，计入各受益单位的成本费用。辅助生产提供的产品和劳务成本的高低，将会影响到企业产品成本的水平，同时，企业在确定了辅助生产成本之后，才能计算确定基本生产产品的成本。因此，正确计算辅助生产费用对于降低产品成本、节约生产费用具有十分重要的意义。

二、辅助生产费用的归集

为了准确核算辅助生产费用，企业应在“生产成本”总账下设“辅助生产成本”明细账户。该账户为成本类账户，借方归集辅助生产部门为生产产品、提供劳务而耗用的材料、燃料、动力、工资、福利费等直接费用和折旧费、修理费等间接费用，贷方登记完工入库的自制材料、工具、模具、修理用备件的成本以及分配转入各受益单位的辅助生产费用。期末借方余额表示辅助生产部门在产品的成本。

该账户一般按辅助生产车间开设明细账，并在各明细账内分别设置直接材料、直接人工、制造费用等成本项目专栏进行核算。辅助生产成本明细账的格式如表 4—1 所示。

表 4—1 **辅助生产成本明细账**

车间：机修车间 单位：元

202×年		凭证号	摘　要	直接材料	直接人工	制造费用	合　计
月	日						
8	31	略	根据材料费用分配表	3 600			3 600
8	31		根据工资费用分配表		2 200		2 200
8	31		根据职工福利费分配表		308		308
8	31		根据制造费用分配表			2 800	2 800
8	31		结转本月发生额	3 600	2 508	2 800	8 908

在归集辅助生产费用的过程中，直接费用可以直接记入“生产成本——辅助生产成本”账

户，间接费用由于辅助生产车间规模不同，费用多少也会不同，可以采取两种核算方法。

一是当辅助生产规模较小、制造费用较少时，制造费用可以不通过“制造费用”账户核算，而是与其他直接费用一样，直接记入“生产成本——辅助生产成本”账户。这种方法下，“生产成本——辅助生产成本”明细账户可以按成本项目与制造费用的项目合并设置专栏，格式如表4—2所示。

二是当辅助生产规模较大、制造费用较多时，为了准确计算产品和劳务成本，应单独核算制造费用，开设“制造费用——辅助生产车间(或××车间)”二级明细账。该账户借方归集辅助生产车间发生的各项间接费用，月末从贷方转入“生产成本——辅助生产成本”账户的“制造费用”成本项目中。采用这种方法核算，其辅助生产成本明细账的格式与表4—1中的格式相同。

企业可以根据自身特点结合成本管理的要求，选择其中的一种方法核算辅助生产部门的制造费用。

表4—2 **辅助生产成本明细账**

车间：机修车间 单位：元

202×年		摘要	材料费	燃料动力	工资	福利费	折旧费	修理费	机物料	其他	合计
月	日										
8	31	略	3 000								3 000
8	31			480							480
8	31				1 800						1 800
8	31					252					252
8	31						300				300
8	31								120		120
8	31		3 000	480	1 800	252	300		120		5 952

三、辅助生产费用的分配

“生产成本——辅助生产成本”账户借方归集的辅助生产部门发生的费用，月末要从贷方分配转出。由于辅助生产部门生产的产品或提供的劳务种类不同，其费用分配转出的方式也不一样。辅助生产的产品或提供的劳务可分为以下两种类型：一是生产的产品需要验收入库；二是生产的产品或提供的劳务不能入库，直接提供给各个受益部门。

对于需要验收入库的产品，如自制材料、自制工具、模具等，其实物的流转一般是先完工验收入库，再由各部门根据需要领用。企业应以各种产品作为成本计算对象，分别归集其成本。月末，将完工产品成本从“生产成本——辅助生产成本”账户贷方，转入“原材料”“包装物”“低值易耗品”账户的借方。其成本结转的程序如图4—1所示。

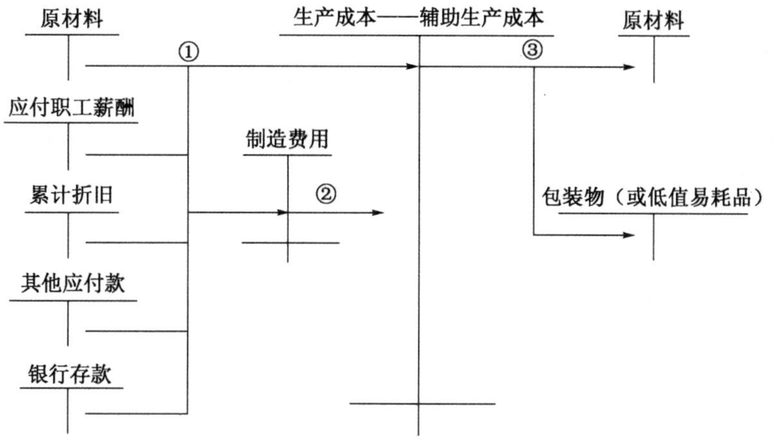

图 4—1　辅助生产费用核算程序图(1)

在图 4—1 中，①归集各项直接和间接的辅助生产费用；②结转辅助生产部门归集的制造费用；③结转辅助生产部门完工产品的成本。

对于不需要验收入库的产品或劳务，如水、电、气、暖等产品和修理、运输等劳务，其产品形成后或其劳务都将直接提供给受益部门。企业同样以各种产品或劳务作为成本计算对象，各自归集成本。但月末产品或劳务成本从“生产成本——辅助生产成本”明细账户贷方，直接转入各受益部门成本、费用账户的借方，如“制造费用——基本生产车间”“管理费用”“生产成本——基本生产成本”“销售费用”“在建工程”等账户的借方。其成本核算程序如图 4—2 所示。

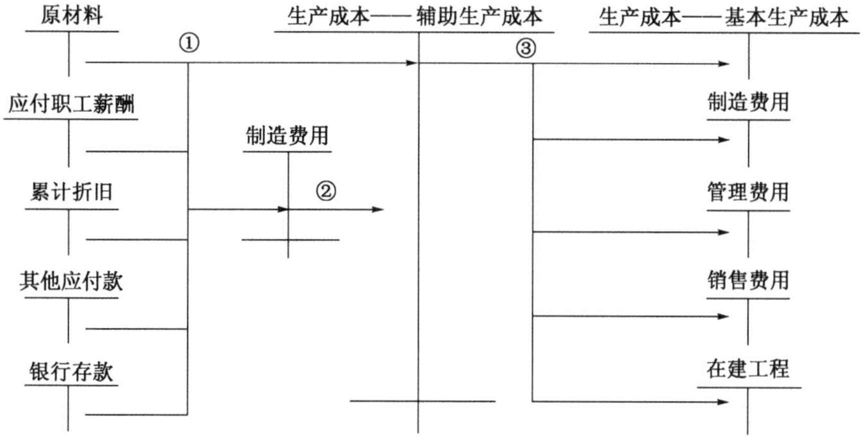

图 4—2　辅助生产费用核算程序图(2)

图 4—2 中①、②、③所表示的内容与图 4—1 相同。

这种类型的辅助生产费用核算，即辅助生产费用在各个受益部门之间分配的过程，可以采取以下五种方法进行核算：

(一)直接分配法

直接分配法是指将辅助生产部门发生的费用直接分配给辅助生产以外的受益部门,如基本生产车间、行政管理部门等。辅助生产部门互相之间提供产品和劳务,但并不相互分配费用。这种方法核算较为简便,但只适用于各辅助生产部门互相之间提供产品和劳务成本相差不大的情况。采用直接分配法分配辅助生产费用,其计算公式如下:

$$费用分配率=\frac{某辅助生产部门待分配费用}{该部门提供给辅助生产以外部门的劳务总量}$$

$$某受益部门应负担的费用=该受益部门接受的劳务总量\times费用分配率$$

例 4—1 某企业有一个基本生产车间,生产甲、乙两种产品,另有供电、机修两个辅助生产车间和行政管理部门。202×年 8 月辅助生产车间提供的劳务总量如表 4—3 所示。本月“辅助生产成本”账户归集的费用分别为供电车间 67 200 元,机修车间 68 040 元。

表 4—3　　辅助生产车间劳务量汇总表

202×年 8 月

受益部门、产品	供电度数	机修小时
供电车间		1 600
机修车间	24 000	
基本生产车间——甲产品	60 000	
基本生产车间——乙产品	100 000	
基本生产车间(一般消耗)	24 000	12 000
管理部门	16 000	8 000
合　计	224 000	21 600

根据上述劳务量,费用计算如下:

$$电费分配率=\frac{67\ 200}{224\ 000-24\ 000}=0.336(元/度)$$

$$机修费分配率=\frac{68\ 040}{21\ 600-1\ 600}=3.402(元/小时)$$

编制辅助生产费用分配表,如表 4—4 所示。

表 4—4　　辅助生产费用分配表(直接分配法)

202×年 8 月

项　目	供电车间		机修车间		合　计
	数量(度)	金额(元)	数量(小时)	金额(元)	
待分配费用		67 200		68 040	
劳务总量	200 000		20 000		
费用分配率		0.336		3.402	
受益部门:					
供电车间			(1 600)		
机修车间	(24 000)				

续表

项 目	供电车间		机修车间		合 计
	数量(度)	金额(元)	数量(小时)	金额(元)	
甲产品生产	60 000	20 160			20 160
乙产品生产	100 000	33 600			33 600
基本生产车间	24 000	8 064	12 000	40 824	48 888
管理部门	16 000	5 376	8 000	27 216	32 592
合 计	200 000	67 200	20 000	68 040	135 240

从表 4—4 中可以看出,供电车间和机修车间互相之间提供了劳务,但并不相互负担费用。各辅助生产部门的费用都由辅助生产以外的受益部门负担。根据辅助生产费用分配表,编制如下会计分录:

借:生产成本——基本生产成本(甲产品) 20 160

生产成本——基本生产成本(乙产品) 33 600

制造费用——基本生产车间 8 064

管理费用 5 376

贷:生产成本——辅助生产成本(供电车间) 67 200

借:制造费用——基本生产车间 40 824

管理费用 27 216

贷:生产成本——辅助生产成本(机修车间) 68 040

(二)交互分配法

交互分配法下,辅助生产部门费用的分配分为两个步骤:第一步,先在各辅助生产部门内部互相之间交叉分配;第二步,再将交互分配后各辅助生产部门应分配的费用在辅助生产以外的受益部门之间分配。第二步中,各辅助生产部门应分配的费用等于原来账户中归集的费用,加上交互分配过程中该部门应负担的费用,再减去交互分配中本部门分配转出的费用。采用交互分配法,辅助生产部门之间相互提供了劳务,也相互负担了费用,虽然计算过程较直接分配法复杂,但分配结果较之更为合理。在交互分配法下,其计算公式如下:

1. 交互分配

$$\text{费用分配率}=\frac{\text{某辅助生产部门待分配费用}}{\text{该部门提供的劳务总量}}$$

某辅助生产部门应负担的费用=该辅助生产部门接受的劳务量×费用分配率(交互分配)

2. 对外分配

$$\text{费用分配率}=\frac{\text{某辅助生产部门待分配费用}+\text{交互分配该部门转入的费用}-\text{交互分配该部门转出费用}}{\text{该部门提供给辅助生产以外部门的劳务总量}}$$

某受益部门应负担的费用=该受益部门接受的劳务总量×费用分配率(对外分配)

如例 4—1,采用交互分配法分配辅助生产费用,计算如下:

交互分配:

$$电费分配率=\frac{67\ 200}{224\ 000}=0.3(元/度)$$

$$机修费分配率=\frac{68\ 040}{21\ 600}=3.15(元/小时)$$

供电车间应负担的机修费＝1 600×3.15＝5 040(元)

机修车间应负担的电费＝24 000×0.3＝7 200(元)

对外分配：

$$电费分配率=\frac{67\ 200+5\ 040-7\ 200}{224\ 000-24\ 000}=0.325\ 2(元/度)$$

$$机修费分配率=\frac{68\ 040+7\ 200-5\ 040}{21\ 600-1\ 600}=3.51(元/小时)$$

依据上述计算结果编制费用分配表，如表 4—5 所示。

表 4—5 **辅助生产费用分配表(交互分配法)**

202×年 8 月

项 目	交互分配				对外分配			
	供电车间		机修车间		供电车间		机修车间	
	数量	金额	数量	金额	数量	金额	数量	金额
待分配费用		67 200		68 040		65 040		70 200
劳务总量	224 000		21 600		200 000		20 000	
费用分配率		0.3		3.15		0.325 2		3.51
受益部门：								
供电车间			1 600	5 040				
机修车间	24 000	7 200						
甲产品生产					60 000	19 512		
乙产品生产					100 000	32 520		
基本生产车间					24 000	7 804.8	12 000	42 120
管理部门					16 000	5 203.2	8 000	28 080
合 计	24 000	7 200	1 600	5 040	200 000	65 040	20 000	70 200

根据上述费用分配表，编制如下会计分录：

交互分配：

借：生产成本——辅助生产成本(供电车间) 5 040

生产成本——辅助生产成本(机修车间) 7 200

贷：生产成本——辅助生产成本(供电车间) 7 200

生产成本——辅助生产成本(机修车间) 5 040

对外分配：

借：生产成本——基本生产成本(甲产品) 19 512

生产成本——基本生产成本(乙产品) 32 520

制造费用——基本生产车间 7 804.8

管理费用　　　　　　　　　　　　　　　　5 203.2
　贷：生产成本——辅助生产成本（供电车间）　　　　65 040
借：制造费用——基本生产车间　　　　　　　42 120
　管理费用　　　　　　　　　　　　　　　28 080
　贷：生产成本——辅助生产成本（机修车间）　　　　70 200

（三）计划成本分配法

计划成本分配法是按照辅助生产产品或劳务的计划单位成本分配辅助生产费用的方法。在这种方法下，各辅助生产部门的费用分配率均采用各自的计划单位成本，分配后实际成本与计划成本之间的差异有两种处理方法：一种是将差异按比例分配给辅助生产以外的受益部门；另一种是将差异全部计入管理费用。第一种方法下将辅助生产部门的成本差异分配给了辅助生产以外的部门负担，不太合理，而且计算较复杂，所以为了简化核算，一般采用第二种方法处理成本差异。

辅助生产部门的成本差异是实际成本与计划成本的差异，其中实际成本是指该部门辅助生产成本明细账上归集的原待分配费用，加上该部门应负担的由其他辅助生产部门转入的费用。

如例4—1，假设供电车间电费的计划单位成本为0.33元/度，机修车间机修费的计划单位成本为3.5元/小时。采用计划成本分配法，可编制辅助生产费用分配表，如表4—6所示。

表4—6　　　　辅助生产费用分配表（计划成本分配法）

202×年8月

项　目	按计划成本分配				差异分配			
	供电车间		机修车间		供电车间		机修车间	
	数量	金额	数量	金额	数量	金额	数量	金额
待分配费用		67 200		68 040		−1 120		360
劳务总量	224 000		21 600					
计划单位成本		0.33		3.5				
受益部门：								
供电车间			1 600	5 600				
机修车间	24 000	7 920						
甲产品生产	60 000	19 800						
乙产品生产	100 000	33 000						
基本生产车间	24 000	7 920	12 000	42 000				
管理部门	16 000	5 280	8 000	28 000		−1 120		360
合　计	224 000	73 920	21 600	75 600		−1 120		360

表4—6中，辅助生产部门的成本差异可计算如下：

电费差异＝(67 200＋5 600)－73 920＝－1 120(元)

机修费差异＝(68 040＋7 920)－75 600＝360(元)

电费差异为负数，表示节约差异，冲减管理费用；机修费差异为正数，表示超支差异，增加管理费用。

根据上述费用分配表，可编制如下会计分录：

(1)按计划成本分配费用

借：生产成本——辅助生产成本(机修车间)	7 920	
生产成本——基本生产成本(甲产品)	19 800	
生产成本——基本生产成本(乙产品)	33 000	
制造费用——基本生产车间	7 920	
管理费用	5 280	
贷：生产成本——辅助生产成本(供电车间)		73 920
借：生产成本——辅助生产成本(供电车间)	5 600	
制造费用——基本生产车间	42 000	
管理费用	28 000	
贷：生产成本——辅助生产成本(机修车间)		75 600

(2)成本差异分配

借：管理费用	760	
贷：生产成本——辅助生产成本(供电车间)		1 120
生产成本——辅助生产成本(机修车间)		360

(四)代数分配法

代数分配法是运用代数建立联立方程组，求解出各辅助生产部门的费用分配率，再根据各受益部门接受的劳务量乘以费用分配率分配辅助生产费用的方法。

这种方法下费用分配率采用数学的方法求得，分配结果在几种方法中是最准确的。但是求解分配率时要建联立方程组，如果辅助生产部门数量较多，计算工作就会比较复杂。因此，这种方法适用于辅助生产部门数量较少或实现会计电算化的企业。

如例 4－1，采用代数分配法计算分配辅助生产费用，过程如下：

假设供电车间的电费单位成本为 x 元/度，机修车间的机修费单位成本为 y 元/小时，可联立如下二元一次方程组：

$$\begin{cases}224\ 000x = 67\ 200 + 1\ 600y \\ 21\ 600y = 68\ 040 + 24\ 000x\end{cases}$$

解方程组得：$\begin{cases}x = 0.325\ 08 \\ y = 3.511\ 2\end{cases}$

即供电车间每度电单位成本为 0.325 08 元，机修车间每小时机修费单位成本为 3.511 2 元。据以编制辅助生产费用分配表，如表 4－7 所示。

表 4—7 **辅助生产费用分配表(代数分配法)**

202×年 8 月

项　目	供电车间		机修车间	
	数量	金额	数量	金额
待分配费用		67 200		68 040
劳务总量	224 000		21 600	
费用分配率		0.325 08		3.511 2
受益部门：				
供电车间			1 600	5 617.92
机修车间	24 000	7 801.92		
甲产品生产	60 000	19 504.80		
乙产品生产	100 000	32 508		
基本生产车间	24 000	7 801.92	12 000	42 134.40
管理部门	16 000	5 201.28	8 000	28 089.60
合　计	224 000	72 817.92	21 600	75 841.92

根据上述费用分配表,可编制如下会计分录：

借:生产成本——辅助生产成本(机修车间)　7 801.92
　生产成本——基本生产成本(甲产品)　19 504.80
　生产成本——基本生产成本(乙产品)　32 508.00
　制造费用——基本生产车间　7 801.92
　管理费用　5 201.28
　贷:生产成本 ——辅助生产成本(供电车间)　72 817.92

借:生产成本——辅助生产成本(供电车间)　5 617.92
　制造费用——基本生产车间　42 134.40
　管理费用　28 089.60
　贷:生产成本——辅助生产成本(机修车间)　75 841.92

(五)顺序分配法

顺序分配法是指先对各辅助生产部门在费用分配过程中的受益情况排序,受益少的排在前面,该部门的费用先分配;受益多的排在后面,该部门的费用后分配。先分配费用的部门可以给后面的部门分配费用,而后分配费用的部门则不能给前面的部门分配费用,即后面的部门应负担前面部门分配转入的费用,但不再将自己的费用分配给前面的部门。

采用这种方法分配辅助生产费用,事先对各辅助生产部门进行排序,先分配费用的部门虽然接受了后面部门的劳务,但是却没有负担其费用,分配结果的准确性就会受到影响。因此,这种方法只适用于各辅助生产部门之间的受益情况有明显差异和顺序的企业。

如例 4—1,采用顺序分配法分配辅助生产费用,由表 4—5 中可以看出两个辅助生产部门中,供电车间受益少(5 040 元),机修车间受益多(7 200 元)。因此,应先分配供电部门的电费,分配率计算如下：

电费分配率$=\frac{67\ 200}{224\ 000}=0.3$

机修车间应负担的电费$=24\ 000\times 0.3=7\ 200$(元)

机修车间的机修费后分配，分配率计算如下：

机修费分配率$=\frac{68\ 040+7\ 200}{21\ 600-1\ 600}=3.762$(元)

分配结果可编制费用分配表，如表4—8所示。

表4—8 **辅助生产费用分配表(顺序分配法)**

202×年8月

项　目	供电车间		机修车间	
	数量	金额	数量	金额
待分配费用		67 200		75 240
劳务总量	224 000		20 000	
费用分配率		0.3		3.762
受益部门：				
供电车间				
机修车间	24 000	7 200		
甲产品生产	60 000	18 000		
乙产品生产	100 000	30 000		
基本生产车间	24 000	7 200	12 000	45 144
管理部门	16 000	4 800	8 000	30 096
合　计	224 000	67 200	20 000	75 240

根据上述分配表，编制如下会计分录：

借：生产成本——辅助生产成本(机修车间)　　7 200
　　生产成本——基本生产成本(甲产品)　　18 000
　　生产成本——基本生产成本(乙产品)　　30 000
　　制造费用——基本生产车间　　7 200
　　管理费用　　4 800
　贷：生产成本——辅助生产成本(供电车间)　　67 200

借：制造费用——基本生产车间　　45 144
　　管理费用　　30 096
　贷：生产成本——辅助生产成本(机修车间)　　75 240

第二节　制造费用的归集和分配

一、制造费用的归集

制造费用是指生产部门为了组织和管理生产而发生的应计入产品成本但没有专设成本项

目的各项费用。包括直接用于产品生产但未专设成本项目、不便于单独核算的费用，如生产用的动力费用，生产用工具的摊销，生产用机器设备的折旧费等；也包括间接用于产品生产的各项费用，如厂房的折旧费，机物料消耗，生产耗用水、电、暖费用，正常的停工损失等费用；还包括组织管理生产所发生的费用，如车间管理人员的工资及福利费，车间管理耗用办公费、电话费等。

企业对发生的制造费用，应开设“制造费用”账户归集核算。该账户为成本类账户，借方归集发生的各种制造费用，贷方登记制造费用的分配转出，期末除采用计划分配率法分配外，一般没有余额。该账户一般按生产车间或部门开设明细账，账内再按照费用项目分设专栏，分别反映各车间或部门各项制造费用的支出情况。

对于辅助生产车间发生的制造费用的核算，可做如下选择：如果制造费用发生额较大，可以和基本生产车间一样开设“制造费用——××车间”账户先归集费用，月末再采用一定的方法分配转入“生产成本——辅助生产成本”账户；如果制造费用发生额较小，也可以不单独核算，而是将其直接记入“生产成本——辅助生产成本”账户。

二、制造费用的分配

归集在“制造费用”账户中的制造费用，月末需要分配转入其受益对象（即生产部门当月生产的产品或提供的劳务）的成本中。如果生产部门当月只生产一种产品或提供一种劳务时，制造费用不需要在受益对象之间分配，直接转入该产品或劳务的成本；如果生产多种产品或提供多种劳务，则需要在全部受益对象之间进行分配。

制造费用分配的方法通常有以下几种：

（一）实际分配率法

实际分配率法是以产品在生产过程对某些经济资源的实际消耗量作为分配标准分配制造费用的方法，包括生产工人工时比例法、生产工人工资比例法、机器工时比例法、按耗用原材料的数量或成本分配法、直接成本比例法、产成品产量比例法等多种方法。常用的是前三种，本书以前三种方法为例论述制造费用的分配。

1. 生产工人工时比例法

生产工人工时比例法又称为生产工时比例法，是以各种产品耗用的生产工人工时（简称为生产工时）作为分配标准分配制造费用的方法。具体计算公式如下：

$$\text{制造费用分配率}=\frac{\text{待分配的制造费用总额}}{\text{各种产品的生产工时之和}}$$

$$\text{某种产品应负担的制造费用}=\text{该种产品的生产工时}\times\text{制造费用分配率}$$

例 4—2 某企业基本生产一车间 202×年 8 月生产甲、乙、丙三种产品，共发生制造费用 120 000 元。生产工人的实际生产工时共计 50 000 小时，其中甲产品实际耗用 20 000 小时，乙产品实际耗用 12 000 小时，丙产品实际耗用 18 000 小时。编制制造费用分配表，如表 4—9 所示。

表 4—9　　制造费用分配表

202×年 8 月

产品名称	生产工时(小时)	分配率	分配金额(元)
甲产品	20 000	2.4	48 000
乙产品	12 000	2.4	28 800
丙产品	18 000	2.4	43 200
合　计	50 000	2.4	120 000

根据上述制造费用分配表，企业编制如下会计分录：

借：生产成本——基本生产成本(甲产品)　　48 000
　　生产成本——基本生产成本(乙产品)　　28 800
　　生产成本——基本生产成本(丙产品)　　43 200
　贷：制造费用——一车间　　120 000

采用这种方法分配制造费用，将劳动生产率的高低与产品负担的费用水平联系起来，分配结果比较合理。但日常应做好生产工时的记录工作，增加了日常的工作量，如果企业定额基础比较好，定额工时制定比较准确的话，也可以定额工时代替实际生产工时作为分配标准。

2. 生产工人工资比例法

生产工人工资比例法，是以各种产品直接成本中实际负担的生产工人的工资作为分配标准分配制造费用的方法。具体计算公式如下：

$$\text{制造费用分配率}=\frac{\text{待分配的制造费用总额}}{\text{各种产品的生产工人工资之和}}$$

$$\text{某种产品应负担的制造费用}=\text{该种产品的生产工人工资}\times\text{制造费用分配率}$$

例 4—3　某企业基本生产二车间 202×年 8 月生产甲、乙两种产品，共发生制造费用 76 000 元，两种产品的基本生产成本明细账中显示本月各自负担的直接工资分别为 25 000 元和 22 500 元。采用生产工人工资比例法分配制造费用。编制制造费用分配表，如表 4—10 所示。

表 4—10　　制造费用分配表

202×年 8 月　　单位：元

产品名称	生产工人工资	分配率	分配金额
甲产品	25 000	1.6	40 000
乙产品	22 500	1.6	36 000
合　计	47 500	1.6	76 000

表 4—10 中费用分配率 1.6 可通过如下公式计算求得：

$$\text{制造费用分配率}=\frac{76\ 000}{25\ 000+22\ 500}=1.6$$

根据上述制造费用分配表，企业可编制如下会计分录：

借：生产成本——基本生产成本（甲产品） 40 000
　　生产成本——基本生产成本（乙产品） 36 000
　贷：制造费用——二车间 76 000

采用这种方法分配制造费用，生产工人工资数据容易取得，核算工作简便。但是如果企业生产的机械化程度较高，则生产工人工资在成本中所占的比重较小，会影响到制造费用分配的合理性。因此，这种方法适用于机械化程度不高的企业。

3. 机器工时比例法

机器工时比例法是以各种产品生产时所耗用的机器运转的时间作为分配标准分配制造费用的方法。具体计算公式如下：

$$制造费用分配率=\frac{待分配的制造费用总额}{各种产品耗用的机器工时之和}$$

$$某种产品应负担的制造费用=该种产品耗用的机器工时\times制造费用分配率$$

计算分配制造费用的过程与前两种方法类似，在此不再举例。

采用这种方法，将机器工时作为分配制造费用的标准，只适用于机械化程度较高的企业、车间。在这种车间的制造费用中与机器设备使用有关的费用所占的比重较大，如设备的折旧费、修理费、电费等，而相应的人工费用较少。采用这种方法，需要平时做好机器运转时间的记录工作。而且，先进程度和精密度不同的机器设备在相同的工作时间内发生的费用差别也较大。即使是同一种产品在不同的机器设备上被加工相同的时间，也应当负担不同的费用。因此，如果一个生产单位内存在使用和维护费用差别较大的不同类型的机器设备时，可按照一定的系数将不同机器的运转时间折合为标准数量，再将折合后的机器工时作为分配制造费用的标准。

（二）计划分配率法

计划分配率法又称为年度计划分配率分配法，与实际分配率法相比，这种方法是以计划数作为分配标准的。计划分配率法，是按照年度开始前确定的全年度计划分配率分配制造费用的方法。该方法以定额工时作为分配标准，则计算公式如下：

$$年度计划分配率=\frac{年度制造费用预算总额}{各种产品年度计划产量定额工时之和}$$

$$\begin{array}{l}某月某种产品应\\负担的制造费用\end{array}=该月该种产品实际产量的定额工时\times年度计划分配率$$

在这种分配方法下，无论各月制造费用的实际发生额是多少，年内各月的制造费用都采用年度计划分配率分配。年度计划分配率是在全年制造费用的预算总额和全年产品计划产量的基础上确定的。一般年内不得随意变更，但如果在年内发现这两个基础数据的实际数和计划数产生较大悬殊时，应及时调整计划分配率。

例 4—4 某企业基本生产车间全年制造费用预算总额 300 000 元，全年计划产量为甲产品 2 000 件，乙产品 1 000 件。甲产品工时定额为 3 小时，乙产品工时定额为 4 小时。本月实际生产甲产品 170 件，乙产品 90 件，本月实际发生制造费用 25 000 元，则制造费用计算分配如下：

甲产品计划产量定额工时＝2 000×3＝6 000(小时)

乙产品计划产量定额工时＝1 000×4＝4 000(小时)

$$年度计划分配率=\frac{300\ 000}{6\ 000+4\ 000}=30$$

本月甲产品实际产量定额工时＝170×3＝510(小时)

本月乙产品实际产量定额工时＝90×4＝360(小时)

本月甲产品应负担的制造费用＝510×30＝15 300(元)

本月乙产品应负担的制造费用＝360×30＝10 800(元)

企业应编制如下会计分录：

借：生产成本——基本生产成本——甲产品	15 300	
生产成本——基本生产成本——乙产品	10 800	
贷：制造费用——基本生产车间		26 100

从上述计算分配过程可以看出，采用计划分配率法分配制造费用与各月制造费用的实际发生额无关。每月实际发生额与计划分配额之间的差异当月不予处理，累积到年底一次性调整。也就是说，采用这种方法，“制造费用”账户月末分配结转后仍可能有余额，各月的余额累积到年底后一次结转。如果年底出现借方余额，表示全年制造费用超支，应将超支部分转入12月份产品成本，借记“生产成本——基本生产成本”账户，贷记“制造费用”账户；如果年底出现贷方余额，表示全年制造费用节约，应将节约部分调减12月份产品成本，借记“制造费用”账户，贷记“生产成本——基本生产成本”账户。至此，“制造费用”账户年末无余额。

计划分配率分配法核算工作较简便，特别适用于季节性生产的企业。在季节性生产企业中，各月实际发生的制造费用相差不大，但是旺季和淡季的产量差别较大，如果按实际发生额分配制造费用，就会使得单位产品的成本不稳定，不利于成本分析，而计划分配率法正好弥补了这一缺陷。

本章小结

本章主要介绍了企业辅助生产费用的归集和分配，以及基本生产车间制造费用的归集和分配。辅助生产费用中的大部分费用和制造费用虽然不是生产产品过程中直接发生的，但都是为了产品而发生的费用，最终应由产品成本负担。在将这些费用分配转入产品成本时，有各种不同的方法。辅助生产费用的分配方法有直接分配法、交互分配法、计划成本分配法、代数分配法、顺序分配法。制造费用分配的方法主要有实际分配率法和计划分配率法。

辅助生产费用和制造费用核算的准确与否，将直接影响到产品成本核算的正确性，企业应结合自身实际情况选择使用。

关键概念

辅助生产费用　制造费用　交互分配法　顺序分配法

思考题

1. 什么是辅助生产费用？
2. 辅助生产部门间接费用如何核算？
3. 辅助生产费用分配的方法有哪些？
4. 辅助生产费用分配的方法各自适用于什么情况？
5. 制造费用分配的方法有哪些？
6. 什么是实际分配率法？包括哪些方法？
7. 什么是计划分配率法？在什么情况下使用这种方法？

自测题

一、判断题

1. 辅助生产提供的产品和劳务主要用于对外销售。（　）
2. 辅助生产部门发生的间接费用必须通过“制造费用”账户核算。（　）
3. 直接分配法下费用分配率等于待分配的辅助生产费用除以辅助生产部门提供的劳务总量。（　）
4. 采用交互分配法分配辅助生产费用，辅助生产部门之间和其他受益部门都需要进行两次费用分配。（　）
5. 采用代数分配法分配辅助生产费用，其结果最准确。（　）
6. 计划成本分配法下，辅助生产成本差异通常计入管理费用。（　）
7. 制造费用都是间接计入产品成本的费用。（　）
8. 季节性生产的企业或车间一般采用计划分配率法分配制造费用。（　）
9. 无论采用哪种方法分配制造费用，期末“制造费用”账户都没有余额。（　）
10. 生产工人工资比例分配制造费用，适用于机械化程度较高的企业车间。（　）

二、单项选择题

1. 辅助生产部门发生的直接费用归集在（　）账户中。

A.“生产成本——辅助生产成本”　B.“制造费用”

C.“生产成本——基本生产成本”　D.“管理费用”

2. 下列属于辅助生产费用分配方法的是（　）。

A. 定额费用比例法　B. 计划分配率法

C. 计划成本分配法　　　　　　　　D. 生产工时分配法

3. 交互分配下，交互分配是指(　　)。

A. 在各受益部门之间分配费用

B. 在相互受益的辅助生产部门之间分配费用

C. 在辅助生产以外的受益部门之间分配费用

D. 在受益的各基本生产车间之间分配费用

4. 在各种分配辅助生产费用的方法中，计算结果最准确的是(　　)。

A. 交互分配法　　　　　　　　B. 计划成本分配法

C. 顺序分配法　　　　　　　　D. 代数分配法

5. 顺序分配法下，排列辅助生产部门的费用分配顺序时，(　　)排在前面。

A. 受益多的　　　　　　　　B. 受益少的

C. 费用多的　　　　　　　　D. 费用少的

6. 某企业本月生产甲、乙两种产品分别耗用机器工时 20 000 小时和 30 000 小时，当月车间设备维修费 55 000 元(不考虑增值税)，车间管理人员工资 45 000 元，该企业按照机器工时比例分配制造费用。不考虑其他因素，当月甲产品应分担的制造费用为(　　)元。

A. 40 000　　B. 22 000　　C. 27 000　　D. 18 000

7. 基本生产车间消耗性材料应通过(　　)账户核算。

A.“生产成本”　　　　　　　　B.“制造费用”

C.“管理费用”　　　　　　　　D.“营业外支出”

8. 适用于季节性生产企业分配制造费用的方法是(　　)。

A. 生产工时比例法　　　　　　　　B. 生产工人工资比例法

C. 机器工时比例法　　　　　　　　D. 年度计划分配率法

9. 采用年度计划分配率法分配制造费用，“制造费用”账户年末如果有余额，应调整记入(　　)账户。

A.“生产成本——基本生产成本”　　　　B.“管理费用”

C.“其他业务成本”　　　　　　　　D.“营业外支出”

10. 下列关于辅助生产费用分配方法的表述，正确的有(　　)。

A. 采用交互分配法，辅助生产费用需要经过两次分配完成

B. 采用计划成本分配法，辅助生产费用需进行对外和对内的分配

C. 采用直接分配法，实际发生的费用与分配转出的计划费用之间的差额计入制造费用

D. 采用顺序分配法，辅助生产车间受益多的先分配，受益少的后分配

11. 甲公司有供电和供水两个辅助生产车间，202×年 5 月供电车间供电 16 000 度，费用 12 000 元，供水车间供水 4 200 吨，费用 21 000 元，供电车间耗用水 200 吨，供水车间耗用电 1 000 度，甲公司采用直接分配法进行核算，则供水车间的分配率是(　　)。

A. 0.75　　B. 0.8　　C. 5　　D. 5.25

12. 某企业有甲、乙两个辅助生产车间，采用交互分配法分配辅助生产费用，202×年 5 月

分配辅助生产费用前，甲车间通过“生产成本——辅助生产成本”归集辅助生产费用 10.5 万元；当月交互分配时，甲车间分摊乙车间辅助生产费用 2.2 万元，乙车间分摊甲车间辅助生产费用 1.5 万元，不考虑其他因素，由甲车间向其他部门分配的辅助生产费用为（　　）万元。

A. 12.7　　B. 10.5　　C. 11.2　　D. 9.8

13. 某企业本月生产甲、乙、丙三种产品，分别耗用生产工时 7 500 小时、8 500 小时和 6 000 小时，当月车间管理人员工资 22 000 元，车间固定资产折旧费 44 000 元，行政管理部门办公费 11 000 元，该企业按照生产工时比例分配制造费用。不考虑其他因素，当月乙产品应分担的制造费用为（　　）元。

A. 8 500　　B. 17 000　　C. 25 500　　D. 29 750

三、多项选择题

1. 辅助生产部门分配费用的方法有（　　）。

A. 生产工时比例法　　B. 交互分配法

C. 直接分配法　　D. 计划成本分配法

2. 辅助生产费用分配的直接分配法具有（　　）特点。

A. 核算简便　　B. 核算工作复杂

C. 计算结果准确　　D. 计算结果不准确

3. 直接分配法（　　）。

A. 适用于辅助生产部门之间相互不提供劳务

B. 适用于辅助生产部门之间相互提供劳务不多

C. 优点是计算比较简便

D. 优点是计算结果准确

4. 交互分配法是指（　　）。

A. 首先在各受益部门之间进行交互分配

B. 首先在互相受益的辅助生产部门之间进行交互分配

C. 首先在辅助生产以外部门之间交互分配

D. 再将交互分配以后的费用总额在辅助生产以外的受益部门之间分配

5. 辅助生产部门发生的间接费用（　　）。

A. 必须直接记入“辅助生产成本”账户

B. 必须通过“制造费用”账户核算

C. 可以直接记入“辅助生产成本”账户

D. 可以通过“制造费用”账户核算

6. 计划成本分配法下，辅助生产成本差异的处理方法有（　　）。

A. 分配给各受益部门　　B. 分配给辅助生产以外的受益部门

C. 计入管理费用　　D. 忽略不予处理

7. 制造费用包括（　　）。

A. 直接用于产品生产但未专设成本项目的费用

B. 间接用于产品生产的各项费用

C. 车间组织管理生产所发生的费用

D. 行政管理部门发生的费用

8. 制造费用的分配方法通常有(　　)。

A. 生产工人工时比例法　　B. 生产工人工资比例法

C. 机器工时比例法　　D. 年度计划分配率法

9. 下列属于制造费用的有(　　)。

A. 生产用设备的折旧费

B. 车间机物料消耗

C. 按车间管理人员工资的一定比例计提的工会经费

D. 厂房应缴的房产税

10. 在年度计划分配率法下,“制造费用”账户月末(　　)。

A. 一定无余额　　B. 只有借方余额

C. 可能有借方余额　　D. 可能有贷方余额

实务题

实务题一

1. 目的:练习辅助生产费用的分配(分配率保留两位小数)。

2. 资料:某企业设有一个基本生产车间生产甲产品,另设有供电、供水两个辅助生产车间,以及行政管理部门。202×年8月辅助生产车间发生的费用为供电车间18 000元,供水车间90 000元。提供的劳务量见下表:

辅助生产车间劳务量汇总表

202×年8月

受益部门	供电车间(度)	供水车间(吨)
供电车间		2 500
供水车间	3 000	
甲产品生产	56 900	
车间消耗	10 600	17 000
管理部门	4 500	3 000
合　计	75 000	22 500

3. 要求:

(1)采用直接分配法分配辅助生产费用,并编制会计分录。

(2)采用交互分配法分配辅助生产费用,并编制会计分录。

(3)采用计划成本分配法分配辅助生产费用,并编制会计分录(每度电计划成本0.3元,每吨水计划成本 4 元)。

实务题二

1. 目的:练习制造费用的分配(分配率保留两位小数)。

2. 资料:某企业一车间全年制造费用预算总额为 241 980 元。全年各种产品的计划产量分别为 A 产品 18 000 台,B 产品 8 000 台,C 产品 10 000 台。每台产品工时定额为 A 产品 5.5 小时,B 产品 6 小时,C 产品 7.5 小时。202×年 8 月实际产量为 A 产品 1 600 台,B 产品 900 台,C 产品 800 台,本月实际发生制造费用 22 400 元。

3. 要求:采用年度计划分配率法分配制造费用并编制会计分录。

第五章

生产损失的核算

本章要点

- 掌握废品损失和停工损失的含义
- 掌握可修复废品损失和不可修复废品损失的核算
- 掌握停工损失的核算

本章引言

在一定的经济技术条件下,任何企业在正常生产经营的过程中都会不可避免地发生一些损失。比如机器设备需定期维修停工造成的损失,由于原材料的缺陷或者由于工人失误形成的废品造成的损失等。正是由于这些生产损失往往不可避免,而损失所带来的费用支出通常应由合格品的销售收入来补偿。因此,企业应及时采取有效措施,尽可能地控制生产损失的发生以降低产品成本。本章将主要论述企业可能出现的几种主要的生产损失及其核算方法,力图从中寻求降低成本、节约费用的途径。

素养提升

本章通过对废品损失不同处理方法的介绍,使学生认识到控制废品损失对企业成本控制的重要作用,培养学生树立严谨、认真的工作态度。

第一节 生产损失核算概述

一、生产损失的含义和种类

工业企业在生产经营过程中会不可避免地发生各种各样的损失,企业发生的各种损失按其是否计入产品成本,分为生产损失和非生产损失。生产损失是指企业在产品生产过程中或由于生产原因而发生的各种损失。如生产出废品造成的损失及其大修理造成的损失等。生产损失与产品的生产直接相关。一般来说,生产损失应由产品成本负担。非生产损失是指由于企业经营管理不善或其他非生产原因造成的损失,如坏账损失,产品的盘亏、毁损,固定资产的盘亏、毁损,投资损失,非常损失等。非生产损失与产品生产没有直接关系,所以不能由产品成本负担,而应根据不同的性质计入期间费用、营业外支出或冲减投资收益等。

生产损失主要包括废品损失和停工损失。废品损失是指企业在生产过程中由于产生了废品而造成的损失。当废品较多或废品损失在产品成本中所占的比重较大时,需要单独加以核算。停工损失是指企业由于材料供应不足、计划减产、电力中断、季节性停产、机器设备大修理或自然灾害等原因造成的停工期间发生的损失。停工损失较大时,也应单独核算。

二、生产损失核算的任务

生产损失与产品生产直接相关,一般应由产品成本负担,这就必然给企业带来不利的影响,造成企业人、财、物的浪费,增加了产品的成本等。这就要求对生产损失进行单独核算,以完成以下任务:

1. 减少企业人、财、物的浪费,降低成本,加强成本管理

生产损失的发生必然给企业造成浪费。比如生产出废品时或产品有缺陷时,生产都变成了一种无效劳动。准确核算生产损失,寻找出减少损失的方法,就可以减少企业的浪费现象,同时可以达到降低成本、加强成本管理的目的。

2. 促进生产计划的完成

当企业发生生产损失时,不管是产生废品还是造成停工,都会影响到正常生产计划的完成。因此,减少生产损失可以更好地促进企业生产计划的完成。

3. 提高企业的竞争力

生产损失的发生会增加企业产品的单位成本,损失越大,产品单位成本越高,市场竞争力越弱,经济效益也就越差。这也是目前部分企业经济效益不高的一个原因。如果能找到减少生产损失的途径,就可以间接地提高企业的竞争力。

为了充分利用现有的经济资源,加强成本管理,努力降低成本,提高竞争能力,保证生产计划的完成,取得最大的经济效益,企业必须加强生产管理,严格控制生产损失。为此,在会计上应及时揭示各种生产损失,分析其原因,以便采取有效措施,努力减少或消除生产损失。

第二节 废品损失和停工损失的核算

一、废品损失的核算

工业企业的废品是指技术上不符合规定的标准，不能按原定用途使用或需要经过加工修理后才能使用的在产品、半成品或产成品。废品可以按照不同的标准进行分类。按废品产生的原因不同，可将废品分为料废品和工废品。料废品是指由于生产产品所用的材料本身有缺陷或规格、性能不符合要求而产生的废品；工废品是指由于加工过程中工人操作不当或技术水平缺陷等原因产生的废品，这种分类方法有利于区分废品产生的责任。废品按其报废程度分为可修复废品和不可修复废品。可修复废品是指在技术上可以经过修复后继续使用而且修复费用在经济上是合算的废品；不可修复废品是指在技术上不可修复，或者虽然技术上可以修复，但修复费用在经济上是不合算的废品。

废品损失是指由于产生废品而发生的报废损失和超过合格品正常成本的多耗损失。具体包括不可修复的废品报废损失，即不可修复废品已耗的生产成本扣除回收残料价值和获得的赔偿以后的净额；还包括可修复废品在返修过程中发生的各种修复费用。这里所说的废品既包括生产过程中发现的，也包括生产完工验收入库后发现的。但是有的情况下不作为废品损失核算，包括：由于保管或运输不当造成的损失，不需要返修可以降低出售的不合格品的价格损失，验收入库后由于保管不善造成的损失，实行“三包”的产品发生的“三包”损失等。

当质检部门发现废品时，应及时填制“废品通知单”，列明废品的种类、数量、产生废品的原因和过失人等。成本核算人员应对废品产生的原因以及过失人等项目加以审核，以正确进行废品损失的核算。

（一）废品损失核算应设置的会计科目

单独核算废品损失的企业，应开设“废品损失”账户，单独核算企业发生的废品损失。同时在产品成本项目中增设“废品损失”项目。该账户为成本类账户，借方归集发生的可修复废品的修复费用和不可修复废品的生产成本，贷方登记回收的残料价值和应收的赔偿等，借方减去贷方的差额为废品的净损失。月末应转入同种合格品产品成本，结转后“废品损失”账户应无余额。

该账户一般应按照生产车间开设明细账，并按产品种类分设专户，在账内按成本项目开设专栏进行明细核算。

（二）不可修复废品损失的核算

不可修复废品损失是指不可修复废品在报废前已发生的生产成本扣除回收残料的价值和应收赔偿后的净损失。由于不可修复废品的生产成本在其报废前是与合格品的成本一起归集在“生产成本——基本生产成本”账户中的。因此，需要先采取一定的方法将两者区分开来。

确定废品生产成本的方法一般有两种：一是按废品所耗的实际成本计算，二是按废品的定额成本计算。

1. 按实际成本核算不可修复废品损失

将"生产成本——基本生产成本"账户中归集的生产成本在合格品与废品之间分配时应考虑发现废品的时间。如果在完工验收入库时发现不可修复废品，则废品应与合格品同等负担费用，各项生产成本均可按照数量标准进行分配。如果在生产过程中发现不可修复废品，当原材料在开工时一次投入，材料费用仍以数量作为分配标准，其他费用则以生产工时作为分配标准；当原材料在各工序开始时分次投入或随加工进度陆续投入时，应以废品的约当产量（即废品的数量乘以废品完工程度）作为分配标准。

例 5—1 某企业基本生产一车间本月共完工甲产品 3 000 件。经检验，合格品为 2 960 件，不可修复废品 40 件。全部生产工时为 19 960 小时，其中合格品生产工时为 19 760 小时，废品生产工时为 200 小时。原材料在开始加工时一次性投入。202×年 8 月甲产品的全部成本为 191 784 元，其中直接材料 84 000 元，直接人工 59 880 元，制造费用 47 904 元。废品最终回收残料价值 600 元，应收过失人赔偿 300 元。不可修复废品的净损失可计算如下：

不可修复废品的生产成本：

直接材料费用分配率$=\frac{84\ 000}{2\ 960+40}=28$(元/件)

废品的材料成本$=40\times28=1\ 120$(元)

直接人工费用分配率$=\frac{59\ 880}{19\ 960}=3$(元/小时)

废品的人工成本$=200\times3=600$(元)

制造费用分配率$=\frac{47\ 904}{19\ 960}=2.4$(元/小时)

废品的制造费用$=200\times2.4=480$(元)

不可修复废品的生产成本$=1\ 120+600+480=2\ 200$(元)

不可修复废品的净损失$=2\ 200-600-300=1\ 300$(元)

对于废品损失的计算，通常是编制废品损失计算表进行的，上例废品损失计算表如表 5—1 所示。

表 5—1 **废品损失计算表**

（按实际成本计算）

车间：一车间

废品名称：甲产品　　202×年 8 月　　单位：元

项　目	数量(件)	直接材料	生产工时(小时)	直接人工	制造费用	合　计
生产费用总额	3 000	84 000	19 960	59 880	47 904	191 784
分配率		28		3	2.4	
废品生产成本	40	1 120	200	600	480	2 200

续表

项　目	数量(件)	直接材料	生产工时(小时)	直接人工	制造费用	合　计
减:残值		600				
减:赔偿款				300		
废品损失		520		300	480	1 300

根据表5—1及有关凭证,编制会计分录如下:

(1)结转不可修复废品的生产成本时:

借:废品损失——基本生产车间(甲产品)　　2 200

　贷:生产成本——基本生产成本(甲产品)　　2 200

(2)将回收残料价值600元冲减废品损失时:

借:原材料　　600

　贷:废品损失——基本生产车间(甲产品)　　600

(3)将应收过失人赔偿300元冲减废品损失时:

借:其他应收款　　300

　贷:废品损失——基本生产车间(甲产品)　　300

(4)结转净损失时:

借:生产成本——基本生产成本(甲产品)　　1 300

　贷:废品损失——基本生产车间(甲产品)　　1 300

2. 按定额成本核算不可修复废品损失

采用定额成本核算不可修复废品损失,可分别按照废品数量、费用定额和工时定额核算其成本,不考虑实际成本的发生额,实际成本与定额成本之间的差额全部由合格品成本负担。

例5—2　某企业一车间生产乙产品,202×年8月在验收入库时发现不可修复废品30件,企业按定额成本计算废品损失。其单位产品的材料费用定额为110元,工时定额为20小时,每小时的费用定额为:人工费用定额2.3元,制造费用定额为5.7元。废品回收残料价值1 200元。废品损失计算如下:

不可修复废品的生产成本:

直接材料=30×110=3 300(元)

直接人工=30×20×2.3=1 380(元)

制造费用=30×20×5.7=3 420(元)

废品生产成本=3 300+1 380+3 420=8 100(元)

废品净损失=8 100−1 200=6 900(元)

废品损失计算表如表5—2所示。

表 5—2

废品损失计算表

（按定额成本计算）

车间：一车间

废品名称：乙产品　　202×年 8 月　　单位：元

项　目	数量（件）	直接材料	定额工时（小时）	直接人工	制造费用	合　计
费用定额		110	20	2.3	5.7	
废品定额成本	30	3 300	600	1 380	3 420	8 100
减：残值		1 200				
废品损失		2 100		1 380	3 420	6 900

根据表 5—2 及有关凭证，编制会计分录如下：

(1)结转不可修复废品的生产成本时：

借：废品损失——一车间(乙产品)　　8 100

　贷：生产成本——基本生产成本(乙产品)　　8 100

(2)将废品回收残料价值 1 200 元冲减废品损失时：

借：原材料　　1 200

　贷：废品损失——一车间(乙产品)　　1 200

(3)结转净损失时：

不可修复废品净损失＝8 100－1 200＝6 900(元)

借：生产成本——基本生产成本(乙产品)　　6 900

　贷：废品损失——一车间(乙产品)　　6 900

按定额成本核算不可修复废品损失，计算工作比较简便，且有助于废品损失和产品成本的分析和考核。但这种方法适用于有比较准确的消耗定额和费用定额的企业。

(三)可修复废品损失的核算

可修复废品损失是指废品在返修过程中发生的修复费用，包括修复过程中耗用的直接材料、直接人工和制造费用等。其中直接材料费用一般可根据有关领料凭证直接确定，直接人工费用和制造费用则可以根据修复废品所耗工时和小时工资率、小时费用率计算确定。各项修复费用在发生时归集记入“废品损失”账户借方，如果有回收的残值和应收的赔偿，应抵减废品损失，然后将废品净损失从“废品损失”账户的贷方转入同种合格品的成本中。

例 5—3　某厂加工车间 202×年 8 月发生可修复废品 10 件，均为乙产品，修复过程中耗费材料 480 元，工时 40 小时，应负担人工费用 200 元，制造费用 160 元。该批废品应由生产工人赔偿 260 元。其废品损失计算与编制的会计分录如下：

(1)发生的修复费用，确认为废品损失时：

借：废品损失——加工车间(乙产品)　　840

　贷：原材料　　480

应付职工薪酬——工资 200

制造费用 160

(2)应收的赔偿冲减废品损失时：

借：其他应收款 260

贷：废品损失——加工车间(乙产品) 260

(3)结转废品净损失时：

可修复废品净损失＝840－260＝580(元)

借：生产成本——基本生产成本(乙产品) 580

贷：废品损失——加工车间(乙产品) 580

二、停工损失的核算

(一)停工损失的含义

停工损失是指企业的生产车间在停工期间发生的各种费用支出，包括停工期间支付的工人工资、应计提的各项福利费以及应负担的制造费用等。

企业的停工可以分为正常停工和非正常停工。正常停工包括季节性停工、机器设备大修理停工、计划减产停工等；非正常停工包括原材料或工具等短缺停工、设备故障停工、电力中断停工、自然灾害停工等。其中季节性停工、机器设备大修理停工以及计划减产停工等正常停工的损失应由产品成本负担；由于各种事故和非常灾害造成的停工损失应记入“营业外支出”等账户，有责任人或责任部门的应获得的赔偿还可以抵减停工损失。并不是所有的停工都要核算停工损失，为了简化核算，停工不满一个工作日的，一般不计算停工损失。

(二)停工损失的归集

单独核算停工损失的企业，应开设“停工损失”账户，并在“生产成本——基本生产成本”明细账户的成本项目中增设“停工损失”项目。“停工损失”账户为成本类账户，借方归集停工期间发生的各项费用支出，贷方登记应获得的赔偿，并结转停工净损失；结转后该账户应无余额。“停工损失”账户一般应按车间开设明细账，并在账内分成本项目进行明细核算。

停工期间发生各项费用时，应借记“停工损失”账户，贷记“应付职工薪酬——工资”“应付职工薪酬——职工福利费”“制造费用”等账户。

例 5—4 某企业加工车间 202×年 8 月停工 5 天，停工期间应支付工人工资 1 600 元，应计提福利费 224 元，应负担制造费用 2 000 元，则本月企业应确认停工损失。编制会计分录如下：

借：停工损失——加工车间 3 824

贷：应付职工薪酬——工资 1 600

——职工福利费 224

制造费用 2 000

(三)停工损失的分配

"停工损失"账户借方归集的所有停工损失，扣除应获得的赔偿后，应全部从贷方分配转出。其中，应由产品成本负担的，转入"基本生产成本"账户中"停工损失"项目，应计入营业外支出的，借记"营业外支出"账户。结转后，"停工损失"账户无余额。

如果上例中发生的停工损失，经查明系由于供电部门电力供应中断造成，供电部门应予以赔偿 2 000 元，其余部分经批准转入营业外支出。企业应编制如下会计分录：

(1)应收供电部门赔偿冲减停工损失时：

借：其他应收款——供电部门　　2 000

　贷：停工损失——加工车间　　2 000

(2)结转停工净损失时：

停工净损失＝3 824－2 000＝1 824(元)

借：营业外支出　　1 824

　贷：停工损失——加工车间　　1 824

本章小结

本章主要论述了企业在生产经营过程中发生的生产损失的核算方法，包括废品损失的核算和停工损失的核算。重点是不可修复废品损失和可修复废品损失的核算。

企业发生的生产损失最终都由产品销售收入得以补偿，如果生产损失过大，势必增加产品的成本，提高企业的费用，减少了经济利益，降低企业的竞争力。因此，企业应准确核算生产损失，从中寻找出降低损失的途径和方法，以达到降低成本、提高效益、提升企业竞争力的目的。

关键概念

废品　　废品损失　　可修复废品　　不可修复废品　　停工损失

思考题

1. 什么是生产损失？它包括哪些内容？
2. 废品损失有哪些？分别指什么？
3. 不可修复废品和可修复废品的损失有什么区别？
4. 停工损失如何核算？

自测题

一、判断题

1. 可修复废品是指可以修复而且所支付的修复费用在经济上是合算的。 (　　)

2. 不可修复废品是指不能修复而且所支付的修复费用在经济上是不合算的。 (　　)

3. 企业生产中的废品，是指在生产过程中发现的废品，而不包括入库后发现的废品。 (　　)

4. 废品损失不包括不需要返修、可以降价出售的不合格品的降价损失。 (　　)

5. 实行“三包”的企业，在产品售出后发现的废品所发生的一切损失，不包括在废品损失内。 (　　)

6. 废品损失是指废品生产成本扣除赔偿款以后的损失。 (　　)

7. 可修复废品返修以前发生的生产费用应从“基本生产成本”账户转入“废品损失”账户。 (　　)

8. 企业对于自然灾害所引起的停工损失，应作为营业外支出处理。 (　　)

9. 企业停工不满一个工作日的，一般可以不计算停工损失。 (　　)

10. 季节性生产和固定资产修理期间的停工损失应计入产品成本。 (　　)

11. 不单独计算停工损失的企业，应将发生的停工损失直接计入管理费用。 (　　)

12. 企业应将生产车间因原材料短缺造成的停工损失计入产品生产成本。 (　　)

13. 废品损失包括生产过程中发生的和入库后发现的不可修复废品的生产成本，以及可修复废品的修复费用，扣除回收废品残料价值和应收赔偿款后的损失。 (　　)

14. 废品损失可以不单独核算，相应费用体现在“生产成本——基本生产成本”“原材料”等科目中。 (　　)

15. 经质检部门鉴定不需要返修、可以降价出售的不合格品，不计入废品损失。 (　　)

16. 不单独核算废品损失的企业，相应的费用直接反映在“制造费用”和“营业外支出”科目中。 (　　)

二、单项选择题

1. 产成品入库后，由于保管不善等原因而损坏变质的损失，应作为(　　)。

A. 管理费用　　B. 财务费用
C. 生产成本　　D. 主营业务成本

2. 某企业产品入库后发现可修复废品一批，生产成本为 23 万元，返修过程中发生直接材料 3 万元，直接人工 4 万元，制造费用 5 万元，废品残料作价 2 万元已验收入库。不考虑其他因素，该企业可修复废品的净损失为(　　)万元。

A. 10　　B. 35　　C. 12　　D. 33

3. 由于企业实行“三包”而造成的损失应记入(　　)账户。

A.“废品损失”　　B.“管理费用”

C.“主营业务成本” D.“销售费用”

4. 结转废品净损失时,应记入( )账户的借方。

A.“营业外支出” B.“制造费用”

C.“管理费用” D.“生产成本——基本生产成本”

5. 下列各项目中,属于废品损失的有( )。

A. 可以降价出售的不合格品的降价损失

B. 料废造成的废品损失

C. 产品入库后由于保管不善等原因造成的损失

D. 实行“三包”的企业,在产品出售后发现的废品所造成的损失

6. 经质量检验部门鉴定不需要进行返修、可以降价出售的不合格品的降价损失,应( )。

A. 作为废品损失处理 B. 作为产品销售费用处理

C. 作为管理费用处理 D. 体现在产品销售的损益中

7. 某企业不可修复废品按定额成本计价。202×年5月,可修复废品的修复费用为150元,不可修复废品5件,每件定额材料成本为250元;每件工时定额8小时,每小时直接人工10元、制造费用12元;不可修复废品回收残值200元,并按照辅助材料入库。该企业废品净损失是( )元。

A. 1 930 B. 1 426 C. 2 080 D. 2 280

8. 某企业甲产品在生产过程中发现不可修复废品一批,该批废品的成本构成为:直接材料3 000元、直接人工6 000元、制造费用2 000元。废品残料计价1 000元已回收入库,应收过失人赔偿款1 500元。假定不考虑其他因素,该批废品的净损失为( )元。

A. 11 000 B. 10 000 C. 9 000 D. 8 500

9. 不应记入“废品损失”账户借方的费用有( )。

A. 不可修复废品的生产成本 B. 可修复废品返修前发生的各项生产费用

C. 可修复废品的修复费用 D. 修复废品领用的材料

10. 某企业因暴雨造成了停工,停工期间为恢复正常生产,领用原材料4 800元,发生人工费用4 000元,水电费800元,其中应由保险公司赔偿1 500元。下列处理正确的是( )。

A. 停工净损失8 100元,计入管理费用

B. 停工净损失8 100元,计入营业外支出

C. 停工净损失8 500元,计入营业外支出

D. 停工净损失8 500元,计入制造费用

三、多项选择题

1. 可修复废品必须具备的条件是( )。

A. 经过修理可以使用 B. 经过修理可以使用,但经济上不合算

C. 修理费用在经济上合算 D. 经过修理仍不能使用

2. 企业生产中的废品是指（　　）。

A. 产品不符合规定的技术标准　　B. 产品不能按照原定的用途使用

C. 产品加工修理后仍不能使用　　D. 产品需要加工修理才能使用

3. 不可修复废品的成本，可以按（　　）。

A. 废品的净值计算　　B. 废品的售价计算

C. 废品所耗实际费用计算　　D. 废品所耗定额费用计算

4. 下列各项目中，属于“废品损失”账户借方反映的有（　　）。

A. 不可修复废品的生产成本

B. 可修复废品的生产成本

C. 可修复废品修复时发生的各种修复费用

D. 回收的残料价值和应收的各种赔偿款

5. 下列各项目中，不属于废品损失的是（　　）。

A. 产品入库后，由于保管不善等原因造成的损失

B. 产品出售后发现的废品，由于包退而发生的损失

C. 产品出售后发现的废品，由于包修而发生的损失

D. 降价出售的不合格品的降价损失

6. 下列关于停工损失的说法，正确的有（　　）。

A. 包括停工期间发生的原材料费用、人工费用和制造费用

B. 不单独核算停工损失的企业，在“营业外支出”科目中反映

C.“停工损失”科目月末无余额

D. 辅助生产一般不单独核算停工损失

7. 在“停工损失”账户借方归集的停工损失，可以从该账户贷方转入（　　）账户。

A.“应收账款”　　B.“其他应收款”

C.“营业外支出”　　D.“生产成本——基本生产成本”

8. 停工损失包括停工期间发生的（　　）。

A. 原材料费用　　B. 人工费用

C. 制造费用　　D. 应收的赔偿款

9. 废品按其报废程度不同可分为（　　）。

A. 工废品　　B. 可修复废品

C. 不可修复废品　　D. 料废品

10. 以下关于废品损失和停工损失的说法中，不正确的有（　　）。

A. 为单独核算废品损失，应增设“废品损失”科目，在成本项目中增设“废品损失”项目

B. 可修复废品返修以前发生的生产费用也属于废品损失

C. 属于自然灾害造成的停工净损失，记入“制造费用”账户

D. 辅助生产一般不单独核算停工损失

实务题

1. 目的:练习废品损失的核算。

2. 资料:某生产车间在甲产品生产过程中发现不可修复废品10件,按所耗定额费用计算不可修复废品的生产成本。单件原材料费用定额为50元,已完成的工时定额共计150小时,每小时的费用定额为:燃料和动力1.50元,工资和福利费1.80元,制造费用1.20元。不可修复废品的残料作价80元以辅助材料入库,应由过失人赔款20元。废品净损失由当月同种产品成本负担。

3. 要求:

(1)计算甲产品不可修复废品成本及废品净损失。

(2)编制相应的会计分录。

第六章

在产品和完工产品成本的核算

本章要点

- 了解在产品的概念
- 掌握生产费用在完工产品和在产品之间分配的方法
- 熟悉在产品清查的核算及完工产品成本的结转

本章引言

通过各种要素费用的分配，生产费用已经全部归集在各成本计算对象中。如果期末既有完工产品又有在产品，就需将期初在产品费用与本期发生的生产费用之和，在本期完工产品和期末在产品之间进行分配。本章将重点讲述生产费用在完工产品与在产品之间进行分配的方法。

本章的在产品是指狭义的在产品。对在产品实物数量的核算是进行在产品成本计算的基础，主要包括在产品收发结存的日常核算和在产品的清查两项工作。

生产费用在完工产品与在产品之间进行分配的方法主要有约当产量法、定额比例法、定额成本法、在产品按所耗原材料费用计算法、在产品成本按年初固定数计算法、月末在产品成本按完工产品成本计算法和不计算月末在产品成本法。

素养提升

本章通过对完工产品与在产品之间费用分配的不同处理方法，使学生了解不同方法对会计信息的不同影响，认识到完工产品与在产品之间分配费用的各种方法对企业成本控制的重要作用，培养客观公正、诚实守信的良好品质，秉持实事求是、坚守准则的工作态度。

第一节 在产品和完工产品成本核算概述

企业在生产过程中所发生的各项费用，经过各种要素费用的分配，应计入产品成本的各项生产费用，按成本项目全部归集在“基本生产成本明细账”及其所属的“产品成本计算单”中。为了正确计算产品成本，本期发生的生产费用还需要加上期初在产品成本，然后将其在本期完工产品和期末在产品之间进行分配，计算出本月产成品成本。企业产品的生产情况一般有以下三种：

(1)某种产品在没有在产品的情况下，计入该种产品成本的全部生产费用，就是本期完工产品的成本；

(2)如果本月没有完工产品，计入该种产品的全部生产费用就是期末在产品成本；

(3)如果月末既有完工产品，又有在产品，那么该种产品本月发生的生产费用加上月初在产品的生产成本，需要采用适当的分配方法，选择一定的分配标准，在本月完工产品和月末在产品之间进行分配，分别计算出完工产品的总成本和单位成本。

一、在产品的含义

企业的产品按其是否加工完毕可分为完工产品和在产品。

在产品也称“在制品”，是指企业已经投入生产，但是尚未最后完工，不能作为商品销售的产品。在产品有广义和狭义之分。广义的在产品是从整个企业范围来看，产品生产从投料开始，到最终制成产成品交付验收入库前的一切未完工的产品，包括正在企业各车间加工中的在制品、已经完成一个或几个生产步骤但还需要继续加工的自制半成品(包括未经验收入库的产品和等待返修的废品)等。对外销售的自制半成品属于商品产品，虽已验收入库但不包括在在产品范围之内。狭义的在产品是就某一车间或某一步骤来看，仅指正在某一车间或某一生产步骤加工或装配阶段中的在制品，以及正在返修过程中的废品。

本章所讲述的生产费用在完工产品和在产品之间的分配，是指完工产品与狭义的在产品之间的费用分配。

二、在产品数量的核算

在产品数量的核算是进行在产品成本计算的基础。要计算完工产品成本和在产品成本，无论采用哪种模式，都必须先取得有关在产品实物数量核算资料。对在产品实物数量的核算，主要包括在产品收发结存的日常核算和在产品的清查两项工作。加强在产品数量的核算，对于正确计算产品成本、加强生产资金管理和在产品实物管理、保护企业财产物资的安全完整具有重要的意义。

(一)在产品收发结存的日常核算

在产品由于处于各车间、工序的加工制作之中，因此在产品数量的日常核算主要由其所处的车间负责。车间在产品收发结存的日常核算，通常是通过“在产品收发结存账”(即在产品台账)进行的，“在产品收发结存账”可以根据生产特点结合产量、工时记录进行设计，应分车间或工序，按照产品品种和在产品的名称设置，由车间或班组核算人员根据在产品的领料凭证、在产品内部转移凭证、产品检验凭证和产品交库凭证等及时登记，反映在产品收、发、存的数量变动情况。这不仅可以随时掌握在产品增减的动态，而且也为清查核对在产品数量提供原始依据。在产品收发结存账的格式如表 6—1 所示。

表 6—1 **在产品收发结存账**

零部件名称:1201 计量单位:件 车间名称:第一车间

月	日	摘　要	收入		发出			结存	
			凭证号	数量	凭证号	合格品	废品	完工	未完工
3	1		3201	100					100
3	10		3202	80	3301	50		25	105
3	20		3203	50	3302	60	3	50	67
3	31	合　计		230		110	3	50	67

组织在产品收发结存数量核算的另一个重要环节，是在产品的内部转移、送交检验、毁损报废以及自制半成品的入库、出库等过程，都必须填制有关的原始凭证，而且单随物移。如在产品内部转移时，应填制内部交接单，注明移送在产品的名称、数量、转入转出车间名称，经手人必须签名盖章。发生在产品短缺、毁损、报废时，应填制相应的短缺单和报废单，并应查明原因，分清责任。

(二)在产品清查的核算

为了保护在产品的安全完整，核实在产品的数量，企业应该定期或不定期地对在产品进行清查，并与“在产品收发结存账”等核对，编制“在产品盘存报告表”，表中应列明在产品的账面数、实有数、盘盈盘亏(毁损)数，以及盘亏的原因和处理意见等。同时，对于报废和毁损的在产品还要登记其残值。成本核算人员应对在产品盘存表进行认真审核，并报经有关部门审批，对在产品的盘盈、盘亏(毁损)进行账务处理。

1. 盘盈在产品的账务处理

(1)盘盈在产品，按定额成本入账时：

借：生产成本——基本生产成本(×产品)

　　贷：待处理财产损溢——待处理流动资产损溢

(2)经批准转账时：

借：待处理财产损溢——待处理流动资产损溢

　　贷：制造费用

2. 盘亏在产品的账务处理

(1)盘亏时，根据账面的实际成本或定额成本，冲减在产品的账面价值。

借：待处理财产损溢——待处理流动资产损溢

贷：生产成本——基本生产成本(×产品)

(2)由于车间管理不善经批准计入制造费用。

借：制造费用

贷：待处理财产损溢——待处理流动资产损溢

(3)应由过失单位和过失人员赔偿的计入其他应收款。

借：其他应收款——×××

贷：待处理财产损溢——待处理流动资产损溢

3. 毁损在产品的账务处理

(1)在产品毁损时，按账面价值转账。

借：待处理财产损溢——待处理流动资产损溢

贷：生产成本——基本生产成本(×产品)

(2)对于毁损在产品的残值，估价入账。

借：原材料

贷：待处理财产损溢——待处理流动资产损溢

(3)对于由于自然灾害造成的非常损失，可由保险公司或过失单位和过失人员赔偿，其余损失计入营业外支出。

借：其他应收款(或银行存款)

营业外支出

贷：待处理财产损溢——待处理流动资产损溢

库存半成品和辅助生产车间的在产品数量的核算，与基本生产基本相同，只是它们清查的结果分别通过“自制半成品”和“生产成本——辅助生产成本”科目进行核算。

三、在产品和完工产品成本的计算模式

企业在生产产品过程中所发生的各项费用，经过各种要素费用的分配后，按成本项目全部归集在“基本生产成本明细账”及其所属的“产品成本计算单”当中，本月发生的生产费用加上月初在产品成本之后，还必须在完工产品和在产品之间进行分配，才能计算出本月完工产品的成本。月初在产品成本、本月发生的生产费用、完工产品成本和月末在产品成本之间的关系可用下式表示：

月初在产品成本＋本月生产费用＝完工产品成本＋月末在产品成本

完工产品成本和月末在产品成本的计算，一般有下列三种模式：

(1)先计算完工产品成本，然后将生产费用合计减去完工产品成本，其余额就是在产品成本。

(2)先计算月末在产品成本，然后将生产费用合计减去月末在产品成本，其余额就是完工产品成本。

(3)采用适当的方法，同时计算出完工产品成本和月末在产品成本。

第二节　生产费用在完工产品和在产品之间的分配

如何结合企业自身特点，正确、合理、简便地将生产费用在完工产品和月末在产品之间进行分配，是产品成本计算工作中一个十分重要而复杂的问题。在企业的产品结构比较复杂、零部件种类和加工工序较多的情况下更是如此。企业应根据月末在产品数量的多少、在产品的加工程度、各月月末在产品数量的波动程度、各项费用在产品成本中所占比重的大小、企业定额消耗水平和定额管理基础工作的好坏等具体情况，选择适当的分配方法，在完工产品与月末在产品之间分配费用。通常情况下，生产费用在完工产品和月末在产品之间进行分配的方法有下列几种：

一、约当产量法

所谓约当产量法，是指按照完工产品数量与月末在产品约当产量的比例计算完工产品成本与月末在产品成本的一种方法。所谓约当产量，就是将月末实际盘存的在产品数量，根据在产品的完工程度或投料程度折算为相当于完工产品的数量，本月完工产品的产量和月末在产品约当产量之和，称为约当总产量，简称约当产量。采用该种方法，在产品既要计算原材料费用，又要计算直接人工等其他费用。约当产量法的适用范围较广泛，当月末在产品数量较大，各月末在产品数量变化也较大，产品成本中原材料费用和直接人工等费用比重相差不多时，采用该种方法尤为合适。为了反映完工产品成本的构成情况，分配生产费用时，应按产品的成本项目分别计算。其计算公式为：

月末在产品约当产量＝在产品数量×在产品完工程度(或投料程度)

$$\text{费用分配率}=\frac{\text{月初在产品成本}+\text{本月生产费用}}{\text{完工产品数量}+\text{月末在产品约当产量}}$$

完工产品成本＝ 完工产品数量×费用分配率

月末在产品成本＝ 在产品约当产量×费用分配率(或全部生产费用－完工产品成本)

例 6－1　某企业生产 A 产品，202×年 8 月完工 400 件，月末在产品 100 件，在产品的完工程度为 50％；本月 A 产品基本生产成本明细账中所列月初在产品成本和本月生产费用共计 59 000 元，其中直接材料 32 000 元，直接人工 16 200 元，制造费用 10 800 元。原材料系生产开始时一次投入。其分配计算过程如下：

(1)分配原材料费用

月末在产品约当产量＝100×100％＝100(件)

$$\text{原材料费用分配率}=\frac{32\,000}{400+100}=64$$

完工产品应负担原材料费用＝400×64＝25 600(元)

月末在产品应负担原材料费用＝100×64＝6 400(元)

(2)分配直接人工费用

月末在产品约当产量＝100×50％＝50(件)

直接人工分配率 $=\frac{16\ 200}{400+50}=36$

完工产品应负担直接人工费用=400×36=14 400(元)

在产品应负担直接人工费用=50×36=1 800(元)

(3)分配制造费用

月末在产品约当产量=100×50%=50(件)

制造费用分配率 $=\frac{10\ 800}{400+50}=24$

完工产品应负担制造费用=400×24=9 600(元)

在产品应负担制造费用=50×24=1 200(元)

(4)计算完工产品成本和月末在产品成本

A产品的完工成本=25 600+14 400+9 600=49 600(元)

月末在产品成本=6 400+1 800+1 200=9 400(元)

将上述计算结果填入A产品“产品成本计算单”,如表6—2所示。

表6—2 **产品成本计算单**

产品名称:A产品 202×年8月 单位:元

摘要		直接材料	直接人工	制造费用	合计
月初在产品成本		略	略	略	略
本月生产费用		略	略	略	略
生产费用合计		32 000	16 200	10 800	59 000
约当总产量	完工产品产量	400	400	400	—
	在产品约当产量	100	50	50	—
	合计	500	450	450	—
完工产成品成本		25 600	14 400	9 600	49 600
完工产品单位成本		64	36	24	124
月末在产品成本		6 400	1 800	1 200	9 400

从上例可见,根据约当产量法计算分配费用时,在产品的投料程度和完工程度对于费用分配的正确性影响很大。在实际工作中,材料投入和产品加工情况千差万别,需要根据具体情况分别计算投料程度和完工程度。下面介绍投料程度和完工程度的确定方法。

(一)分配直接材料费用时在产品约当产量的计算

分配直接材料费用时,在产品约当产量应按月末在产品所耗直接材料的投料程度折算,而投料程度与产品生产的投料方式密切相关。企业产品生产的投料方式主要有以下两种:

1. 一次投料

一次投料就是在产品生产开工时一次投入产品生产所需的全部直接材料,月末在产品投料程度为100%,在产品的约当产量即在产品的数量,直接材料费用可根据在产品实际数量与完工产品数量的比例分配。

2. 逐步投料

逐步投料就是直接材料随生产进度陆续投入或在每一工序开始时投入，具体可分为以下几种情况：

(1)直接材料的投入程度与完工程度完全相同或基本相同时，在产品的投料程度与完工程度计算方法相同，在产品的约当产量可按完工程度折算。

(2)直接材料的投入程度与完工程度不一致时，按各工序累计直接材料消耗定额占完工产品直接材料消耗定额的比率计算其投料程度，在产品所在工序的投料程度为50%。其计算公式为：

$$\text{某工序直接材料投料程度}=\frac{\text{前面各工序累计材料消耗定额}+\text{本工序材料消耗定额}\times 50\%}{\text{单位完工产品材料消耗定额}}\times 100\%$$

例如，某企业生产B产品分两道工序制成，原材料随加工进度陆续投入，其投料程度与加工程度不一致。有关资料及计算结果如表6—3所示。

表6—3　　原材料随加工进度陆续投入时约当产量计算表

生产工序	各工序直接材料消耗定额(千克)	投料程度(%)	月末在产品数量(件)	在产品约当产量(件)
1	80	$\frac{80\times 50\%}{200}\times 100\%=20\%$	200	40
2	120	$\frac{80+120\times 50\%}{200}\times 100\%=70\%$	500	350
合　计	200	—	700	390

(3)直接材料在每一生产工序开始时投入本工序所耗全部直接材料时，根据各工序累计直接材料消耗定额占完工产品直接材料消耗定额的比率计算投料程度，在产品所在工序投料程度为100%。其计算公式为：

$$\text{某工序直接材料投料程度}=\frac{\text{前面各工序累计材料消耗定额}+\text{本工序材料消耗定额}}{\text{单位完工产品材料消耗定额}}\times 100\%$$

例如，某企业C产品经三道工序连续加工制成，原材料随加工进度分工序三次投入，但在每一道工序开始时一次投入。其有关资料及计算结果如表6—4所示。

表6—4　　原材料随加工进度分工序投入时约当产量计算表

生产工序	各工序直接材料消耗定额(千克)	投料程度(%)	月末在产品数量(件)	在产品约当产量(件)
1	20	$\frac{20}{40}\times 100\%=50\%$	20	10
2	10	$\frac{20+10}{40}\times 100\%=75\%$	40	30
3	10	$\frac{20+10+10}{40}\times 100\%=100\%$	60	60
合　计	40	—	120	100

(二)分配其他成本项目费用时在产品约当产量的计算

对于产品成本中的"直接人工""制造费用"及企业单独设置的"燃料和动力"成本项目,这些费用的发生通常与产品的完工程度有着密切的联系,因而分配时应按产品的完工程度来计算在产品的约当产量。在产品完工程度的折算一般有两种方法:

1. 各工序在产品数量和单位产品在各工序的加工量都相差不多的情况下,后面各工序在产品多加工的程度可以抵补前面各工序少加工的程度。这样,全部在产品完工程度均可按50%平均计算确定。

2. 各工序在产品数量和各道工序的加工量相差较大时,在产品的完工程度按各工序的累计工时定额占完工产品的工时定额的比率计算,在产品所在工序完成的定额工时按 50%(这是因为该工序中各件在产品的完工程度不同,为了简化完工率的测算工作,在本工序一律按平均完工率 50%计算。在产品从上一道工序转入下一道工序时,因上一道工序已经完工,所以前面各道工序的工时定额应按 100%计算)计算。其计算公式为:

$$\text{某工序在产品的完工程度}=\frac{\text{前面各工序累计工时定额}+\text{本工序工时定额}\times 50\%}{\text{单位完工产品工时定额}}\times 100\%$$

例 6—2 某企业 D 产品分三道工序加工,各道工序内在产品加工程度均按 50%计算。202×年 8 月,各工序有关资料及计算结果如表 6—5 所示。

表 6—5　　**在产品约当产量计算表**

生产工序	工时定额	完工程度(%)	月末在产品数量(件)	在产品约当产量(件)
1	8	20	100	20
2	8	60	50	30
3	4	90	100	90
合　计	20		250	140

$$\text{第一工序在产品完工程度}=\frac{8\times 50\%}{20}\times 100\%=20\%$$

$$\text{第二工序在产品完工程度}=\frac{8+8\times 50\%}{20}\times 100\%=60\%$$

$$\text{第三工序在产品完工程度}=\frac{8+8+4\times 50\%}{20}\times 100\%=90\%$$

根据各工序的月末在产品数量和各工序完工率,计算出月末各工序在产品的约当产量及其总数,并据以分配各项费用。

上例中 D 产品本月完工 750 件。原材料在生产开始时一次投入。D 产品月初在产品成本和本月生产费用合计为 41 470 元,其中直接材料费用 21 000 元,工资及福利费 9 790 元,制造费用 10 680 元。完工产品与月末在产品费用分配计算如下:

(1)直接材料费用的分配

$$\text{原材料费用分配率}=\frac{21\ 000}{750+250}=21$$

完工产品直接材料费用＝750×21＝15 750(元)

在产品直接材料费用＝250×21＝5 250(元)

(2)直接人工费用的分配

$$工资及福利费用分配率=\frac{9\ 790}{750+140}=11$$

完工产品的工资及福利费用＝750×11＝8 250(元)

在产品的工资及福利费用＝140×11＝1 540(元)

(3)制造费用的分配

$$制造费用分配率=\frac{10\ 680}{750+140}=12$$

完工产品的制造费用＝750×12＝9 000(元)

在产品的制造费用＝140×12＝1 680(元)

(4)计算完工产品和在产品成本

完工产品成本＝15 750＋8 250＋9 000＝33 000(元)

在产品成本＝5 250＋1 540＋1 680＝8 470(元)

将上述计算结果填入D产品“产品成本计算单”,如表6—6所示。

表6—6　　成本计算单

产品名称:D产品　　202×年8月　　单位:元

摘　要		直接材料	直接人工	制造费用	合　计
月初在产品成本		略	略	略	略
本月生产费用		略	略	略	略
生产费用合计		21 000	9 790	10 680	41 470
产品产量	完工产品产量	750	750	750	—
	在产品约当产量	250	140	140	—
	合　计	1 000	890	890	—
完工产成品成本		15 750	8 250	9 000	33 000
完工产品单位成本		21	11	12	44
月末在产品成本		5 250	1 540	1 680	8 470

二、定额比例法

所谓定额比例法,是指按照完工产品和月末在产品的定额消耗量、定额工时或定额费用的比例分配产品的生产费用,从而计算确定完工产品成本和月末在产品成本的方法。在定额比例法下,分配标准可以选择定额费用,也可以采用定额消耗量和定额工时。由于产品成本划分为若干成本项目,所以,原材料费用按照原材料定额消耗量或原材料定额费用比例分配;工资及福利费、制造费用等各项加工费,按定额费用或定额工时的比例分配。其计算公式如下:

$$\text{直接材料费用分配率}=\frac{\text{月初在产品原材料费用}+\text{本月材料费用}}{\text{完工产品材料定额消耗量(费用)}+\text{月末在产品材料定额消耗量(费用)}}$$

完工产品直接材料费用＝完工产品直接材料定额消耗量(或费用)×直接材料费用分配率

月末在产品直接材料费用＝月末在产品直接材料定额消耗量(或费用)×直接材料费用分配率

完工产品原材料定额消耗量＝ 完工产品实际数量×单位原材料消耗定额

月末在产品原材料定额消耗量＝月末在产品约当产量×单位原材料消耗定额

$$\text{直接人工(制造费用)分配率}=\frac{\text{月初在产品直接人工(制造费用)}+\text{本月直接人工(制造费用)}}{\text{完工产品定额工时}+\text{月末在产品定额工时}}$$

完工产品直接人工(制造费用)费用＝完工产品定额工时×直接人工(制造费用)分配率

月末在产品直接人工(制造费用)费用＝月末在产品定额工时×直接人工(制造费用)分配率

完工产品定额工时＝完工产品实际数量×工时消耗定额

月末在产品定额工时＝在产品约当产量×工时消耗定额

例 6—3　某工业企业生产 E 产品，单位产品直接材料定额费用 200 元，单位产品工时消耗定额 20 小时。8 月份生产完工产品 500 件，月末在产品 200 件。原材料在生产开始时一次投入。月末在产品的完工程度为 50%。有关资料及计算结果如表 6—7 所示。其中：

完工产品直接材料定额费用＝500×200＝100 000(元)

完工产品定额工时＝500×20＝10 000(小时)

表 6—7　　　　**成本计算单**

产品名称:E 产品　　　　202×年 8 月　　　　单位:元

摘　要		直接材料	直接人工	制造费用	合　计
月初在产品成本		34 000	8 000	4 000	46 000
本月生产费用		120 000	40 000	20 000	180 000
生产费用合计		154 000	48 000	24 000	226 000
数量	完工产品	500	500	500	—
	在产品	200	100	100	—
定额费用工时	完工产品	100 000	10 000	10 000	—
	在产品	40 000	2 000	2 000	—
费用分配率		1.1	4	2	—
完工产品实际成本		110 000	40 000	20 000	170 000
完工产品单位成本		220	80	40	340
在产品实际成本		44 000	8 000	4 000	56 000

月末在产品直接材料定额费用＝200×100%×200＝40 000(元)

月末在产品定额工时＝200×50%×20＝2 000(小时)

采用这种方法，在在产品的种类和生产工序繁多时，成本核算工作量比较大。所以，这种分配方法适用于定额管理基础较好，各项消耗定额或费用定额比较准确、稳定，各月末在产品数量变动较大的产品。因为月初和月末各项实际费用脱离定额的差异，要在完工产品与月末在产品之间按比例分配，从而提高了产品成本计算的正确性，有利于考核、分析各项消耗定额的执行情况，便于进行成本控制。

三、定额成本法

在产品按定额成本计价法是指根据在产品数量和单位定额成本计算出月末在产品的定额成本。然后将该种产品月初与本月发生的全部生产费用，减去月末在产品的定额成本，便可得到完工产品实际成本。采用这种方法时，每月实际生产费用脱离定额的差异，将全部由当月完工产品成本负担。其计算公式为：

期末在产品成本＝期末在产品数量×在产品单位定额成本

完工产品成本＝期初在产品成本＋本期生产费用－期末在产品成本

例 6—4 某工业企业 8 月生产 F 产品，月末在产品 20 件，单位产品原材料费用定额 40 元，单位产品工时定额 8 小时，每小时费用定额分别为：直接人工 8 元，制造费用 3 元。月初在产品成本与本月生产费用合计为：直接材料费用 5 000 元，直接人工 8 600 元，制造费用 4 200 元，该产品所耗原材料在生产开始时一次投入。假设月末在产品完工程度为 50%，分配、计算结果如表 6—8 所示。

其中：

月末在产品直接材料定额费用＝20×40＝800(元)

月末在产品直接人工费用＝20×8×50%×8＝640(元)

月末在产品制造费用＝20×8×50%×3＝240(元)

表 6—8 **成本计算单**

产品名称：F 产品 202×年 8 月 单位：元

摘　要	直接材料	直接人工	制造费用	合　计
生产费用合计	5 000	8 600	4 200	17 800
在产品约当产量	20	10	10	—
原材料定额费用和定额工时	40	8	8	—
每工时费用定额		8	3	—
月末在产品定额成本	800	640	240	1 680
完工产品成本	4 200	7 960	3 960	16 120

采用这种分配方法，月末在产品定额成本与实际成本之间脱离定额的差异，全部由完工产品负担，在定额不是十分准确的情况下，就会影响成本计算的准确性。因此，这种方法适用于定额管理基础比较好，各项消耗定额或费用定额比较准确、稳定，而且各月末在产品数量变动不大的产品。

四、在产品按所耗直接材料计算法

在产品按所耗原材料费用计算法，是指月末在产品只计算其耗用的原材料费用，直接人工、制造费用等全部计入完工产品成本的方法。这种分配方法适用于各月末在产品数量较大，各月末在产品数量变化也较大，同时原材料费用在总成本中所占比重较大的产品。例如纺织、造纸、酿酒等企业的产品成本计算均可采用这种方法。

例 6—5　某企业生产 G 产品，该产品的原材料费用在产品成本中所占比重比较大，月末在产品成本的计算采用按所耗原材料费用计算法。8 月初 G 产品在产品原材料费用为 6 400 元；本月 G 产品直接材料费用为 26 600 元，直接人工 735 元，制造费用 1 050 元，共计 28 385 元；本月 G 产品完工 500 件，月末在产品 100 件。该产品原材料费用在生产开始时一次投入。其分配计算如下：

(1)原材料费用分配率 $=\dfrac{6\ 400+26\ 600}{500+100}=55$

(2)完工产品应负担的原材料费用 $=500\times 55=27\ 500$(元)

(3)月末在产品应负担的原材料费用 $=100\times 55=5\ 500$(元)

(4)完工产品成本 $=27\ 500+735+1\ 050=29\ 285$(元)

(5)月末在产品成本 $=5\ 500$(元)

将上述计算结果填入 G 产品“产品成本计算单”，如表 6—9 所示。

表 6—9　　**成本计算单**

产品名称:G 产品　　202×年 8 月　　单位:元

摘　要		直接材料	直接人工	制造费用	合　计
月初在产品费用		6 400			6 400
本月生产费用		26 600	735	1 050	28 385
生产费用合计		33 000	735	1 050	34 785
数量	完工产品	500			—
	在产品	100			—
费用分配率		55			—
完工产品成本		27 500	735	1 050	29 285
完工产品单位成本		55	1.47	2.1	58.57
在产品实际成本		5 500			5 500

五、其他方法

在实际工作中，为了进一步简化核算工作，企业可根据生产的具体情况，选择一些简化的方法进行月末在产品成本的计算。

(一)不计算月末在产品成本法

不计算在产品成本法，是指月末虽然有在产品，但不计算在产品成本，即某种产品生产成本明细账中本月归集的全部生产费用就是该种完工产品成本的方法。这种方法一般适用于各月末在产品数量很小且稳定，价值较低，算不算在产品成本对于完工产品成本影响不大的产品成本的计算。因此，为了简化核算工作，管理上要求可以不计算月末在产品成本。例如自来水生产企业、采掘企业等均可采用这种方法。

(二)月末在产品成本按完工产品成本计算法

月末在产品成本按完工产品成本计算法，是指月末在产品已接近完工，或者产品已加工完毕，但尚未包装验收入库，为简化核算，将在产品视同完工产品分配生产费用的方法，即各项生产费用累计数只需按完工产品和在产品的实际数量比例进行分配，从而确定月末完工产品成本和在产品成本。

例 6—6 某企业生产 H 产品，202×年 8 月月初在产品成本和本月发生费用累计数为 32 400 元，其中直接材料费用 18 000 元，直接人工 6 000 元，制造费用 8 400 元。完工产品 1 000 件，月末在产品 200 件，该产品已接近完工，采用月末在产品成本按完工产品成本计算。其计算分配结果如表 6—10 所示。

表 6—10 **产品成本计算单**

产品名称：H 产品 202×年 8 月 单位：元

摘要		直接材料	直接人工	制造费用	合计
生产费用合计		18 000	6 000	8 400	32 400
数量	完工产品	1 000	1 000	1 000	—
	在产品	200	200	200	—
费用分配率		15	5	7	—
完工产品成本		15 000	5 000	7 000	27 000
完工产品单位成本		15	5	7	27
月末在产品成本		3 000	1 000	1 400	5 400

表 6—10 中各项费用分配率是根据各项生产费用的累计数，除以完工产品数量与月末在产品数量之和计算，各费用分配率分别乘以完工产品数量和月末在产品数量，求得完工产品与月末在产品应负担的各项费用。

(三)月末在产品成本按年初固定数计算法

采用这种分配方法时，年内各月末(不包括年末)在产品成本均按年初在产品成本计算，各月末、月初在产品的成本固定不变，当月发生的生产费用即为完工产品成本。年终时，根据实际盘点的在产品数量，重新调整计算确定在产品成本，并将其作为下一年在产品成本计算的依据，以免在产品成本与实际成本差异过大，影响成本计算的正确性。

这种方法适用于各月月末在产品数量较小、价值较大或者月末在产品数量虽大但各月之间在产品数量较为稳定，月初、月末在产品成本的差额不大，对完工产品成本不会有较大影响的成本计算。例如炼铁、炼油、化工企业或其他有固定容器装置的产品生产，其月末在产品数量都较稳定，可以采用这种方法。

六、完工产品成本的结转

工业企业发生的生产费用，通过以上各有关章节的叙述，在各成本计算对象之间及完工产品与月末在产品之间分配后，就可以计算出各种完工产品的实际成本，并在此基础上考核和分析各产品成本计划的执行情况。

完工产品验收入库后，根据取得的产品交库单和产品成本计算单，编制“完工产品成本汇总表”。“完工产品成本汇总表”的格式如表 6－11 所示。

表 6－11 **完工产品成本汇总表**

202×年 8 月　　单位：元

产品名称 成本项目	A 产品(400 件)		D 产品(750 件)	
	总成本	单位成本	总成本	单位成本
直接材料	25 600	64	15 750	21
直接人工	14 400	36	8 250	11
制造费用	9 600	24	9 000	12
合　计	49 600	124	33 000	44

在进行完工产品成本核算时，需要设置“库存商品”科目，该科目属于资产类科目，借方登记完工入库产成品的成本，贷方登记发出产成品的成本，期末余额在借方，表示库存产成品的实际成本。

根据完工产品成本汇总表，在“基本生产成本”明细账账户中进行完工产品成本的结转。编制会计分录如下：

借：库存商品——A 产品　　49 600
　　　　　——D 产品　　33 000
　贷：生产成本——基本生产成本(A 产品)　　49 600
　　　生产成本——基本生产成本(D 产品)　　33 000

本章小结

本章就生产费用在完工产品与在产品之间进行分配的常用方法做了详细介绍。应重点理解约当产量比例法、定额比例法、定额成本法。在实际工作中，企业应根据具体情况，确定适合于本企业的在产品和完工产品成本计算方法，不能为了简化手续而使成本计算失去准确性。

在产品和完工产品成本计算方法一经确定，一般不应经常变动。

加强在产品与产成品成本的核算，有利于保护企业财产物资的安全完整，加快存货的周转速度，考核、分析各产品成本计划的执行情况。企业应建立健全在产品和产成品的计量、验收、保管、发出、清查等一系列规章制度，并认真执行。

关键概念

完工产品　　在产品　　约当产量法　　定额比例法

思考题

1. 什么是在产品？如何进行在产品数量的核算？
2. 如何进行在产品清查的核算？
3. 生产费用在完工产品和在产品之间的分配方法有哪几种？分别有何优缺点及适用性？
4. 什么是约当产量法？如何计算在产品的投料程度和完工程度？
5. 定额成本法和定额比例法有何区别？

自测题

一、判断题

1. 企业各月末在产品数量的多少、各月在产品数量变化的大小以及各项费用比重的大小对于完工产品成本没有多大影响。（　）

2. 当月末在产品接近完工时，月末在产品成本可按固定成本计算法计算。（　）

3. 在产品盘盈时，应按定额成本借记“基本生产成本”账户，贷记“待处理财产损溢”账户。（　）

4. 月末在产品按完工产品计算时，则在产品就是完工产品，全部生产费用之和即为完工产品成本。（　）

5. 如果企业各月月末的在产品数量很小，可以不计算月末在产品成本，发生的生产费用应全部计入产成品成本。（　）

6. 月末在产品按定额成本计价法计算时，定额成本与实际成本的差异全部由完工产品成本负担。（　）

7. 采用定额比例法，在月初消耗定额或费用定额降低时，月初定额费用应按新的定额重新计算。（　）

8. 采用在产品按所耗原材料费用计价法时，月末在产品只计算所耗的原材料费用，而不计算工资等其他费用，其他费用全部计入完工产品成本。（　）

9. 采用约当产量比例法，对于费用分配的正确性有着决定性影响的因素主要取决于在产

品完工程度的测定。（　　）

10. 某工序在产品完工率＝(本工序工时定额×50%＋前面各工序工时定额之和)÷产品工时定额。（　　）

11. 根据月初在产品成本、本月生产费用及月末在产品成本的资料，完工产品成本＝月初在产品成本＋本月生产费用－月末在产品成本。（　　）

12. 在产品按完工产品成本计算法只适用于月末在产品已经加工完成，但尚未包装或尚未验收入库，或已接近完工的产品。（　　）

13. 因意外事故或自然灾害等造成的在产品毁损，扣除保险公司赔款和残料回收价值以后，净损失计入营业外支出。（　　）

14. 当期末在产品数量很小时，对生产费用在完工产品和在产品之间进行分配时，仍然要考虑期末在产品应负担的生产成本。（　　）

二、单项选择题

1. 企业的在产品不包括(　　)。

A. 正在车间加工中的在产品　　B. 等待返修的废品

C. 未验收入库的产品　　D. 对外销售的自制半成品

2. 狭义的在产品包括(　　)。

A. 产成品　　B. 对外销售的自制半成品

C. 正在车间加工中的在产品　　D. 需要进一步加工的半成品

3. 费用在完工产品与在产品之间进行分配，采用不计算在产品成本法，应具备的条件是(　　)。

A. 各月在产品数量很大　　B. 各月在产品数量很小

C. 各月末在产品数量变化很小　　D. 没有在产品

4. 在产品发生盘盈，按规定核销时，应做的会计分录为(　　)。

A. 借：待处理财产损溢
　　贷：管理费用　　B. 借：待处理财产损溢
　　贷：营业外收入

C. 借：待处理财产损溢
　　贷：生产成本　　D. 借：待处理财产损溢
　　贷：制造费用

5. 在产品按固定成本计价法，应具备的条件是(　　)。

A. 各月末在产品数量相差较大

B. 各月成本水平相差不大

C. 各月末在产品数量较大

D. 各月末在产品数量虽大，但各月之间变化不大

6. 完工产品与在产品之间分配费用，采用在产品按所耗原材料费用计价法，应具备的条件是(　　)。

A. 各月末在产品数量较大

B. 原材料费用在产品成本中所占比重较大

C. 各月末在产品数量变化较大

D. 以上三个条件同时具备

7. 某种产品月末在产品数量较大，各月末在产品数量变化也较大，产品成本中原材料费用和工资等其他费用所占比重相差不多，应采用(　　)。

A. 在产品按所耗原材料费用计价法　　B. 定额比例法

C. 约当产量比例法　　D. 固定成本计价法

8. 采用约当产量比例法，对于费用分配的正确性有着决定性影响的是(　　)。

A. 在产品数量　　B. 在产品质量

C. 完工产品数量　　D. 在产品完工程度

9. 某企业定额管理基础比较好，能够制定比较准确、稳定的消耗定额，各月末在产品数量变化不大，应采用(　　)。

A. 定额比例法　　B. 固定成本计价法

C. 在产品按定额成本计价法　　D. 不计算在产品成本法

10. 某企业定额管理基础比较好，能够制定比较准确、稳定的消耗定额，各月末在产品数量变化较大，应采用(　　)。

A. 在产品按所耗原材料费用计价法　　B. 在产品按定额成本计价法

C. 固定成本计价法　　D. 定额比例法

11. 按完工产品和月末在产品数量比例，分配计算完工产品和月末在产品的原材料费用，必须具备的条件是(　　)。

A. 原材料在生产开始时一次投入

B. 原材料随着加工进度陆续投入

C. 原材料在每一道工序开始时投入本工序所耗原材料

D. 原材料消耗定额比较准确

12. 在产品完工率为(　　)与完工产品工时定额的比率。

A. 所在工序工时定额

B. 所在工序工时定额之半

C. 所在工序累计工时定额

D. 上道工序的累计工时定额与所在工序工时定额之半的合计数

13. 甲产品分三道工序加工，原材料分三次投入，且在每工序开始时一次投入，各工序原材料消耗定额为：第一工序 10 千克，第二工序 20 千克，第三工序 10 千克，该产品第二工序的投料率为(　　)。

A. 12.5%　　B. 50%　　C. 75%　　D. 100%

14. 按完工产品和月末在产品数量比例，分配计算完工产品和月末在产品成本，必须具备(　　)条件。

A. 在产品已接近完工

B. 原材料在生产开始后分工序一次投料

C. 在产品原材料费用比重较大

D. 各项消耗定额比较准确、稳定

15. 企业完工产品经验收入库后，其成本应从(　　)账户的贷方，转入“库存商品”账户的借方。

A. 制造费用　　B. 基本生产成本　　C. 辅助生产成本　　D. 主营业务成本

16. 某企业只生产和销售甲产品，202×年4月1日在产品成本4万元。4月份发生如下费用：领用材料7万元，生产工人工资3万元，制造费用2万元，行政管理部门物料消耗0.5万元，专设销售机构固定资产折旧费1.8万元。月末在产品成本4万元，则该企业4月份完工甲产品的生产成本为(　　)万元。

A. 14.3　　B. 12　　C. 16　　D. 18.3

17. 已知生产某产品的第一道工序定额工时为70小时，第二道工序定额工时为30小时，两道工序平均完成50%，则第一道工序完工率为(　　)。

A. 70%　　B. 50%　　C. 30%　　D. 35%

18. 某企业202×年10月31日，丁产品完工产品数量180件，在产品数量50件，平均完工程度40%，发生的生产总费用为180 000元，原材料随生产过程陆续投入，采用约当产量法分配完工产品和在产品的成本，期末丁产品完工产品成本是(　　)元。

A. 162 000　　B. 110 500　　C. 70 000　　D. 100 500

19. 某企业只生产一种产品，采用约当产量比例法将生产费用在完工产品和在产品之间进行分配，材料在产品生产时一次投入。月初在产品直接材料成本为20万元，当月耗用材料成本为60万元，当月完工产品50件，月末在产品50件，完工程度60%，本月完工产品成本中直接材料成本为(　　)万元。

A. 40　　B. 37.5　　C. 30　　D. 50

20. 在一个企业内已完成全部生产过程、按规定标准检验合格、可供销售的产品称为(　　)。

A. 完工产品　　B. 入库产品　　C. 在产品　　D. 半产成品

三、多项选择题

1. 在确定完工产品与在产品费用分配的方法时，应考虑的条件有(　　)。

A. 定额管理基础好坏　　B. 各月末在产品数量多少

C. 各月末在产品数量变化大小　　D. 各项费用比重的大小

E. 在产品是否接近完工

2. 广义的在产品包括(　　)。

A. 需要进一步加工的半成品　　B. 正在返修的废品

C. 对外销售的自制半成品　　D. 正在车间加工中的在产品

3. 完工产品与在产品之间分配费用的方法有(　　)。

A. 约当产量比例法　　B. 直接分配法

C. 定额比例法　　D. 在产品按固定成本计价法

4. 在产品按固定成本计价法，适用于(　　)。

A. 各月成本水平相差不大

B. 各月末在产品数量较小，价值较大

C. 各月末在产品数量较大

D. 各月末在产品数量虽大，但各月之间变化不大

5. 约当产量比例法适用于(　　)。

A. 各月末在产品数量较大

B. 各月末在产品数量变化较大

C. 各月末在产品接近完工

D. 产品成本中原材料费用和工资等其他费用比重相差不大

6. 关于企业的在产品，每月月末也应进行清查，则下列表述正确的是(　　)。

A. 发生盘盈时，借记“生产成本——基本生产成本”账户，贷记“待处理财产损溢”账户

B. 盘盈批准处理时，转入“制造费用”账户

C. 发生盘亏时，借记“待处理财产损溢”账户，贷记“制造费用”账户

D. 在产品盘盈盘亏处理的核算，应在制造费用结账前进行

7. 下列分配完工产品成本与在产品成本的方法中，能使某种产品本月发生的生产费用就是本月完工产品成本的有(　　)。

A. 在产品成本按其所耗用的直接材料成本计算

B. 不计算在产品成本法

C. 在产品按固定成本计价的方法

D. 约当产量比例法

8. 某产品由三道工序加工而成，原材料在每道工序开始时投入，各工序的材料消耗定额分别为 30 千克、30 千克和 40 千克，用约当产量比例法分配原材料费用时，各工序在产品的完工程度计算正确的有(　　)。

A. 第一道工序的完工程度为 30%　　B. 第二道工序的完工程度为 45%

C. 第二道工序的完工程度为 60%　　D. 第三道工序的完工程度为 100%

9. 某企业生产费用在完工产品和在产品之间采用约当产量比例法进行分配。该企业甲产品月初在产品和本月生产费用共计 120 000 元。本月甲产品完工 500 台，在产品 200 台，且其平均完工程度为 50%，不考虑其他因素，下列各项中计算结果正确的有(　　)。

A. 甲产品的完工产品成本为 100 000 元　　B. 甲产品的单位成本为 150 元

C. 甲产品在产品的约当产量为 100 台　　D. 甲产品的在产品成本为 20 000 元

10. 采用定额比例法分配完工产品和月末在产品费用，应具备的条件有(　　)。

A. 各月月末在产品数量变化较大　　B. 各月月末在产品数量变化不大

C. 消耗定额或成本定额比较稳定　　D. 消耗定额或成本定额波动较大

11. 关于生产费用在完工产品和在产品之间的分配，下列说法正确的有(　　)。

A. 不计算在产品成本法适用于月末在产品数量很小的产品

B. 在产品按固定成本计价法适用于月末在产品数量较多，但各月变化不大的产品

C. 在产品按所耗直接材料成本计价法适用于直接材料成本在生产成本中所占比重较大且材料在生产开始时一次就全部投入的产品

D. 在产品按定额成本计价法适用于各项消耗定额或成本定额比较准确、稳定，但各月末在产品数量变动较大的产品

12. 在产品发生盘亏和毁损时，应根据不同的原因和责任分别处理，从“待处理财产损溢”账户的贷方转入(　　)账户的借方。

A.“制造费用”　　B.“管理费用”　　C.“营业外支出”　　D.“其他应收款”

E.“生产成本”

实务题

实务题一

1. 目的：练习约当产量法。

2. 资料：某企业生产甲产品，202×年 8 月完工验收 1 000 件，月末在产品数量为 500 件，在产品完工程度为 50%，原材料在生产开始时一次投入，甲产品生产成本明细账中归集的生产费用为：月初在产品成本 30 000 元，其中直接材料 21 000 元，直接人工 6 300 元，制造费用 2 700 元；甲产品本月发生的生产费用为 168 000 元，其中直接材料 120 000 元，直接人工 33 000 元，制造费用 15 000 元。

3. 要求：采用约当产量法计算甲产品的完工产品成本和月末在产品成本，并编制结转本月完工入库产品成本的会计分录。

实务题二

1. 目的：练习约当产量法。

2. 资料：某企业 202×年 8 月份生产丙产品，经过三道工序加工制成，原材料在生产开始时一次投入，在产品在各道工序的完工程度均为 50%，本月完工产品 400 件，月末在产品为 200 件。其相关的工时定额、各道工序在产品数量和成本核算资料如下：

工时定额及各道工序在产品数量

工　序	工时定额(小时)	在产品数量(件)
1	10	80
2	6	80
3	4	40
合　计	20	200

月初在产品成本和本月发生的生产费用

单位：元

摘　要	直接材料	直接人工	制造费用	合　计
月初在产品成本	4 800	1 800	1 140	7 740
本月发生费用	20 400	4 500	3 000	27 900
合　计	25 200	6 300	4 140	35 640

3. 要求：根据上述资料，采用约当产量法计算丙产品的完工产品成本和月末在产品成本。

实务题三

1. 目的：练习定额比例法。

2. 资料：某企业生产丁产品，202×年 8 月初在产品成本和本月发生的生产费用如下：

生产费用资料

单位：元

成本项目	直接材料	直接人工	制造费用	合　计
月初在产品成本	6 000	3 000	5 800	14 800
本月生产费用	13 000	4 000	7 920	24 920
合　计	19 000	7 000	13 720	39 720

丁产品本月完工 300 件。月末在产品数量为 100 件，在产品完工程度均为 50%。原材料在生产开始时一次投入。完工产品材料定额耗用量为 10 千克，定额工时为 8 小时。

3. 要求：采用定额比例法分配本月丁产品的完工产品成本和月末在产品成本。

第七章

产品成本计算方法概述

本章要点

- 生产特点和管理要求对产品成本计算方法的影响
- 产品成本计算的基本方法

本章引言

产品生产成本是在生产过程中形成的，因此生产的特点在很大程度上影响着成本计算方法的选择。另外，成本计算是为成本管理提供资料的，因此采用什么方法，提供什么资料，要考虑成本管理的要求。当然，成本管理的要求也脱离不开生产的特点。以上两个方面的关系说明，企业在确定产品成本计算方法时，必须从企业的具体情况出发，同时考虑企业的生产特点和成本管理的要求。本章除了研究如何结合企业的生产特点和管理要求、确定具体的产品成本计算方法之外，还谈到了产品成本计算方法在实际工作中的应用和成本计算中的假设等问题。

素养提升

本章通过介绍产品成本计算的各种方法，让学生了解不同类型产品涉及的成本核算方法也不同。要正确核算产品成本，就需要会计人员有吃苦耐劳、艰苦奋斗的精神，同时要培养学生遵循系统性、逻辑性的原则，这样才能得到准确的成本数据和可靠的会计信息。

第一节　生产特点和管理要求对产品成本计算的影响

一、成本计算与成本计算对象

产品成本计算是成本核算中最基本的内容。成本计算的目的引导着成本的归集和分配，使生产经营成本通过一系列中间对象，最终计算出产品总成本和单位成本。

成本计算对象是为了计算经营业务成本而确定的归集经营费用的各个对象，也是成本的承担者。成本计算对象可以是一件产品、一项服务、一位顾客、一种商标、一项作业或者一个部门等。企业的任何经营成果都是依存于一定的时空范围而产生的。确定成本计算对象，不仅要认定计算什么产品(或劳务)的成本，而且要认定是什么地点、什么时期生产出来的产品。因而，确定成本计算对象一定要有“时空概念”。通常，成本计算对象由三个要素构成：成本计算实体、成本计算期(生产时间)和成本计算空间(生产部门)。

二、生产组织特点和管理要求对产品成本计算的影响

企业的生产按照组织特点不同，可分为大量生产、成批生产、单件生产。大量生产是指企业长期进行某一种或者某几种产品的生产。其特点是产品品种比较稳定，所生产的产品长期不间断进行。成批生产是企业根据客户的订单或者市场的需要，按照产品种类分批进行生产。其特点是，产品品种、花色比较多，企业在品种、花色之间轮流进行生产，如服装生产、工具制造等。成批生产按照批量的大小，可分为大批生产和小批生产。大批生产的性质接近大量生产，小批生产的性质接近单件生产。单件生产是指企业按照客户的要求，进行的单个产品的生产。其特点是所生产的产品价值大，生产周期长，性质较为特别，所生产的产品品种规格比较多，能够重复生产的少，如重型机械制造、船舶制造、专用设备制造等。单件生产是成批生产的特例。

生产组织特点和管理要求对产品成本计算的影响，主要体现在成本计算对象的确定上：

(1)在大量生产方式下，企业大量地生产着同一产品，因此管理上只要求也只能以产品的品种作为成本计算对象。

(2)在大批生产方式下，产品产量较大，品种相对稳定，一般也只能以产品品种作为成本计算对象。

(3)在小批生产方式下，产品批量较小且同批产品大多同时完工，因此可按产品批别作为成本计算对象。管理上为了分析和考核各批产品的成本水平，也要求按产品的批别来计算成本。

(4)在单件生产方式下，生产按件组织；与小批生产方式一样，有可能也有必要按产品的批别(或件别)计算成本。

三、生产工艺特点和管理要求对产品成本计算的影响

企业的产品生产按照其生产工艺过程的不同，可以分为单步骤生产和多步骤生产。单步

骤生产是指产品生产工艺过程在时间上不能间断，在空间上不能分散在不同地点进行的生产。发电、采掘企业的生产属于比较典型的单步骤生产。这类企业的生产由于中间过程不能间断，也就无法计算半成品成本，其产品成本计算的实体只能是产成品。

多步骤生产是指产品生产工艺过程在时间上可以间断，在空间上可以分散在不同地点进行的生产。如汽车制造，其零部件的生产可以分散在不同地点进行，工序之间可以间断，是较为典型的多步骤生产。

多步骤生产按照步骤之间的联系方式，可以分为装配式生产和连续式生产。

在装配式生产中，中间生产步骤分别生产不同的半成品，可以不发生横向联系，如汽车的轮胎、轴承生产等，各中间生产步骤生产的半成品最后交由装配车间进行装配形成产成品。

连续式生产是产品生产过程按照既定的生产程序，一个步骤一个步骤地连续进行加工，最后生产出产成品。在这种生产过程中，后一生产步骤是将前一生产步骤的半成品做进一步的加工，直至生产出产成品。如纺织企业的生产，织布车间是将前一生产车间的半成品——棉纱，进一步加工成布匹。

在多步骤生产中，如果半成品对外销售，或者因为管理上需要半成品成本资料，就需要按照生产步骤计算半成品成本。在这种情况下，每个生产步骤生产的半产品都有可能作为成本计算对象。如果半成品不对外销售，或者管理上不需要半成品成本资料，为了简化核算，则不必进行半成品计算。在此种情况下，多步骤生产企业的成本计算实体与单步骤生产企业的成本计算实体相同，都只计算产成品成本。

生产工艺特点和管理要求对产品成本计算的影响如下：

(1)在单步骤生产情况下，生产工艺过程不可或不能间断，因而不能按生产步骤来计算产品成本，只能以产品的品种作为成本计算的对象。同时，单步骤生产一般都是大量生产，所以只能以会计报告期作为成本计算期，每月月末定期计算产品成本。由于单步骤生产的产品生产周期较短，一般没有月末在产品，因而也不需要计算月末在产品成本。

(2)在连续式多步骤生产情况下，生产一般均为大量生产，成本管理上不仅要求按照产品品种计算产品成本，而且还要求按生产步骤来计算产品成本，因此应以产品品种及其生产步骤作为产品成本计算对象。由于产品连续生产，只能在每月末定期计算产品成本。在连续式多步骤生产下，一般各生产步骤在月末都会有一定的在产品，这就要求在月末采用适当的分配方法，将生产费用在完工产品和月末在产品之间进行分配。

(3)在装配式多步骤生产情况下，生产组织有大量生产、单件生产。若为大量、大批生产，成本计算方法与连续式多步骤生产基本相同。若为单件、小批生产，只能以产品品别或件别作为成本计算对象。由于其产量较小且基本上是同时完工，成本计算只能在产品完工后才能进行，其成本计算期与生产周期一致，也就不存在生产费用在完工产品和月末在产品之间分配的问题。

第二节　产品成本计算的基本方法

一、产品成本计算的基本方法

（一）品种法

品种法是以各种产品作为成本计算对象，归集生产费用，计算产品总成本和单位成本的成本计算方法。品种法主要适用于大量大批单步骤生产的企业，如发电、采掘、供水、面粉等行业，也适用于一些在管理上不要求分步骤提供产品成本信息的大量大批多步骤生产的企业，如糖果厂、饼干厂、小造纸厂、小水泥厂、小砖瓦厂等。其成本计算实体是各品种的产品，其成本计算期是月份（与会计报告期一致）。由于品种法在传统上主要应用于生产工艺过程相对简单的生产企业，故品种法也称为简单法。

（二）分批法

分批法是以各批产品作为成本计算对象，归集生产费用，计算产品总成本和单位成本的成本计算方法。由于采用分批法的企业常常是根据购买单位的订单作为不同的批别来组织生产的，所以分批法又称为订单法。它主要适用于单件小批多步骤复杂生产的企业，如重型机械制造、船舶制造、专用设备制造和精密仪器制造等企业，也适用于除主要产品生产以外的修理作业、自制设备、新产品试制或试验等。另外，在某些按单件小批组织生产、管理上又要求分批计算成本的单步骤简单生产的企业，也可以采用分批法。其成本计算实体是各批产品，成本计算期是各批产品的生产周期。

（三）分步法

分步法是以各步骤产品作为成本计算对象，归集生产费用，计算半成品与产成品总成本和单位成本的成本计算方法。分步法主要适用于大量大批连续式多步骤复杂生产类型的企业，如造纸、水泥、冶金、纺织工业等。在某些大量流水线生产的装配式复杂生产的企业，也可以采用分步法来计算产品成本，以便及时地计算出对外出售半成品的成本，加强成本管理。其成本计算实体是各步骤产品的半成品和产成品，其成本计算期是月份（与会计报告期一致）。

二、产品成本计算的辅助方法

在产品品种、规格繁多的工业企业，为了简化成本计算工作，还应用一种简便的成本计算方法——分类法。分类法是按照产品类别归集生产费用，先计算各类产品的总成本，然后再按一定标准分配计算类内各种产品成本的方法。分类法并不是一种独立的方法，它只是成本计算的辅助方法，它必须与品种法或分批法、分步法结合起来应用。

在定额管理基础较好的工业企业，还应用着一种将符合定额的生产费用和脱离定额差异分别核算，以保证成本计划、定额完成的产品成本计算方法——定额法。定额法是为了加强对定额的管理和产品成本的控制，及时反映和监督生产费用和产品成本脱离定额的差异而采用的成本计算方法。

为了加强企业内部成本控制，可采用一种只计算产品的标准成本，而将成本差异直接计入当期损益的成本计算方法——标准成本法。为了提高成本计算结果的准确性，可采用一种将间接费用按成本动因进行分配的成本计算方法——作业成本法。

三、产品成本计算方法在实际工作中的应用

由于实际工作中的情况比较复杂，企业在进行成本计算时不能单独采用一种成本计算方法来进行成本计算。因而在一种产品的成本计算中，也有可能将几种成本计算方法结合起来应用。

由于企业生产的产品种类较多，生产车间也很多，这就有可能出现几种产品成本计算方法的同时使用情况。一家企业的各个生产车间的生产类型不同，可以采用不同的成本计算方法。一些工业企业所生产的产品不止一种，并且这些产品的特点不同，其生产类型也可能不同，应当采用不同的成本计算方法计算成本。在工业企业中，通常设有基本生产车间和辅助生产车间，由于基本生产车间和辅助生产车间的生产特点和管理要求不同，因而应当采用不同的成本计算方法计算成本。

由于企业生产产品的特点不同，产品所经过的生产步骤的管理要求不同，致使采用的成本计算方法也有差异，可能同时结合使用几种成本计算方法来进行成本的计算。分类法和定额法是为简化成本计算工作和加强定额管理而采用的两种辅助方法，它们与生产类型的特点没有直接联系，在各种类型的生产中都可应用，但必须与基本的成本计算方法（即品种法、分批法、分步法）结合起来应用。

总之，在实际工作中，应当根据企业不同的生产特点和管理要求，考虑企业的规模和管理水平等具体条件，从实际出发，灵活运用各种成本计算方法，才能做好成本核算工作。

四、成本计算中的假设问题

成本核算过程中，存在一系列的不确定因素。为了保证成本核算工作的顺利进行，有必要对一些影响成本的不确定因素做出假设。成本计算中的假设主要有：

1. 发出材料不同计价方法的价值流与实物流一致假设

企业耗费的材料种类繁多，先后购入材料的数量与单价又不一致，因而发出材料是很难逐项辨认其单价的，这时只能采用加权平均法、先进先出法等不同的计价方法。采用的计价方法不同，计算结果也会有所不同。为此，需要假设发出材料不同计价方法的价值流与实物流是一致的。

2. 预计固定资产使用年限与实际使用年限一致假设

固定资产是可供企业长期使用的劳动工具，在使用过程中保持其原有的实物形态不变。固定资产的这一特点决定了要采用折旧的方式来反映其价值的逐渐转移，为此需要事先预计

固定资产的使用年限和残值，以便计算出每年固定资产的折旧费。这时需要假设预计固定资产使用年限与实际年限一致。

3. 间接成本分配标准与成本计算对象受益大小成正比假设

不同成本计算对象之间共同发生的成本，要按照一定的标准分摊。这些间接成本有很多种分配标准，这些分配标准可以是产品产量(产品的重量、体积、面积以及件、台、个等)、产品工时、产品消耗定额等，这些都是假设间接成本的分配标准与各种产品受益的大小成正比。

4. 不同生产情况下在产品估价的不同假设

有的企业以月份作为成本计算期，而且期末有在产品，就必须将期初在产品成本与本期发生的成本合计起来，再按一定标准分配给期末在产品与产成品。这时对期末在产品的估价需要从生产实际出发，做出种种恰当的假设。例如，对于连续式生产企业的直接人工与制造费用，可假设各工序在产品加工量是均匀递增，而且成本也随之递增，就有“约当产量法”的应用；对于装配式生产企业的各项成本，可假设在产品和产成品的耗费成正比，要么都节约，要么都浪费，就有“定额比例法”的应用；假设各月在产品没有变化，就有“在产品成本按年初固定数计算法”等方法。

5. 成本计算期内同一产品单位成本相等假设

企业对先后生产的同一产品，通常分别计算其单位成本。但是，除少数小批单件生产企业外，多数大量生产企业，其产品生产周期较短(一般在1个月以内)，而且是不断地陆续投产、陆续生产，要一一计算其单位成本，事实上十分困难。因此，只能人为地划分为若干时间单位(一般以公历月份为时间单位)，按该时间内的总成本与产量，计算其平均单位成本，以便比较不同成本计算期间(各月份)生产同种产品单位成本的差别。在这种情况下，需要假设成本计算期内(1个月份内)生产的每一产品的单位成本是相等的。

6. 企业持续经营成本持续补偿假设

企业取得的销售收入，必须全额补偿其所费成本，才能顺利进行再生产。但是，成本的所费与补偿不可能同时进行，总是所费在先、补偿在后，这就需要假设企业是处于长期持续经营状况，而不考虑企业被兼并或破产及物价变动等因素。

本章小结

本章首先阐述了生产特点和管理要求对产品成本计算的影响，然后简要叙述了产品成本计算的基本方法和辅助方法，以及产品成本计算方法在实际工作中的应用。最后还对成本计算中的假设问题进行说明。

1. 成本计算的目的引导着成本的归集和分配，使生产经营成本通过一系列中间对象，最终计算出产品总成本和单位成本。成本计算对象是为了计算经营业务成本而确定的归集经营费用的各个对象，也是成本的承担者。成本计算对象可以是一件产品、一项服务、一位顾客、一种商标、一项作业或者一个部门等。

2. 生产特点和成本管理要求决定成本计算方法的三个基本要素：成本计算对象、成本计算期、生产费用在完工产品和月末在产品之间的分配。在这三个基本要素中，成本计算对象不同，产生了以成本计算对象为显著标志的三种不同的成本计算方法，即品种法、分步法和分批法。除此之外，还有分类法和定额法等辅助生产方法。

3. 在实际工作中，根据企业不同的生产特点和管理的要求，考虑企业的规模和管理水平等具体条件，从实际出发，在成本计算过程中，可能会同时应用几种成本计算方法或者结合应用几种成本计算方法来计算产品成本。

4. 成本计算中的假设主要有：(1)发出材料不同计价方法的价值流与实物流一致假设；(2)预计固定资产使用年限与实际使用年限一致假设；(3)间接成本分配标准与成本计算对象受益大小成正比假设；(4)不同生产情况下在产品估价的不同假设；(5)成本计算期内同一产品单位成本相等假设；(6)企业持续经营成本持续补偿假设。

关键概念

成本计算　　成本计算对象　　大量生产　　成批生产　　单件生产　　单步骤生产　　多步骤生产

思考题

1. 制造业的生产按生产组织特点可分为哪几种方式？
2. 生产组织特点和管理要求对产品成本计算有何影响？
3. 制造业的生产按生产工艺的特点可分为哪几种方式？
4. 生产工艺特点和管理要求对产品成本计算有何影响？
5. 产品成本计算的基本方法有哪些？
6. 简述产品成本计算的辅助方法。
7. 成本计算中的假设有哪些？

自测题

一、判断题

1. 企业的生产按其生产组织方式的特点划分，可分为大量生产、成批生产和单件生产。（　　）
2. 企业的生产按其工艺过程的特点划分，可分为单步骤生产和多步骤生产两类。（　　）
3. 在大量大批生产的企业里，其成本计算期一般是在产品完工时进行计算。（　　）
4. 在单件小批生产的企业里，其成本计算期一般是定期于月末进行计算。（　　）

5. 成本计算的辅助方法是从基本方法中延伸出来或与基本方法配套才能使用的方法。 ( )

6. 不论什么组织方式的制造企业,不论什么生产类型的产品,也不论成本管理要求如何,最终都必须按照产品品种计算出产品成本。 ( )

7. 企业应当根据其生产经营的特点、生产经营组织类型和成本管理要求,选择恰当的成本计算对象,确定成本计算方法。 ( )

8. 采用品种法时,一般每月月末计算产品成本。 ( )

9. 产品成本计算的品种法主要适用于大批大量单步骤生产或管理上不要求提供有关生产步骤成本信息的多步骤生产。 ( )

10. 如果企业生产的产品属于大量大批多步骤且要求分步计算产品成本,则应采用品种法计算产品成本。 ( )

11. 为保证企业各种产品成本计算方法的可比性,同一企业同一车间对于不同的产品只能采用同一种成本计算方法。 ( )

12. 同一企业的不同车间由于其生产特点和管理要求不同,可分别采用不同的成本计算方法。 ( )

二、单项选择题

1. 生产的特点和管理的要求对成本计算方法的影响主要表现在( )。

A. 生产组织的特点　　B. 工艺过程的特点

C. 生产管理的要求　　D. 产品成本计算对象的确定

2. 在大量生产的企业里,要求连续不断地重复生产一种或若干种产品,因而管理上只要求而且也只能按照( )。

A. 产品的批别计算成本　　B. 产品的品种计算成本

C. 产品的类别计算成本　　D. 产品的步骤计算成本

3. 在大量大批管理上不要求计算各步骤成本的多步骤生产的企业里,应采用的成本计算方法是( )。

A. 品种法　　B. 分批法　　C. 分类法　　D. 分步法

4. 在大量大批单步骤生产或管理上不要求分步骤计算成本的多步骤生产企业里,应采用的成本计算方法是( )。

A. 品种法　　B. 分批法　　C. 分类法　　D. 分步法

5. 最基本的成本计算方法是( )。

A. 品种法　　B. 分批法　　C. 分类法　　D. 分步法

6. 区别产品成本计算方法的最主要标志是( )。

A. 产品成本计算对象　　B. 产品成本计算期

C. 完工产品与在产品之间的费用分配　　D. 要素费用的归集与分配

7. 某大型发电企业,不能在技术上划分为步骤,对此企业适合采用的成本计算方法是(　　)。

A. 分批法　B. 品种法　C. 分步法　D. 定额法

三、多项选择题

1. 成本计算的基本方法有(　　)。

A. 品种法　B. 分批法　C. 分类法　D. 分步法

E. 定额法

2. 下列属于成本计算对象的有(　　)。

A. 一件产品　B. 一项服务　C. 一位顾客　D. 一种商标

E. 一项作业

3. 工业企业的生产,按其生产组织特点划分,可分为(　　)。

A. 大量生产　B. 成批生产　C. 单步骤生产　D. 单件生产

E. 多步骤生产

4. 工业企业的生产按其工艺过程的特点划分,可分为(　　)。

A. 大量生产　B. 成批生产　C. 单步骤生产　D. 单件生产

E. 多步骤生产

5. 产品生产的特点对成本计算方法的影响主要表现在(　　)。

A. 成本计算对象　B. 成本计算期　C. 成本项目　D. 成本归集的程序

E. 在产品计价方法

6. 下列关于产品成本计算方法的叙述,正确的有(　　)。

A. 品种法下一般定期计算产品成本

B. 分批法下成本计算期与产品生产周期基本一致,而与核算报告期不一致

C. 分步法下,成本核算的对象是各种产品的生产步骤

D. 分步法适用于纺织企业、服装企业和冶金企业

四、不定项选择题

1. 某生产车间生产 A、B 两种产品,202×年 5 月发生与产品生产相关的经济业务如下:

(1)生产过程中领用材料 500 千克,单价 80 元/千克,本月投入 A 产品 20 件、B 产品 10 件,定额消耗量分别为 15 千克/件,20 千克/件,按定额消耗量比例分配。

(2)生产过程中发生生产人员工资 30 000 元,A 产品耗用 2 000 小时,B 产品耗用 3 000 小时。发生制造费用 20 000 元。生产人员工资和制造费用均按工时比例分配。

(3)本月 A、B 产品月初均无在产品。A 产品完工后发现不可修复废品 2 件,本月全部完工;B 产品完工 5 件,在产品 5 件,每件定额成本 2 000 元,用定额成本计价法计算 B 产品完工产品和月末在产品成本。

要求:根据以上资料回答下列问题:

①B 产品完工产品的成本为(　　)元。

A. 36 000　　B. 44 000　　C. 23 000　　D. 46 000

②A 产品不可修复废品的成本为(　　)元。

A. 9 200　　B. 4 600　　C. 2 200　　D. 4 400

③B 产品所耗的制造费用为(　　)元。

A. 15 000　　B. 10 000　　C. 12 000　　D. 8 000

④A 产品消耗的生产人员工资为(　　)元。

A. 10 000　　B. 18 000　　C. 12 000　　D. 30 000

⑤A 产品消耗材料的成本为(　　)元。

A. 20 000　　B. 24 000　　C. 30 000　　D. 16 000

实务题

1. 目的：练习生产特点和管理要求对成本计算方法的影响。

2. 资料：经华纺织厂创建于 1990 年，注册资本 5 000 万元，拥有棉纺锭 6 万枚，布机 500 台，年生产棉纱 3 万吨，坯布 7 000 万米。年均销售收入 4 亿元，利税 3 000 万元。

(1)生产工艺

主要原材料是各级原棉，经过纺纱和织布两道工序一次完成产品生产。

纺纱工序是将棉花经过多工序加工制成棉纱。经华纺织厂纺纱工序设有前纺车间和后纺车间。前纺车间的工艺是清花、梳棉、精梳、并条、粗纱，后纺车间的工艺是细纱、络筒。

织布工序是将棉纱经过多工序加工制成棉布。经华纺织厂织布工序设有准备车间、布机车间和整理车间。准备车间的工艺是整经、浆纱和穿筘，布机车间的工艺是织布，整理车间的工艺是验布和修补。

公司除设有 5 个基本生产车间外，还设有供电车间、供水车间、供气车间和维修车间 4 个辅助生产车间。

(2)主要产品

经华纺织厂的产品共分两大系列、5 种产品，包括 3 种纯棉棉纱 32S、40S、60S，2 种棉布经纬 100(幅宽)和经纬 130(幅宽)。纯棉棉纱 32S 全部对外销售，纯棉棉纱 40S、60S 不经过半成品库，直接转移到织布车间，全部用于生产棉布。

(3)管理要求

为加强成本管理，厂财务部要对各车间生产的半成品进行考核，集团公司也要对半成品成本进行检查和评比。

3. 要求：根据经华纺织厂的生产特点和管理要求，说明该公司各种成本计算应选择的方法。

第八章

品种法

本章要点

- 了解品种法的特点、适用范围
- 熟练掌握品种法的成本计算程序及账务处理

本章引言

本章主要介绍成本计算品种法的特点、适用范围及品种法的基本程序。在大量大批单步骤或大量大批多步骤的生产企业，如果管理上不要求计算半成品成本，则成本计算方法一般采用品种法。品种法是以全厂某月生产的某种产品作为成本计算对象，归集生产费用，计算各种产品的总成本与单位成本。任何一种成本计算方法最终的成本计算对象都是每一种产品，所以品种法是成本计算方法中最基本的方法。

素养提升

本章主要使学生了解企业产品成本核算的基本方法，重点通过品种法掌握产品成本核算的基本流程，使学生熟悉并严格遵守国家有关法律法规，培养学生良好的职业道德和职业操守，树立团结务实的工作作风，增强会计职业归属感。

第一节　品种法概述

一、品种法及其特点

品种法又称简单法，是以产品品种为成本计算对象来归集生产费用、计算产品成本的一种方法。品种法主要适用于大量大批单步骤生产企业。较典型的有热力发电厂、煤炭采掘企业。由于生产的工艺过程不能间断，如发电厂高压锅炉产生蒸汽，推动汽轮机高速转动，汽轮机再带动发电机转动产生电力，中间不能中断。煤炭采掘也是如此，不论是机采还是手采，只要有采掘动作，就有煤块从煤炭矿体中剥离下来。因此，没有必要也不可能分生产步骤计算产品成本，只能以产品品种作为成本计算对象。

实际上，品种法的适用范围很广。它主要适用于大量大批单步骤生产企业，如发电厂、铸造厂、自来水厂、采掘企业、玻璃制品厂等企业。在大量大批多步骤生产企业中，从企业自身管理的要求及条件出发，同样也可采用品种法。如卷烟厂、印染厂、砖瓦厂、水泥厂、造纸厂等就是大量大批多步骤生产，在实践中也可采用品种法。

品种法主要适用于单步骤大量大批生产企业，这样的生产类型就决定了品种法在成本计算对象、成本计算期和生产费用分配方面具有如下特点：

1. 以产品品种作为成本计算对象

品种法的成本计算对象是每种产品。因此，在进行成本计算时，需要为每一品种产品设置一张产品成本计算单。如果企业只生产一种产品，成本计算对象就是该种产品，那么只需要为这一产品设置一张成本计算单，并在计算单中按成本项目设置专栏。生产中所发生的直接费用，可以直接根据有关凭证或费用分配表分成本项目全部列入这一产品的成本计算单中。

如果企业生产多种产品，成本计算对象则是每种产品，需要按每种产品分别设置产品成本计算单。生产中发生的生产费用，要区分直接费用和间接费用，凡是能分清应由某种产品负担的直接费用，应直接计入该种产品的成本计算单中。对于几种产品共同耗用而又分不清应由哪种产品负担多少数额的间接费用，应采用适当的分配方法，在各种产品之间进行分配，然后分别计入各个产品成本计算单的有关成本项目中。

2. 定期按月计算产品成本

采用品种法计算产品成本的企业，从生产工艺过程看，主要是单步骤生产，当然也有的是多步骤生产；再从生产组织方式上看，大多是大量大批生产，是连续不断地重复着某一种或几种产品的生产。生产周期短，有的几小时，有的几天就形成了产品。因此，不可能产品一完工就计算产品成本。因此，只能按会计的报告期，也就是以每个月为成本计算期，定期计算产品成本。

3. 完工产品成本和在产品成本的计算

月末计算产品成本时，如果没有在产品，或者在产品数量很少，占用生产费用数额不大，按照重要性原则，可以不计算在产品成本，成本计算单中所归集的全部生产费用，就是该产品的完工产品总成本;如果月末有在产品,而且数量较多,占用生产费用也较大,就需要将所归集的生产费用,采用适当的分配方法,在完工产品和月末在产品之间进行分配,并分别计算出完工产品成本和月末在产品成本。

二、品种法的成本计算程序

品种法是产品成本计算方法中最基本的方法。因此,产品成本计算的一般程序也就是品种法的成本计算程序。

品种法成本计算程序可概括为以下几个步骤:

(1)按产品品种分别设置生产成本明细账、成本计算单,并按成本项目设置专栏,以归集生产费用和计算成本。

(2)按要素费用的分配、跨期摊提费用的分配、辅助生产费用的分配、制造费用的分配这一顺序,编制各种生产费用分配表,将生产费用在各成本核算对象之间进行分配。

(3)计算完工产品总成本、单位成本以及在产品成本。月末,根据各种产品成本明细账归集的本月生产费用与月初在产品费用,求得各产品生产费用总和,并采用适当的方法,计算出完工产品的总成本,然后根据本月完工产品实际产量,计算出完工产品的单位成本。

第二节　品种法的应用

一、企业生产概况

荣丰工厂为大量大批多步骤生产类型的小型企业,其成本管理制度不要求计算各步骤半成品成本,该企业有一个基本生产车间,生产甲、乙两种产品。另有一个机修车间,该辅助生产车间的各项制造费用不通过“制造费用”账户核算,其发生额直接归集在“生产成本——辅助生产成本”账户中。该厂根据产品的生产特点和成本管理的要求,采用品种法计算产品生产成本,并设置直接材料、直接人工、动力费用及制造费用四个成本项目。202×年8月份有关成本计算资料如表8—1、表8—2、表8—3、表8—4所示。

表8—1　　**产量资料**　　单位:件

项　目	甲产品	乙产品
月初在产品	1 200	600
本月投产	8 800	7 000
本月完工	8 400	6 800
月末在产品	1 600	800

表 8—2 **月初在产品成本** 单位:元

产品	直接材料	直接人工	动力费用	制造费用	合计
甲产品	5 400	2 760	2 160	2 520	12 840
乙产品	3 900	1 980	1 560	1 860	9 300

表 8—3 **材料定额消耗量及生产工时、修理工时记录**

产品	定额消耗量	生产工时	部门	修理工时
甲产品	8 800 千克	25 200 小时	基本生产车间	700 小时
乙产品	12 600 千克	29 200 小时	管理部门	100 小时
合计	21 400 千克	54 400 小时	合计	800 小时

表 8—4 **本月发生各项费用资料** 单位:元

费用要素＼用途	甲乙产品共同	基本生产车间一般耗用	辅助生产车间耗用	企业管理部门耗用	合计
材料	86 028	5 200	6 800	3 200	101 228
工资	40 800	6 800	7 700	14 500	69 800
福利费	5 712	952	1 078	2 030	9 772
外购动力	24 480	2 620	5 700	3 000	35 800
折旧费		11 000	3 000	4 000	18 000
跨期摊提(其他应付款)		4 800	2 800	2 400	10 000
其他费用		11 000	3 000		14 000

二、成本计算程序及有关账务处理

(一)编制各项费用分配表,分配各项费用

1. 按材料用途编制材料费用分配表,如表 8—5 所示。

表 8—5 **材料费用分配表**

202×年 8 月 单位:元

分配对象		发生额	共同耗用分配			耗用合计
			定额消耗量	分配率	分配额	
基本生产车间	甲乙产品共用	86 028	21 400	4.02	86 028	86 028
	甲产品		8 800	4.02	35 376	35 376
	乙产品		12 600	4.02	50 652	50 652
	一般耗用	5 200				5 200

续表

分配对象	发生额	共同耗用分配			耗用合计
		定额消耗量	分配率	分配额	
辅助生产车间	6 800				6 800
管理部门	3 200				3 200
合　计	101 228				101 228

根据材料费用分配表，编制会计分录如下：

借：生产成本——基本生产成本(甲产品)　　35 376
　　生产成本——基本生产成本(乙产品)　　50 652
　　制造费用　　5 200
　　生产成本——辅助生产成本(机修车间)　　6 800
　　管理费用　　3 200
　贷：原材料　　101 228

2. 根据各车间、部门的工资计算单及规定的职工福利费计提比例，编制工资及福利费分配表，如表 8—6 所示。

表 8—6　　工资及职工福利费分配表

202×年 8 月　　单位：元

分配对象	工资费用	共同耗用分配			工资分配额	职工福利费 (14%)
		生产工时	分配率	分配额		
甲乙产品共用	40 800	54 400	0.75	40 800	40 800	5 712
甲产品		25 200	0.75	18 900	18 900	2 646
乙产品		29 200	0.75	21 900	21 900	3 066
基本生产车间	6 800				6 800	952
辅助生产车间	7 700				7 700	1 078
管理部门	14 500				14 500	2 030
合　计	69 800				69 800	9 772

根据工资及职工福利费分配表，编制会计分录如下：

借：生产成本——基本生产成本(甲产品)　　18 900
　　生产成本——基本生产成本(乙产品)　　21 900
　　制造费用　　6 800
　　生产成本——辅助生产成本(机修车间)　　7 700
　　管理费用　　14 500
　贷：应付职工薪酬——工资　　69 800
借：生产成本——基本生产成本(甲产品)　　2 646
　　生产成本——基本生产成本(乙产品)　　3 066

制造费用 952

生产成本——辅助生产成本(机修车间) 1 078

管理费用 2 030

贷:应付职工薪酬——职工福利费 9 772

3. 根据各车间、部门的电表计量和结算的电费以及生产工时记录,编制外购动力费用分配表,如表 8—7 所示。

表 8—7 **外购动力费用分配表**

202×年 8 月 单位:元

分配对象		发生额	共同耗用分配			耗用合计
			生产工时	分配率	分配额	
基本生产车间	甲乙产品共用	24 480	54 400	0.45	24 480	24 480
	甲产品		25 200	0.45	11 340	11 340
	乙产品		29 200	0.45	13 140	13 140
	一般耗用	2 620				2 620
辅助生产车间		5 700				5 700
管理部门		3 000				3 000
合 计		35 800				35 800

根据外购动力费用分配表,编制会计分录如下:

借:生产成本——基本生产成本(甲产品) 11 340

生产成本——基本生产成本(乙产品) 13 140

制造费用 2 620

生产成本——辅助生产成本(机修车间) 5 700

管理费用 3 000

贷:应付账款 35 800

4. 根据各车间、部门固定资产折旧的计提资料,编制固定资产折旧费用分配表,如表 8—8 所示。

表 8—8 **固定资产折旧费用分配表**

202×年 8 月 单位:元

车间、部门	折旧计提额
基本生产车间	11 000
辅助生产车间	3 000
管理部门	4 000
合 计	18 000

根据固定资产折旧费用分配表,编制会计分录如下:

借:制造费用 11 000

生产成本——辅助生产成本(机修车间) 3 000

管理费用 4 000

贷:累计折旧 18 000

5. 根据其他应付款明细账上所记录的保险费,依照本月应摊销的金额,编制预付费用分配表,如表 8—9 所示。

表 8—9 **预付费用分配表**

202×年 8 月 单位:元

分配对象	项　目	摊销额
辅助生产车间	保险费	2 800
管理部门	保险费	2 400
基本生产车间	保险费	4 800
合　计		10 000

根据预付费用分配表,编制会计分录如下:

借:生产成本——辅助生产成本(机修车间) 2 800

管理费用 2 400

制造费用 4 800

贷:其他应付款——保险费 10 000

6. 企业日常所发生的其他费用,在平时已经入账,因此,不需要再编制其他费用分配表。在学习成本计算时,为了使成本内容构成不致缺少该部分,故根据有关记录,编制其他费用分配表,如表 8—10 所示。

表 8—10 **其他费用分配表**

202×年 8 月 单位:元

分配对象	办公费	差旅费	其　他	合　计
基本生产车间	4 000	5 000	2 000	11 000
辅助生产车间	1 000	1 500	500	3 000
合　计	5 000	6 500	2 500	14 000

根据其他费用分配表,编制会计分录如下:

借:制造费用 11 000

生产成本——辅助生产成本(机修车间) 3 000

贷:银行存款 14 000

(二)生产费用在成本类账户中的归集与分配以及成本计算

1. 根据上述各种费用分配表和其他有关资料,归集辅助生产费用,如表 8—11 所示。

表 8—11 **辅助生产成本明细账**

车间名称:机修车间 单位:元

202×年		凭证号	摘　要	材料费	工资及福利费	动力费	折旧费	保险费	其　他	合　计
月	日									
8	31		根据材料分配表	6 800						6 800
			根据工资分配表		7 700					7 700
略	略	略	根据福利费分配表		1 078					1 078
			根据动力费用分配表			5 700				5 700
			根据折旧费用分配表				3 000			3 000
			根据预付费用分配表					2 800		2 800
			根据其他费用分配表						3 000	3 000
			月末转出	6 800	8 778	5 700	3 000	2 800	3 000	30 078

2. 将归集在辅助生产成本明细账上的费用,按修理工时进行分配,并从该明细账中转出,如表 8—12 所示。

表 8—12 **辅助生产费用分配表**

车间名称:机修车间　　202×年 8 月　　单位:元

受益部门	修理工时	分配率	分配金额
基本生产车间	700 小时		26 320
管理部门	100 小时		3 758
合　计	800 小时	37.60	30 078

根据辅助生产费用分配表,编制会计分录如下:

借:制造费用　　26 320

　　管理费用　　3 758

　贷:生产成本——辅助生产成本(机修车间)　　30 078

3. 根据上列各种费用分配表和有关资料,归集制造费用,如表 8—13 所示。

表 8—13 **制造费用明细账**

车间名称：基本生产车间 单位：元

202×年		凭证号	摘 要	机物料	工资及福利费	水电费	折旧费	保险费	维修费	其 他	合 计
月	日										
8	31		根据材料费用分配表	5 200							5 200
			根据工资分配表		6 800						6 800
略	略	略	根据福利费分配表		952						952
			根据动力分配表			2 620					2 620
			根据折旧分配表				11 000				11 000
			根据预付费用分配表					4 800			4 800
			根据其他费用分配表							11 000	11 000
			根据辅助生产费用分配表						26 320		26 320
			月末转出	5 200	7 752	2 620	11 000	4 800	26 320	11 000	68 692

4. 将所归集在制造费用明细账上的费用，按产品生产工时进行分配，并从该明细账中转出，如表 8—14 所示。

表 8—14 **制造费用分配表**

车间名称：基本生产车间 202×年 8 月 单位：元

产品名称	生产工时	分配率	分配金额
甲产品	25 200 小时		31 752
乙产品	29 200 小时		36 940
合 计	54 400 小时	1.26	68 692

根据制造费用分配表，编制会计分录如下：

借：生产成本——基本生产成本（甲产品） 31 752

　　生产成本——基本生产成本（乙产品） 36 940

　贷：制造费用 68 692

5. 根据各种费用分配表及成本计算单，按产品分别登记基本生产成本明细账，如表 8—15、表 8—16 所示。

表 8—15　　基本生产成本明细账

本月完工：8 400 件

产品名称：甲产品　　期末在产品：1 600 件　　单位：元

202×年 月	202×年 日	凭证号	摘　要	直接材料	直接人工	动力费用	制造费用	合　计
略	略	略	期初在产品	5 400	2 760	2 160	2 520	12 840
			根据材料分配表	35 376				35 376
			根据工资费用分配表		18 900			18 900
			根据福利费分配表		2 646			2 646
			根据动力费用分配表			11 340		11 340
			根据制造费用分配表				31 752	31 752
			结转完工产品成本	34 252	22 193	12 326	31 292	100 063
			期末在产品成本	6 524	2 113	1 174	2 980	12 791

表 8—16　　基本生产成本明细账

本月完工：6 800 件

产品名称：乙产品　　期末在产品：800 件　　单位：元

202×年 月	202×年 日	凭证号	摘　要	直接材料	直接人工	动力费用	制造费用	合　计
略	略	略	期初在产品	3 900	1 980	1 560	1 860	9 300
			根据材料费用分配表	50 652				50 652
			根据工资费用分配表		21 900			21 900
			根据福利费分配表		3 066			3 066
			根据动力费用分配表			13 140		13 140
			根据制造费用分配表				36 940	36 940
			结转完工成本	48 810	25 449	13 884	36 645	124 788
			期末在产品成本	5 742	1 497	816	2 155	10 210

6. 根据基本生产成本明细账，按产品分别计算产品成本（原材料在生产开始时一次投入，在产品完工程度为 50%），如表 8－17、表 8－18 所示。

表 8－17　　产品成本计算单(甲产品)

202×年 8 月

本月完工：8 400 件　　期末在产品：1 600 件　　单位：元

项　目		直接材料	直接人工	动力费用	制造费用	合　计
期初在产品成本		5 400	2 760	2 160	2 520	12 840
本月生产费用		35 376	21 546	11 340	31 752	100 014
生产费用合计		40 776	24 306	13 500	34 272	112 854
分配率		4.077 6	2.642	1.467 4	3.725 2	—
完工产品	总成本	34 252	22 193	12 326	31 292	100 063
	单位成本	4.08	2.64	1.47	3.72	11.91
期末在产品成本		6 524	2 113	1 174	2 980	12 791

表 8－17 分配率以及分配额计算如下：

直接材料分配率 $=\dfrac{40\ 776}{8\ 400+1\ 600}=4.077\ 6$

完工产品直接材料＝8 400×4.077 6＝34 252(元)

期末在产品直接材料＝40 776－34 252＝6 524(元)

直接人工分配率 $=\dfrac{24\ 306}{8\ 400+1\ 600\times 50\%}=2.642$

完工产品直接人工＝8 400×2.642＝22 193(元)

期末在产品直接人工＝24 306－22 193＝2 113(元)

动力费用分配率 $=\dfrac{13\ 500}{8\ 400+1\ 600\times 50\%}=1.467\ 4$

完工产品动力费用＝8 400×1.467 4＝12 326(元)

期末在产品动力费用＝13 500－12 326＝1 174(元)

制造费用分配率 $=\dfrac{34\ 272}{8\ 400+1\ 600\times 50\%}=3.725\ 2$

完工产品制造费用＝8 400×3.725 2＝31 292(元)

期末在产品制造费用＝34 272－31 292＝2 980(元)

表 8—18 **产品成本计算单(乙产品)**

202×年 8 月

本月完工:6 800 件　　期末在产品:800 件　　单位:元

项　目		直接材料	直接人工	动力费用	制造费用	合　计
期初在产品成本		3 900	1 980	1 560	1 860	9 300
本月生产费用		50 652	24 966	13 140	36 940	125 698
生产费用合计		54 552	26 946	14 700	38 800	134 998
分配率		7.177 9	3.742 5	2.041 7	5.388 9	—
完工产品	总成本	48 810	25 449	13 884	36 645	124 788
	单位成本	7.18	3.74	2.04	5.39	18.35
期末在产品成本		5 742	1 497	816	2 155	10 210

表 8—18 分配率以及分配额计算与表 8—17 计算程序相同,此处略。

根据甲、乙产品成本计算单,结转完工产品成本,编制会计分录如下:

借:库存商品——甲产品　　100 063

　贷:生产成本——基本生产成本(甲产品)　　100 063

借:库存商品——乙产品　　124 788

　贷:生产成本——基本生产成本(乙产品)　　124 788

本章小结

本章主要介绍了成本计算的基本方法——品种法。品种法的特点是:以每种产品为成本计算对象,按月计算产品成本,月末根据情况将生产费用在完工产品和在产品之间进行分配。品种法的基本程序是:按产品设置生产成本明细账,编制各种费用分配表,计算各种产品总成本和单位成本。在实际工作中,企业必须根据其生产特点,并考虑成本管理的要求,灵活运用品种法。品种法既可以单独运用,也可以与其他成本计算方法结合运用。

关键概念

品种法

思考题

1. 什么是产品成本计算的品种法?其特点有哪些?

2. 简述品种法的适用范围。

3. 简述品种法的成本计算程序。

4. 在生产单一产品和多种产品的企业,应用品种法计算产品成本有什么不同?

自测题

一、判断题

1. 品种法适用于大量大批单步骤生产的企业,也适用于大量大批多步骤生产的企业,如发电厂、卷烟厂等。 ( )

2. 按品种法计算产品成本时,不需要将生产费用在各种产品之间进行分配,全部生产费用由完工产品负担。 ( )

3. 因为品种法适用于大量大批单步骤生产的企业,所以成本可以定期进行,也可以不定期进行。 ( )

4. 凡是大量大批多步骤生产的企业,无论管理上是否需要分步骤计算成本,一律采用品种法。 ( )

5. 成本计算方法有多种,最终都必须按产品品种计算成本,因而品种法是成本计算方法中最基本的方法,应用范围最广泛。 ( )

6. 根据企业生产经营特点和管理要求,单步骤、大量生产的产品一般采用品种法计算产品成本。 ( )

二、单项选择题

1. 品种法是以( )作为成本计算对象。

A. 产品的生产车间 B. 产品的品种 C. 产品的批别 D. 产品的类别

2. 品种法适用于( )。

A. 大量大批单步骤生产 B. 大量大批多步骤生产

C. 小批单件生产 D. 大量大批复杂生产

3. 采用品种法计算产品成本,成本计算期( )。

A. 与会计报告期一致 B. 与会计报告期不一致

C. 与生产周期一致 D. 与营业周期一致

4. 下列各项中,关于产品成本计算品种法的表述正确的是( )。

A. 成本计算期与财务报告期不一致 B. 以产品品种作为成本计算对象

C. 以产品批别作为成本计算对象 D. 广泛适用于小批或单件生产的企业

5. 下列各种产品成本计算方法中,适用于大量生产、单步骤生产的是( )。

A. 品种法 B. 分批法

C. 逐步结转分步法 D. 平行结转分步法

6. 下列生产企业中适用于品种法核算成本的是( )。

A. 精密仪器制造　B. 造船企业　C. 供电企业　D. 纺织企业

7. 甲公司为单步骤简单生产企业，只生产A产品，月初月末在产品比较稳定，计算产品成本时可以不予考虑。202×年1月份，A产品共发生材料费用300万元，直接人工100万元，制造费用50万元，共生产A完工产品500件，则该A产品的单位成本为(　　)万元/件。

A. 0.8　B. 0.9　C. 450　D. 500

三、多项选择题

1. 根据其生产特点，下列(　　)适宜采用品种法。

A. 煤矿　B. 发电厂　C. 自来水厂　D. 机械制造厂

2. 品种法适用于(　　)。

A. 大量大批单步骤生产

B. 大量大批多步骤生产，但管理上不要求按步骤计算成本

C. 小批单件生产

D. 大量大批多步骤生产

3. 下列各项中，关于品种法的表述正确的有(　　)。

A. 不定期计算产品成本

B. 适用于大量大批、单步骤生产的企业

C. 以产品的品种作为开设生产成本明细账的依据

D. 生产费用在期末不需要在完工产品和在产品之间进行分配

四、不定项选择题

1. 某企业设有一个基本生产车间，连续大量生产M、N两种产品，采用品种法计算产品成本。材料成本按照定额消耗量比例在M、N产品之间进行分配。M产品定额消耗量为900千克，N产品定额消耗量为500千克。直接人工成本和制造费用按工时比例在M、N产品之间进行分配，生产M产品耗用定额工时3 000小时，生产N产品耗用定额工时4 500小时，M产品月初无在产品，N产品月初在产品成本如下：直接材料6 320元，直接人工2 200元，制造费用1 000元。202×年10月该企业发生与产品生产相关的经济业务如下：

(1)从仓库领用生产M、N两种产品共同耗用的原材料300千克，成本总额为28 000元。原材料在开始生产时一次投入。

(2)本月共发生职工薪酬26 250元，其中车间生产人员薪酬18 750元，车间管理人员7 500元。

(3)本月车间发生费用30 000元，其中计提固定资产折旧22 500元，支付车间用房日常维修费7 500元。

(4)N产品采用约当产量法计算完工产品与月末在产品成本。月末N产品完工90件，在产品70件，在产品完工率按50%计算。

要求：根据上述资料，不考虑其他因素，分析回答下列小题：

①根据期初资料和资料(1),下列各项中关于该企业本月分配直接材料成本的计算结果正确的是(　　)。

A. N 产品应分担的材料成本为 11 200 元

B. M 产品应分担的材料成本为 18 000 元

C. N 产品应分担的材料成本为 10 000 元

D. M 产品应分担的材料成本为 16 800 元

②根据期初资料和资料(2),下列各项中关于该企业本月分配直接人工成本的计算结果正确的是(　　)。

A. M 产品应分担的直接人工成本为 10 500 元

B. N 产品应分担的直接人工成本为 15 750 元

C. N 产品应分担的直接人工成本为 11 250 元

D. M 产品应分担的直接人工成本为 7 500 元

③根据资料(3),下列各项中,关于该企业固定资产折旧费和维修费相关科目的会计处理表述正确的是(　　)。

A. 支付车间用房的日常维修费,借记“管理费用”科目

B. 计提车间固定资产的折旧费,借记“生产成本”科目

C. 支付车间用房的日常维修费,借记“制造费用”科目

D. 计提车间固定资产的折旧费,借记“制造费用”科目

④根据期初资料和资料(2)和(3),下列各项中,关于该企业本月分配制造费用结果正确的是(　　)。

A. M 产品分担的制造费用为 12 000 元

B. N 产品分担的制造费用为 22 500 元

C. M 产品分担的制造费用为 15 000 元

D. N 产品分担的制造费用为 18 000 元

⑤根据期初资料和资料(1)至(4),下列各项中,计算结果正确的是(　　)。

A. N 产品本月完工产品总成本为 32 544 元

B. N 产品本月完工产品的材料成本为 9 180 元

C. N 产品本月末在产品成本为 16 226 元

D. N 产品本月末在产品的人工成本为 3 760 元

2. 某企业为增值税一般纳税人,适用的增值税税率为 13%。原材料按实际成本法进行核算,发出存货采用先进先出法计价。该企业仅生产 X 产品,采用品种法进行成本核算。原材料随生产过程陆续投入使用,制造费用单独核算。月末生产费用在完工产品和在产品之间按约当产量比例法进行分配。

(1)月初库存 Y 材料 1 000 千克,每千克实际成本 300 元。3 日购进 Y 材料 2 000 千克。增值税专用发票上注明价款 24 万元,增值税税额 3.12 万元。增值税发票已认证,可以抵扣。全部款项用银行转账已付讫,但货物尚未收到。15 日全部货物已验收并入库。

(2)领用Y材料2 000千克,其中:16日生产耗用1 750千克,17日车间一般耗用250千克。

(3)月末,当月职工薪酬16万元,其中:生产车间工人薪酬10万元,车间管理人员薪酬2万元,行政管理人员薪酬4万元。

(4)月末,计提固定资产折旧10万元,其中:生产车间7万元,行政管理部门3万元。

(5)生产X产品,月初无在产品。本月完工数量880件,月末在产品数量300件,平均完工进度40%。

要求:根据上述资料,不考虑其他因素,分析回答下列小题(选项中的金额单位用万元表示):

①根据资料(1),下列各项中,关于该企业与购进材料相关的会计处理,正确的是(　　)。

A. 采购材料时:

借:在途物资　24

　应交税费——应交增值税(进项税额)　3.12

　贷:银行存款　27.12

B. 验收入库时:

借:原材料　24

　贷:材料采购　24

C. 验收入库时:

借:原材料　24

　贷:在途物资　24

D. 采购材料时:

借:材料采购　24

　应交税费——应交增值税(进项税额)　3.12

　贷:银行存款　27.12

②根据期初资料、资料(1)和资料(2),生产X产品耗用的Y材料直接成本为(　　)万元。

A. 39　B. 54　C. 45.5　D. 42

③根据资料(3),分配职工薪酬的下列相关科目处理结果正确的是(　　)。

A. 借记"生产成本"10万元　B. 借记"管理费用"4万元

C. 借记"制造费用"2万元　D. 贷记"应付职工薪酬"16万元

④根据资料(2)至资料(4),制造费用应核算的金额是(　　)万元。

A. 15　B. 12　C. 20　D. 25

⑤根据资料(1)至(4),下列各项中关于X产品成本计算结果正确的是(　　)。

A. X产品本月完工产品总成本为50.56万元

B. X产品本月末在产品成本为7.32万元

C. X产品本月材料费用分配率为0.039

D. X产品本月末在产品应负担的制造费用为1.44万元

实务题

1. 目的：练习品种法。

2. 资料：某铸造厂为增值税一般纳税人，设有一个基本生产车间，大量生产A、B两种产品，原材料在生产开始时一次投入。另有供电、机修两个辅助生产车间，辅助车间的各项制造费用不通过“制造费用”账户核算，直接归集在“生产成本——辅助生产成本”账户中。因生产特点为大量大批单步骤生产，故企业采用品种法进行产品成本计算。202×年12月份成本核算资料如下：

(1)月初在产品成本：

A产品月初在产品成本为5 760元，其中：直接材料3 000元，直接人工1 760元，制造费用1 000元。B产品无月初在产品。

(2)本月发生的有关经济业务如下：

①材料领用情况：

A产品12 000元。

B产品30 000元。

基本生产车间领用一般消耗材料1 500元。

供电车间领用一般消耗材料300元。

机修车间领用一般消耗材料800元。

企业行政管理部门领用一般消耗材料1 000元。

②工资资料：

基本生产车间：生产工人工资40 000元，车间管理人员工资6 000元。

供电车间工人工资5 000元。

机修车间工人工资3 000元。

企业行政管理部门工资26 000元。

③以银行存款支付的有关支出如下：

基本生产车间：办公费800元，劳动保护费360元。

供电车间：外购动力费11 000元，办公费1 800元，劳动保护费1 200元。

机修车间：办公费380元，劳动保护费400元。

④固定资产折旧费用为：基本生产车间5 000元，供电车间2 000元，机修车间1 000元，企业行政管理部门4 000元。

⑤其他原始记录资料：本月份供电车间提供22 000度电，其中：基本生产动力用电14 000度，照明用电1 000度；机修用电2 000度；企业行政管理部门用电5 000度。

机修车间提供经常性修理劳务400小时，其中：基本生产车间耗用200小时，供电车间耗用100小时，企业行政管理部门耗用100小时。

实际生产工时与产量为：A产品2 000小时，本月完工200件，月末在产品100件，完工程度50%。B产品3 000小时，本月完工100件，月末无在产品。

(3)企业费用分配的有关规定：

生产工人工资按产品的实际工时比例分配(不考虑其他因素)。

辅助生产费用采用直接分配法。

制造费用按照产品的实际工时比例分配。

完工产品和在产品的费用分配采用约当产量法。

3. 要求：

(1)根据以上成本核算资料，编制材料费用分配、工资费用分配、其他费用分配和折旧费用分配的会计分录；

(2)对供电车间和机修车间的费用进行归集、分配，并编制会计分录；

(3)对制造费用进行归集、分配，并编制会计分录；

(4)计算A产品完工产品成本和在产品成本，计算B产品完工产品成本，并编制A、B产品完工入库的会计分录。

第九章

分批法

本章要点

- 掌握分批法的特点和适用范围
- 掌握简化分批法的特点和适用范围
- 熟练掌握分批法的计算程序及应用

本章引言

分批法是产品成本计算的基本方法之一。在单件、小批生产的企业里，产品的生产主要依赖于客户的订单。由于客户订单上定制产品的种类、规格、型号、数量各异，有时还有一些特殊要求，生产所耗用的材料、生产工艺过程也不尽相同，所以企业必须按照订单分批安排组织生产，核算产品成本。本章介绍产品成本计算分批法的特点和成本计算的一般程序及运用，并在此基础上，探讨简化分批法的特点及应用条件。分批法是产品成本计算的重要方法。

素养提升

本章主要使学生通过分批法掌握产品成本核算的基本流程，使学生熟悉分批法的适用特点，在掌握方法的同时培养学生严肃、认真的工作态度，并在此基础上培养正确的人生观、价值观。

第一节 分批法概述

一、分批法的特点

成本计算的分批法又称订单法，是指以产品的批别作为成本计算对象、归集生产费用、计算产品成本的方法。

单件、小批生产的企业通常按客户的订单组织生产。订单中产品的具体要求不同，使得企业必须将一张订单的产品成本与其他订单的产品成本区别开来。有些小批生产的企业不是按客户订单组织生产，而是根据企业事先制定的生产计划组织生产，由于各件、各批产品的种类规格不同，也要求分批计算产品成本。

分批法适用于单件、小批生产的企业，主要有以下几类：

(1)按照客户订单组织生产的企业。这类企业通常专门按照客户的订单要求，组织生产特殊、专用的产品，比如大型的机械船舶、小型的专用精密仪器。这类产品不会大批量生产，也不会定期重复生产，成本计算工作以客户的订单为依据。

(2)品种经常变化的小型企业。这类企业产品的品种、规格会经常随着市场的需求而发生变化，不可能设置流水线大量生产。符合小批量生产的特点，成本计算也应分批进行。

(3)试制新产品的车间。企业研发的新产品在试制车间生产时，属于单件或小批量生产，成本计算也应采用分批法。

(4)承揽修理业务的加工厂。企业在承揽修理业务时，通常要根据不同的修理劳务收取费用，而劳务费的收取往往是根据合同规定、按照成本加成的方式收取的，所以企业应分别核算每次劳务的成本，符合分批法核算的条件。

综合上述各种类型企业、车间的成本核算，分批法具有以下特点：

(一)成本计算对象

分批法的成本计算对象是产品的批别(或单件生产的件别)，即按照产品的批别开设的成本计算单，分别成本项目登记成本费用核算各批产品的成本。由于单件、小批生产的企业大多是按照客户的订单组织生产，所以通常按照订单划分产品批别，一张订单上的产品即分为一批。但是也有特殊情况，如果一张订单中包含几种产品，则应在订单内按品种划分批别，分批组织生产，并核算成本；如果一张订单中虽然只包含一种产品，但订货数量较多，不便于一次组织生产，可以根据企业的实际生产能力分为若干批，分别组织生产、核算成本；如果一张订单中只包含一种大型的复杂的产品，生产周期长、价值大(如大型的机械、船舶)，则可以根据该产品的组成部分划分批别，分批组织生产、核算成本；如果在同一时期内，企业收到的几张订单中包含有同种产品，企业可以将该种产品合并为一批，统一组织生产，但是成本仍需要按订单分别核算。

在各批产品的成本计算单上，都应分成本项目登记费用支出。直接材料和直接人工可以直接计入成本计算单，制造费用则应当选择适当的分配方法，在各批产品之间分配，并计入相应的成本计算单。

(二)成本计算期

分批法下，成本计算期不固定，与产品的生产周期一致。分批法以产品的批别作为成本计算对象，而一批产品一般情况下会同时完工，而且生产周期相对较短。因此，分批法一般是在各批产品生产完工后核算其成本，成本计算期与产品的生产周期一致，而与会计的报告期不一致。

(三)生产费用在完工产品与在产品之间的分配

如果一个批次内产品有跨月陆续完工且交货或已销售的情况，则需要将费用在完工产品与在产品之间进行分配。完工产品数量占批量比重较小时，为简化成本核算，可以按计划单位成本、定额单位成本或近期相同产品的实际单位成本计算结转完工产品成本。完工产品数量占批量比重较大时，则应根据具体情况，采用适当的方法(如约当产量法、定额比例法等)，在完工产品与月末在产品之间分配费用，计算结转完工产品成本。

二、分批法的成本计算程序

成本计算首先应按照产品的批别开设基本生产成本明细账(成本计算单)，然后可以按照以下程序计算各批产品的成本：

(1)根据各项费用发生的原始凭证和相关资料，编制各项要素费用的分配表，将要素费用在受益的产品或部门之间分配。

(2)根据各项要素费用分配表的分配结果，登记各批产品的基本生产成本明细账、辅助生产成本明细账、制造费用明细账、管理费用明细账等相关的账户。

(3)编制辅助生产费用分配表，将辅助生产成本明细账中归集的费用在各受益部门之间分配，并计入相应的明细账中。

(4)编制基本生产车间制造费用分配表。将制造费用明细账中归集的费用在各批产品之间分配，并计入各自的基本生产成本明细账中。

一般情况下，经过以上四个步骤，基本生产成本明细账中即归集了各批产品的全部生产成本，产品完工即可编制完工产品的成本汇总表。但是，若出现跨月陆续完工的情况，则还需增加一步，采用适当的方法，将生产费用在本月完工产品和月末在产品之间分配。然后编制完工产品的成本汇总表，计算完工产品的总成本和单位成本。

第二节　分批法的应用

例 9—1　某服装公司有两个基本生产车间，根据客户订单分批生产西装、校服、休闲装三种产品，采用分批法计算产品成本。202×年 8 月份的生产情况如表 9—1 所示。其中 802

批号的休闲装，本月完工 400 件，月末按照计划成本结转完工产品成本，计划单位成本如下：原材料 80 元，燃料和动力 15 元，工资及福利费 13.5 元，制造费用 12 元，合计单位成本 120.5 元。

表 9—1　　202×年 8 月份生产情况

批　号	产品名称	批　量	投产日期	完工日期
708	西装	500 套	7 月 16 日	8 月 12 日
801	校服	1 000 套	8 月 5 日	8 月 28 日
802	休闲装	1 200 件	8 月 19 日	9 月 12 日

各批产品月初在产品的成本及本月发生的生产费用见表 9—2、表 9—3、表 9—4。本月的材料费用分配表、燃料和动力费用表、工资及福利费分配表和制造费用分配表在此不再列示。

根据上述各项资料，登记各批产品的成本明细账，如表 9—2、表 9—3、表 9—4 所示。

表 9—2　　基本生产成本明细账

生产批号：708　　产品名称：西装　　投产日期：7 月 16 日

生产车间：一车间　　生产批量：500 套　　完工日期：8 月 12 日

单位：元

摘　要	原材料	燃料和动力	工资及福利费	制造费用	合　计
月初在产品成本	80 000	6 000	7 500	4 700	98 200
本月生产费用	8 000	4 800	5 600	3 500	21 900
累计生产费用	88 000	10 800	13 100	8 200	120 100
完工产品总成本	88 000	10 800	13 100	8 200	120 100
完工产品单位成本	176	21.6	26.2	16.4	240.2

表 9—3　　基本生产成本明细账

生产批号：801　　产品名称：校服　　投产日期：8 月 5 日

生产车间：一车间　　生产批量：1 000 套　　完工日期：8 月 28 日

单位：元

摘　要	原材料	燃料和动力	工资及福利费	制造费用	合　计
本月生产费用	100 000	22 000	16 300	10 800	149 100
完工产品总成本	100 000	22 000	16 300	10 800	149 100
完工产品单位成本	100	22	16.3	10.8	149.1

表 9—4　　　　基本生产成本明细账

生产批号:802　　产品名称:休闲装　　投产日期:8月19日

生产车间:二车间　　生产批量:1 200套　　完工日期:9月12日

(本月完工400件)　　单位:元

摘　要	原材料	燃料和动力	工资及福利费	制造费用	合　计
本月生产费用	78 000	15 500	12 650	9 970	116 120
单位完工产品计划成本	80	15	13.5	12	120.5
完工产品计划总成本	32 000	6 000	5 400	4 800	48 200
月末在产品成本	46 000	9 500	7 250	5 170	67 920

将上述完工产品各批产品的成本汇总,编制完工产品成本汇总表,见表9—5。

表 9—5　　　　完工产品成本汇总表　　　　单位:元

产品批号	产品名称	单位	完工数量	原材料	燃料和动力	工资及福利费	制造费用	合　计
708	西装	件	500	88 000	10 800	13 100	8 200	120 100
801	校服	件	1 000	100 000	22 000	16 300	10 800	149 100
802	休闲装	件	400	32 000	6 000	5 400	4 800	48 200

根据完工产品成本汇总表编制会计分录如下:

借:库存商品——西装　　120 100

　　　　——校服　　149 100

　　　　——休闲装　　48 200

　贷:生产成本——基本生产成本(708批)　　120 100

　　生产成本——基本生产成本(801批)　　149 100

　　生产成本——基本生产成本(802批)　　48 200

第三节　简化的分批法

在有些小批、单件生产的企业,同一个月内投产的批次较多,但是完工的批次较少时,共同负担的间接费用每月不仅需要在各批产品之间分配,而且还要在完工产品和月末在产品之间分配,使得间接费用的分配工作非常繁杂。为了简化费用的分配,可以采用简化的分批法。

简化的分批法又称为累计间接费用分配法,是一种只分批核算完工产品成本,对在产品成本不分批核算的分批法。这种方法对发生的间接费用并不在每个月都对各批产品分配,而是先累计起来,直到有完工产品出现的月份,采用累计的间接费用分配率,计算完工产品应负担的间接费用。对未完工的在产品应负担的间接费用暂时不分配,累积到完工时再予以分配。累计间接费用的分配率可计算如下:

$$\text{累计间接费用的分配率}=\frac{\text{月初结存的间接费用}+\text{本月发生的间接费用}}{\text{月初在产品累计工时}+\text{本月发生的工时数}}$$

$$\text{某批完工产品应负担的间接费用}=\text{该批完工产品的累计工时数}\times\text{累计间接费用的分配率}$$

简化的分批法下,账户的设置和登记具有以下特点:

(1)按照产品的批别设置"基本生产成本"明细账。明细账上日常只登记各批产品的直接费用(如直接材料)和生产工时。

(2)开设"基本生产成本"二级账,用来登记全部产品的全部费用和生产工时,包括月初在产品的费用、本月发生的生产费用和累计的生产费用,以及月初在产品的生产工时、本月发生的生产工时和累计的生产工时。

(3)在有完工产品出现月份的月末,将"基本生产成本"二级账中累计的间接费用,按照上述公式在各批完工产品之间分配。在产品应负担的间接费用不予分配,仍以总额反映在二级账中。这一分配过程将费用在各批产品之间的分配和在各批内完工产品与在产品之间的分配统一起来,均采用累计间接费用的分配率核算。

(4)月末,将各批完工产品应负担的间接费用从"基本生产成本"二级账和各自的"基本生产成本"明细账中转出。结转后,"基本生产成本"二级账中在产品的直接费用和生产工时数额,应等于各"基本生产成本"明细账中在产品的直接费用和生产工时数额之和。

与一般的分批法相比,简化的分批法有其自身的优缺点。优点主要表现在费用的分配工作简化了,"基本生产成本"明细账的登记工作也相应地简化了。未完工产品的批别越多,核算工作越简单。但也存在明显的不足:(1)由于在产品的间接费用以总额反映在"基本生产成本"二级账上,各批产品明细账上的在产品成本不能得到完整的反映;(2)由于间接费用采用先累计后分配的方法核算,当各月之间成本费用(尤其是间接费用)相差较大时,会影响到成本计算的准确性。因此,简化的分批法只有在各月之间间接费用水平相差不太大时才能采用。

例 9—2 某企业属于小批生产的工业企业,投产批别和未完工产品的批别都较多。为了简化成本核算,采用简化的分批法核算成本。202×年 8 月份生产产品如表 9—6 所示。

表 9—6　　202×年 8 月份生产情况

批　号	产品名称	批　量	投产日期	完工日期
615	甲产品	8 台	6 月 15 日	8 月 17 日
629	乙产品	10 台	6 月 29 日	8 月 25 日
717	丙产品	15 台	7 月 17 日	尚未完工
801	丁产品	10 台	8 月 1 日	尚未完工

该企业 8 月份的"基本生产成本"二级账和四个批别的产品成本计算如下:

(1)编制各项要素费用分配表(略)。

(2)根据各要素费用分配表登记"基本生产成本"二级账和四个批别的"基本生产成本"明细账等账户,如表 9—7、表 9—8、表 9—9、表 9—10、表 9—11 所示。

(3)将“基本生产成本”二级账中累计的间接费用，分配转入各完工批别的“基本生产成本”明细账，如表 9—7、表 9—8、表 9—9、表 9—10、表 9—11 所示。

(4)汇总编制各批完工产品的成本汇总表，如表 9—12 所示。

表 9—7 基本生产成本二级账 单位：元

月	日	摘 要	直接材料	生产工时	工资及福利费	制造费用	合 计
7	31	月末在产品成本	532 800	49 000	117 600	100 700	751 100
8	31	本月发生额	382 200	41 400	103 880	89 140	575 220
8	31	累计发生额	915 000	90 400	221 480	189 840	1 326 320
		累计间接费用分配率			2.45	2.10	
8	31	转出完工产品成本	562 000	56 000	137 200	117 600	816 800
8	31	月末在产品成本	353 000	34 400	84 280	72 240	509 520

表 9—7 中，完工产品的直接材料 562 000 元和生产工时 56 000 小时，来自各基本生产成本明细账中相应数据的汇总。

表 9—8 基本生产成本明细账

生产批号：615 投产日期：6 月 15 日 生产批量：8 台

产品名称：甲产品 完工日期：8 月 17 日 单位：元

月	日	摘 要	直接材料	生产工时	工资及福利费	制造费用	合 计
6	30	本月发生额	114 000	9 000			
7	31	本月发生额	197 800	18 400			
7	31	累计发生额	311 800	27 400			
8	31	本月发生额	20 200	2 600			
8	31	累计发生额	332 000	30 000			
		累计间接费用分配率			2.45	2.10	
		分配间接费用		30 000	73 500	63 000	
8	31	完工产品总成本	332 000	30 000	73 500	63 000	468 500

表 9—9 基本生产成本明细账

生产批号：629 投产日期：6 月 29 日 生产批量：10 台

产品名称：乙产品 完工日期：8 月 25 日 单位：元

月	日	摘 要	直接材料	生产工时	工资及福利费	制造费用	合 计
6	30	本月发生额	16 000	1 200			
7	31	本月发生额	129 000	13 600			
7	31	累计发生额	145 000	14 800			
8	31	本月发生额	85 000	11 200			
8	31	累计发生额	230 000	26 000			

续表

月	日	摘　要	直接材料	生产工时	工资及福利费	制造费用	合　计
		累计间接费用分配率			2.45	2.10	
		分配间接费用		26 000	63 700	54 600	
8	31	完工产品总成本	230 000	26 000	63 370	54 600	348 300

表 9—10　　基本生产成本明细账

生产批号:717　　投产日期:7 月 17 日　　生产批量:15 台

产品名称:丙产品　　完工日期:　　单位:元

月	日	摘　要	直接材料	生产工时	工资及福利费	制造费用	合　计
7	31	本月发生额	76 000	6 800			
8	31	本月发生额	130 000	14 400			
8	31	累计发生额	206 000	21 200			

表 9—11　　基本生产成本明细账

生产批号:801　　投产日期:8 月 1 日　　生产批量:10 台

产品名称:丁产品　　完工日期:　　单位:元

月	日	摘　要	直接材料	生产工时	工资及福利费	制造费用	合　计
8	31	本月发生额	147 000	13 200			

表 9—12　　完工产品成本汇总表

202×年 8 月　　单位:元

成本项目	甲产品(8 台)		乙产品(10 台)	
	总成本	单位成本	总成本	单位成本
直接材料	332 000	41 500	230 000	23 000
工资及福利费	73 500	9 187.50	63 700	6 370
制造费用	63 000	7 875	54 600	5 460
合　计	468 500	58 562.50	348 300	34 830

根据完工产品成本汇总表,编制会计分录如下:

借:库存商品——甲产品　　468 500

　　　　　——乙产品　　348 300

　贷:生产成本——基本生产成本(615 批)　　468 500

　　　生产成本——基本生产成本(629 批)　　348 300

本章小结

产品成本计算的基本方法分为品种法、分批法和分步法。在三种方法中，分批法相对较简便。

分批法的特点是以产品的批别作为成本计算对象，成本计算期与产品的生产周期一致，成本计算一般在一批产品全部完工后进行，生产费用一般不需要在完工产品与在产品之间分配。

分批法适用于单件、小批生产的企业。

分批法的成本核算程序是：(1)按产品的批别或订单开设基本生产成本明细账，账内按成本项目分设专栏。(2)根据各种费用分配表，将各项费用分别按产品批别或订单计入基本生产成本明细账中的有关成本项目。(3)产品完工月份，计算该批产品的总成本和单位成本，并结转产品成本。

简化的分批法适用于投产批数繁多而且月末完工批数较少、各月间接费用水平相差不大的企业。

在掌握分批法核算程序的同时，还应注意使用分批法的优缺点，以便在今后的实践工作中取长补短，更好地组织成本核算。

关键概念

分批法　　简化的分批法

思考题

1. 什么是分批法？它有何特点？
2. 分批法和品种法有何异同？
3. 什么是简化的分批法？
4. 简化的分批法在什么条件下才能使用？

自测题

一、判断题

1. 分批法适用于小批单件多步骤生产，且管理上不要求分步骤计算产品成本的企业。（　　）

2. 如果在同一时期内，企业接到不同购货单位要求生产同一产品的几张订单，企业应按订单分批组织生产，计算产品成本。（　　）

3. 采用分批法计算产品成本时，成本计算对象就是产品的批别。（　　）

4. 在分批法下，产品成本计算期与产品生产周期不一致，却与会计报告期一致。（　）

5. 如果在一张订单内规定一件大型复杂的产品，且价值大、生产周期长，可以按照产品的组成部分分批组织生产，计算成本。（　）

6. 为了使同一批产品能够同时完工，以减少生产费用在完工产品与在产品之间的分配工作，产品的批量越小越合理。（　）

7. 简化的分批法即不分批计算在产品成本的分批法。（　）

8. 采用简化的分批法，企业只开设基本生产成本二级账，不必再开设产品成本明细账。（　）

9. 采用简化的分批法，在没有完工产品的月份，各批产品成本明细账中仅登记各项间接费用和生产工时。（　）

10. 在小批单件生产的企业或车间中，如果同一月份投产的产品批数较多，就可以采用简化的分批法计算产品成本。（　）

11. 特殊情况下，分批法会计期末也会存在完工产品与在产品的分配。（　）

12. 在采用分批法计算产品成本的企业，应按批别设置制造费用明细账。（　）

二、单项选择题

1. 产品成本计算的分批法，又称为（　）。

A. 订单法　　B. 间接费用分配法

C. 简化的分批法　　D. 累计间接费用分配法

2. 如果在一张订单中规定有几种产品，产品批别应按（　）划分。

A. 订单　　B. 产品品种

C. 订单或产品品种　　D. 产品类别

3. 简化分批法与分批法的主要区别是（　）。

A. 不分批计算完工产品成本　　B. 不分批计算在产品成本

C. 不进行间接费用的分配　　D. 不分批核算原材料费用

4. 采用简化的分批法，在产品完工之前产品成本明细账上不登记（　）。

A. 原材料费用　　B. 制造费用

C. 生产工时　　D. 生产产品批号

5. 分批法的计算对象是（　）。

A. 产品品种　　B. 产品生产步骤

C. 产品批别　　D. 产品类别

6. 采用简化的分批法，累计间接费用分配率（　）。

A. 只是在各批产品之间分配间接费用的依据

B. 只是在完工批别和在产品批别之间分配费用的依据

C. 只是在某批产品的完工产品与在产品之间分配费用的依据

D. 既是在各批完工产品之间，也是在完工批别与月末在产品批别之间以及某批产品的

完工产品与在产品之间分配费用的依据

7. 产品成本计算的分批法适用于(　　)。

A. 大量大批单步骤生产　　B. 大量大批多步骤生产

C. 小批单件生产　　D. 成批生产

8. 在采用分批法计算产品成本时,如果一张订单内规定的是一件大型复杂的产品,其生产周期较长,作为成本计算对象的批别的是(　　)。

A. 不同订单中的同种产品　　B. 该订单中产品组成部分

C. 该订单中的产品　　D. 相同订单中的同种产品

9. 简化的分批法不适宜在下列情况下采用(　　)。

A. 各月间接费用水平相差较大　　B. 各月间接费用水平相差不大

C. 月末在产品批数较多　　D. 同月投产批数较多

10. 在采用分批法计算产品成本时,其成本计算期与(　　)。

A. 生产周期一致　　B. 生产周期不一致

C. 会计报告期一致　　D. 产品入库时间一致

11. 关于分批法计算成本的说法不正确的是(　　)。

A. 产品成本计算期与产品生产周期基本一致

B. 月末一般无须进行在产品与完工产品之间的费用分配

C. 适用于精密仪器制造

D. 不适用于重型机器制造

12. 不适合采用分批法进行成本核算的是(　　)。

A. 大量成批生产

B. 试制新产品项目

C. 根据市场的需求变化,不可能大批量生产的产品

D. 从事修理业务

13. 在下列产品成本计算方法中,一般不存在将成本费用在完工产品与在产品之间划分问题的是(　　)。

A. 分批法　　B. 品种法　　C. 逐步结转分步法　　D. 平行结转分步法

14. 采用分批法核算产品成本,在当月投产产品批次多而完工批次不多的情况下,间接计入费用的分配采用(　　)较好。

A. 当月分配法　　B. 直接分配法　　C. 实际分配率法　　D. 累计分配率法

三、多项选择题

1. 采用简化的分批法,月末(　　)。

A. 要在完工产品与在产品之间分配费用　　B. 只对完工产品分配间接费用

C. 只计算完工产品成本　　D. 不分批计算在产品成本

2. 简化的分批法适用于(　　)的情况。

A. 同月份投产的产品批数较多　　B. 月末完工产品批数较少
C. 月末在产品批数较多　　D. 各月间接费用水平相差不多

3. 简化的分批法具有的特点是(　　)。
A. 必须设立基本生产成本二级账
B. 产品完工时必须计算全部产品各项累计间接费用分配率
C. 月末,生产费用必须在完工产品和在产品之间分配
D. 用基本生产成本二级账代替产品成本明细账

4. 采用简化的分批法,设立基本成本二级账的作用是(　　)。
A. 可代替产品成本明细账
B. 可按月提供企业或车间全部产品的累计生产费用和累计生产工时
C. 可通过该账登记全部产品累计间接费用分配率,从而计算完工产品和在产品成本
D. 对产品成本计算更加准确

5. 采用分批法计算产品成本时,可能作为一批产品核算的是(　　)。
A. 同一订单中的不同产品　　B. 不同订单中的同一产品
C. 同一订单中某一产品的一个组成部分　　D. 同一订单中的同种产品

6. 累计间接计入费用分配率,其作用有(　　)。
A. 是各部门之间分配间接费用的依据
B. 是各批完工产品之间分配间接费用的依据
C. 是各批产品之间分配间接费用的依据
D. 是某批产品的完工产品与月末在产品之间分配费用的依据

7. 下列各项中,适宜采用分批法计算产品成本的有(　　)。
A. 造船　　B. 冶金　　C. 采掘　　D. 新产品试制

8. 下列关于分批法的说法中,不正确的有(　　)。
A. 分批法也称定额法
B. 分批法适用于小批单件及大批生产
C. 分批法适用于大量大批多步骤生产但管理上不要求分步骤计算产品成本的企业
D. 如果一张订单中规定有几种产品,也应合为一批组织生产
E. 按产品批别计算产品成本也就是按照订单计算产品成本

9. 采用分批法核算产品成本,对批内产品跨月完工情况的处理正确的是(　　)。
A. 先完工的产品,其成本要从“生产成本——基本生产成本”账户结转至“库存商品”账户
B. 由于该批产品尚未完全完工,无法计算该批产品的总成本和单位成本,所以需要对这部分先完工产品的成本进行估计
C. 部分完工产品成本可以按计划成本或定额成本从生产成本明细账转出
D. 部分完工产品成本可以按近期生产同类产品的实际成本进行估计
E. 对已经转账的完工产品成本,可不作账面调整

10. 下列关于简化分批法缺点的描述，正确的是(　　)。

A. 各批未完工产品基本生产成本明细账内不反映间接计入费用

B. 不能完整地反映各批产品的在产品成本

C. 由于累计分配率实际上是一种加权平均分配率，如各月间接计入费用水平相差悬殊，必然影响各月产品成本的准确性

D. 采用简化的分批法，可以减少间接计入费用分配和登记的工作量

E. 采用简化的分批法，需要增设基本生产成本二级账，增加了登记二级账的工作量

实务题

实务题一

1. 目的：练习典型的分批法。

2. 资料：某企业根据客户的订单生产各种产品，并对外承担修理业务。202×年 6 月份的生产情况如下：

5 月份投产的甲产品 10 台(批号 503)，本月全部完成。本月投产乙产品 6 台(批号 601)，计划下月完工，本月末提前完成两台，按计划成本结转其成本。为外厂代修机床一台(批号 602)，尚未完工。本厂技术更新自制设备一台(批号 603)，本月投产尚未完工。

6 月份成本资料如下：

(1)月初在产品成本(批号 503)：原材料 18 000 元，动力费 500 元，生产工人工资 1 500 元，制造费用 700 元，共计 20 700 元。

(2)本月发生的工时和费用见下表：

批　号	工时(小时)	原材料(元)
503	10 000	
601	5 600	9 000
602	1 400	1 000
603	400	1 200
合　计	17 400	11 200

生产工人工资 45 240 元，燃料动力 9 396 元，制造费用 31 320 元，各项费用按工时比例分配。

(3)乙产品(批号 601)，每台产品计划成本：原材料 1 600 元，燃料动力 800 元，生产工人工资 3 700 元，制造费用 2 400 元。

3. 要求：计算各批产品和劳务成本，填入下列表格。

费用分配表

项　目	工时(小时)	燃料动力(元)	工资(元)	制造费用(元)
分配率				
503				
601				
602				
603				
合　计				

产品成本计算单

批号:503　　产品名称:甲　　批量:10　　开工日期:5 月份　　完工日期:

摘　要	原材料	燃料动力	工　资	制造费用	合　计
月初在产品成本					
本月费用					
合计					
完工产品总成本					
单位成本					

产品成本计算单

批号:601　　产品名称:乙　　批量:6　　开工日期:6 月份　　完工日期:

摘　要	原材料	燃料动力	工　资	制造费用	合　计
本月费用					
完工产品总成本					
单位成本					
月末在产品成本					

劳务成本计算单

批号:602　　劳务名称:代修机床　　开工日期:6 月份　　完工日期:

摘　要	原材料	燃料动力	工　资	制造费用	合　计
本月费用					

自制设备成本计算单

批号：603　　产品名称：×设备　　批量：　　开工日期：6月份　　完工日期：

摘　要	原材料	燃料动力	工　资	制造费用	合　计
本月费用					

实务题二

1. 目的：练习简化的分批法。

2. 资料：某企业小批生产A02、B02和C02产品，由于投产批数较多，采用简化的分批法计算产品成本。该企业6月份生产情况如下：

(1)各批产品的批号、名称、生产情况见下列各产品成本计算单：

基本生产成本二级账

202×年		摘　要	原材料	工　时	人工费用	制造费用	合　计
月	日						
5	31	余　额					
6	30	本月发生额					
6	30	合　计					
6	30	累计间接费用分配率					
6	30	完工产品成本					
6	30	余　额					

基本生产成本明细账

批号：A02　　产品：102　　批量：10

投产日期：5月10日　　完工日期：6月28日　　单位：元

202×年		摘　要	原材料	工　时	人工费用	制造费用	合　计
月	日						
5	31	余　额					
6	30	本月发生额					
6	30	合　计					
6	30	累计间接费用分配率					
6	30	完工产品成本					
6	30	单位成本					

基本生产成本明细账

批号：B02　　产品：202　　批量：12

投产日期：5月15日　　完工日期：　　单位：元

202×年		摘　要	原材料	工　时	人工费用	制造费用	合　计
月	日						
5	31	本月发生额					
6	30	本月发生额					
6	30	合　计					
6	30	累计间接费用分配率					
6	30	完工产品成本					
6	30	单位成本					
6	30	余　额					

基本生产成本明细账

批号：C02　　产品：302　　批量：8

投产日期：5月25日　　完工日期：　　单位：元

202×年		摘　要	原材料	工　时	人工费用	制造费用	合　计
月	日						
5	31	本月发生额					
6	30	本月发生额					

(2)5月份各批产品生产费用如下：

批　别	产品名称	原材料	工　时	备　注
A02	102	5 200	2 880	
B02	202	21 600	11 300	原材料在生产开工时一次投入
C02	302	2 000	4 000	
合　计		28 800	18 180	

5月份该厂发生全部工资及福利费39 000元，制造费用27 000元。

(3)6月份各批产品发生费用如下：

批　别	产品名称	原材料	工　时	备　注
A02	102	16 000	4 320	全部完工
B02	202	—	15 300	完工5件，工时为15 000小时 在产品7件，工时为11 600小时
C02	302	5 200	2 200	
合　计		21 200	21 820	

6 月份该厂发生全部人工费用 61 000 元,制造费用 25 000 元。

3. 要求:

(1)根据上述资料计算完工产品和在产品成本,并填制各批产品成本明细账。

(2)编制完工产品入库的会计分录。

第十章

分步法

本章要点

- 熟悉分步法的特点和适用范围
- 掌握逐步结转分步法的计算程序以及综合结转分步法和分项结转分步法的结转方法
- 掌握平行结转分步法的计算程序以及平行结转分步法的结转方法

本章引言

在多步骤复杂生产的企业中,必须考虑半成品在各步骤的流转,必须按生产阶段分步骤计算产品成本,这就形成了产品成本计算的分步法。

分步法是以各生产阶段(步骤)和最后阶段的产成品为成本计算对象归集生产费用,计算产品成本的一种方法。它适用于大量、大批、多阶段连续式复杂生产,并且管理上要求按阶段核算成本的企业。分步法按各步骤是否计算半成品成本且是否与实物流转相一致,分为逐步结转分步法和平行结转分步法。逐步结转分步法按半成品成本在下一步骤反映的方式不同,又分为综合结转分步法和分项结转分步法。

本章主要讲述各种分步法的特点、适用范围以及运用这些方法进行成本计算的基本程序,并用实例说明各种方法的应用。

素养提升

本章主要使学生通过分步法掌握产品成本核算的基本流程,使学生熟悉分步法的适用特点。在讲解分步法时,要培养学生爱岗敬业、尽职尽责和团队同舟共济的合作意识,具有严谨的工作作风和敬业精神,营造和谐的人际关系氛围,增强团队凝聚力、执行力和亲和力,引导同学们在之后的道路中一步一个脚印地去创造属于自己的人生。同时,通过对比分步法与分批法的不同,理解不同成本核算方法导致不同成本信息的产生,进而影响管理层决策,培养学生良好的职业道德和职业操守,认识到企业成本信息的重要作用。

第一节　分步法概述

一、分步法的特点

产品成本计算的分步法,是以产品的品种及其所经过的生产步骤作为成本计算对象,开设生产成本明细账,归集生产费用,计算产品成本的一种方法。

分步法主要适用于大量大批的多步骤连续式复杂生产企业中,如冶金、纺织、化工、造纸等企业,也适用于大量、大批、装配式多步骤生产的企业。在这些企业中,产品生产可以划分为若干个生产步骤进行,能够按照生产步骤计算产品成本,同时,成本管理也要求按照生产步骤开设生产成本明细账,计算产品成本,以满足成本分析、考核方面的要求。

如纺织公司生产棉布,主要原材料为原棉,对原棉进行多工序加工,形成产成品——棉布。在生产棉布过程中,主要有纺纱工艺和织布工艺。纺纱工艺主要包括清花、梳棉、精梳、并条、粗纱、细纱、络筒等工序,形成棉纱;织布工艺主要包括整经、浆纱、穿筘、织布、整理等工序,形成产成品——棉布。根据企业的生产特点和管理要求,需计算棉纱和棉布的成本,所以企业应采用分步法进行成本核算。

分步法的主要特点表现在以下几个方面:

(一)成本计算对象

分步法以产品的品种及其所经过的生产步骤作为成本计算对象。因此,在计算产品成本时,应按照产品的生产步骤设立生产成本明细账。这里所说的步骤是成本计算上的步骤,与实际的产品生产步骤的口径可能是一致的,也可能不一致。为了简化计算工作,可以只对成本管理上有必要分步骤计算产品成本的生产步骤单独开设生产成本明细账,单独计算成本;管理上不要求单独计算产品成本的生产步骤,则可与其他生产步骤合并计算成本。另外,成本计算上的生产步骤与车间的概念有时是一致的,有时也不一致。在按生产步骤设立车间的企业中,一般按步骤计算成本,也就是按车间计算成本。如果企业生产规模很大,车间内又分成几个生产步骤,而管理上又要求分步计算成本时,也可以在车间内再按生产步骤计算成本。相反,如果企业规模很小,管理上又不要求分车间计算成本时,也可将几个车间合并为一个生产步骤来计算成本。

在分步下,各步骤发生的费用,能直接计入该步骤各种成本计算对象的,则直接计入;不能直接计入该步骤各种成本计算对象的,应先按生产步骤归集,月末采用适当的分配方法分配计入。

(二)成本计算期

由于分步法主要适用于大量大批的多步骤生产企业,其生产组织特点决定了产品生产周期较长,可以间断,而且往往都是跨月进行,产品陆续完工,无法准确划分生产周期。因此,基于及时进行成本考核分析的需要,成本计算工作一般都是按月、定期地进行,这与会计报告期一致,而与产品的生产周期不一致。

(三)生产费用在完工产品与在产品之间的分配

由于分步法主要适用于大量大批的多步骤生产企业,原材料不断投入,产成品不断产出,在每月月末计算产品成本时,各生产步骤一般或多或少总有在产品,因此,还需要将汇集在各种产品、各生产步骤产品成本明细账中的生产费用,采用适当的分配方法,在完工产品与在产品之间进行分配,计算各产品、各生产步骤的完工产品成本和在产品成本。

二、分步法的分类

由于分步法是按产品的生产步骤进行的,上一步骤生产的半成品就成为下一步骤生产的加工对象。因此,为了计算各种产品的产成品成本,还需要按照产品品种,在各生产步骤间结转半成品的成本。

在实际工作中,根据成本管理对各步骤成本资料的不同要求(要不要计算半成品成本),以及对简化成本计算工作的考虑,各生产步骤成本的计算和结转通常采用逐步结转和平行结转两种不同的方法。因此,产品成本计算的分步法也就相应地分为逐步结转分步法和平行结转分步法两种。

逐步结转分步法又称“计列半成品成本法”“顺序结转分步法”或“连续结转分步法”。它是以产品品种及其所经过的加工步骤作为产品成本计算对象,按照产品加工步骤的顺序逐步计算、结转半成品成本,直至最后生产步骤,计算出产成品成本的一种分步法。

平行结转分步法也称“不计算半成品成本法”或“不计列半成品成本法”,是指在计算产品成本时,各生产步骤不计算本步骤所产半成品成本,也不计算本步骤耗用上一步骤半成品成本,只计算本步骤所发生的生产费用和这些费用中应计入产成品成本的“份额”,并将相同产品各步骤中应计入产成品成本的“份额”平行结转、汇总,计算出产成品成本的一种分步法。

第二节　逐步结转分步法的应用

一、逐步结转分步法的特点

逐步结转分步法,就是按照产品的生产步骤逐步结转半成品成本,最后计算出产成品成本。

在采用分步法计算成本的大量大批多步骤生产中,由于种种原因而使成本管理上需要提供各生产步骤的半成品成本资料，这主要表现在以下几个方面：

首先，各生产步骤所产的半成品不仅由本企业进一步加工，而且还经常作为商品对外销售，例如钢铁企业的生铁、钢锭，纺织企业的棉纱等。为了计算这些对外销售的半成品成本，全面地考核和分析商品产品成本计划的执行情况，就有必要计算这些半成品的成本。

其次，有的半成品尽管不一定对外销售，但为本企业多种产品所耗用，例如造纸厂所产的纸浆、机械制造企业所产的铸件等，为了分别计算各种产品的成本，也需要计算这些半成品的成本。

最后，在实行厂内经济核算或责任会计的企业中，为了全面考核和分析各生产步骤内部各单位的生产耗费情况，也需要随着半成品实物在各生产步骤之间的转移，逐步计算和结转半成品成本。或者由于行业之间进行成本的比较、评比，也需要计算这些半成品的成本。

逐步结转分步法的成本计算对象是各种产成品的成本及其各步骤的半成品成本。它的基本特点是各步骤的半成品成本要随着半成品实物转移而进行结转，逐步计算各步骤的半成品成本和最后步骤的产成品成本。

二、逐步结转分步法的成本计算程序

采用逐步结转分步法，各生产步骤所耗上一步骤半成品的成本，要随着半成品实物的转移而结转。其具体结转程序为：首先根据第一生产步骤发生的生产费用，计算出第一步骤的半成品成本，由于第一生产步骤的半成品要转移到第二生产步骤继续加工，第一步骤的半成品成本也将随之结转到第二生产步骤的相同产品的成本明细账中；第二生产步骤在第一生产步骤转来的半成品成本的基础上，加上本步骤发生的生产费用，计算出第二步骤的半成品成本，由于第二步骤的半成品要转移到第三生产步骤继续加工，第二步骤的半成品成本也将随之结转到第三生产步骤的成本明细账中。以此类推，随着生产步骤的逐次推移而逐步结转累计，直至最后一个生产步骤，计算出完工产品的总成本和单位成本。逐步结转分步法的成本结转程序如图 10－1、图 10－2 所示。

图 10－1　逐步结转分步法成本计算程序图(不经过半成品库)

在图 10－1 中，各步骤半成品完工后，直接为下一步骤所领用，所以完工半成品成本可以在各步骤的成本计算单之间直接结转，各步骤半成品成本的结转要随其实物的转移而转移。在图 10－2 中，各步骤半成品完工后，各步骤完工的半成品通过半成品库收发，就需要设置“自制半成品”账户进行核算。在第一步骤完工半成品验收入库时，应根据完工转出的半成品成本

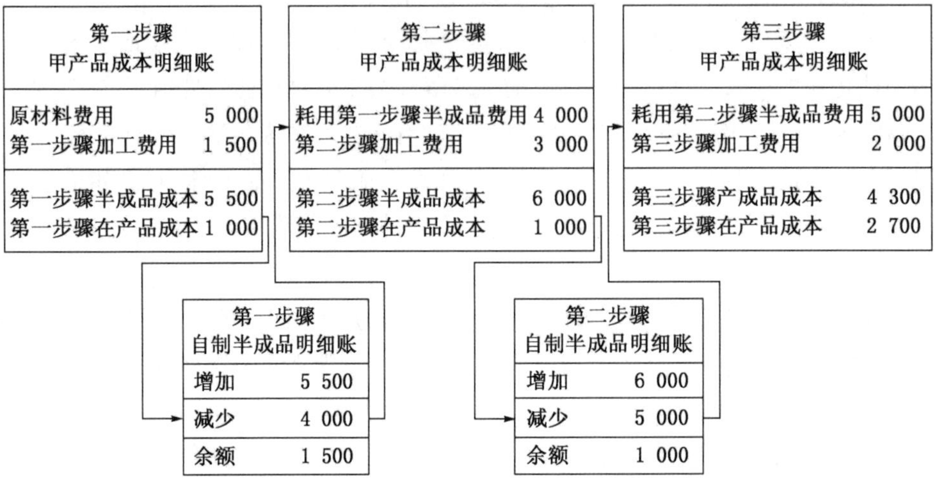

图 10—2 逐步结转分步法成本计算程序图(经过半成品库)

借记“自制半成品”账户,贷记“生产成本——基本生产成本”账户;第二步骤领用第一步骤的自制半成品时,再做相反的会计分录。“自制半成品”账户,应按照自制半成品的类别或品种设置明细账,其收发的明细核算可以比照材料收发的明细核算处理。

通过图 10—1 和图 10—2 的计算程序还可以看出,在逐步结转分步法下,每月月末各项生产费用(包括所耗用上一步骤半成品成本)在各步骤产品成本明细账中归集以后,如果该步骤既有完工的半成品(最后步骤为产成品),又有正在加工中的在产品,为了计算完工的半成品(最后步骤为产成品)和正在加工中在产品的成本,还应将各步骤产品成本明细账中归集的生产费用,采用适当的分配方法,在完工半成品(最后步骤为产成品)与正在加工中的在产品之间进行分配,然后通过半成品的逐步结转,在最后一个步骤的产品成本明细账中,计算出完工产成品成本。上述计算程序表明,每一个生产步骤都是一个品种法,逐步结转分步法实际上就是品种法的多次连接应用。

三、逐步结转分步法的分类

采用逐步结转分步法,按照结转的半成品成本在下一步骤产品成本明细账中的反映方式的不同,又可分为综合结转分步法和分项结转分步法。

(一)综合结转分步法及成本还原方法

综合结转分步法的特点是将各步骤所耗用的上一步骤的半成品成本不分直接材料、直接人工和制造费用等成本项目,而是以“直接材料”或专设的“半成品”项目综合计入各步骤的产品成本明细账中。

在综合结转方式下,如果半成品实物的流转程序是不通过半成品仓库收发而直接向下一步骤转移,则上一步骤的半成品成本就等额直接转入下一步骤成本计算单中的“直接材料”或“半成品”成本项目。

例如，某企业生产 A 产品分三个步骤，各步骤完工半成品直接转入下一步骤加工，原材料在生产开始时一次投入，有关资料如表 10－1、表 10－2 所示。

表 10－1　　产量资料

项　目	单　位	第一步骤	第二步骤	第三步骤
月初在产品	件	20	20	50
本月投入或上步骤转入	件	80	60	50
本月完工入库	件	60	50	80
月末在产品	件	40	30	20
在产品完工程度		50%	50%	50%

表 10－2　　成本资料　　单位：元

成本项目	月初在产品成本			本月发生费用		
	第一步骤	第二步骤	第三步骤	第一步骤	第二步骤	第三步骤
直接材料	400	550	5 250	1 600		
直接人工	250	155	1 300	1 150	1 600	1 490
制造费用	300	200	1 400	1 300	1 750	2 200
合　计	950	905	7 950	4 050	3 350	3 690

根据以上资料，登记各步骤成本计算单，如表 10－3、表 10－4、表 10－5 所示。

表 10－3　　第一步骤成本计算单　　单位：元

摘　要	产　量	直接材料	直接人工	制造费用	合　计
月初在产品成本	20	400	250	300	950
本月生产费用	80	1 600	1 150	1 300	4 050
生产费用合计	100	2 000	1 400	1 600	5 000
单位成本		20	17.5	20	57.5
完工转出半成品成本	60	1 200	1 050	1 200	3 450
月末在产品成本	40	800	350	400	1 550

表 10－4　　第二步骤成本计算单　　单位：元

摘　要	产　量	直接材料	直接人工	制造费用	合　计
月初在产品成本	20	550	155	200	905
本月生产费用	60	3 450	1 600	1 750	6 800
生产费用合计	80	4 000	1 755	1 950	7 705
单位成本		50	27	30	107
完工转出半成品成本	50	2 500	1 350	1 500	5 350
月末在产品成本	30	1 500	405	450	2 355

表 10—5　　第三步骤成本计算单　　单位:元

摘　要	产　量	直接材料	直接人工	制造费用	合　计
月初在产品成本	50	5 250	1 300	1 400	7 950
本月生产费用	50	5 350	1 490	2 200	9 040
生产费用合计	100	10 600	2 790	3 600	16 990
单位成本		106	31	40	177
完工转出产成品成本	80	8 480	2 480	3 200	14 160
月末在产品成本	20	2 120	310	400	2 830

通过上例第三步骤产品成本计算单中可以看出,表现在产成品成本 14 160 元中的绝大部分费用是第三步骤所耗第一步骤和第二步骤的半成品成本,而直接人工、制造费用只是第三车间发生的费用,在产品成本中所占的比重很小。显然,这不符合产品成本构成(各成本项目占全部成本的比重)的实际情况。所以,在管理上要求提供按原始成本项目反映的产成品成本资料时,就需要逐步进行成本还原。

所谓成本还原,就是从最后一个步骤开始,将所耗用上一步骤半成品的综合成本逐步分解为按直接材料、直接人工、制造费用等原始成本项目反映的产成品成本资料。

成本还原的对象就是本月本步骤产品成本中所耗用上一步骤的半成品成本。成本还原的具体程序是从最后一个生产步骤开始,将各步骤所耗上一步骤半成品的综合成本,逐步倒算,分解还原,直到第一步骤。

成本还原的方法通常有还原百分比法和还原分配率法两种。

1. 成本还原百分比法

成本还原百分比法是按照半成品各成本项目占全部成本的比重进行还原。采用这种方法,首先要确定各步骤完工产品的成本结构,即各成本项目占全部成本的比重;然后将产成品成本中的半成品综合成本乘以前一步骤该种半成品的各成本项目的比重,就可以把综合成本进行分解;如果成本计算步骤是两步以上,那么第一次成本还原后,还会有未还原的半成品成本,这时应将未还原的半成品成本再乘以前一步骤该种半成品的各成本项目的比重,以此类推,直到半成品成本还原为原始的成本项目为止。

现以表 10—3、表 10—4、表 10—5 资料为例,列示成本还原计算表,如表 10—6 所示。

表 10—6　　成本还原计算表(百分比还原法)　　单位:元

项　目	成本结构(%)		还原前产成品成本	成本还原		还原后产成品成本
	第一步骤	第二步骤		第一次还原	第二次还原	
	①	②	③	④	⑤	⑥
直接材料	34.78	46.73	8 480	3 963	1 378	1 378
直接人工	30.43	25.23	2 480	2 140	1 206	5 826

续表

项　目	成本结构(%)		还原前产成品成本	成本还原		还原后产成品成本
	第一步骤	第二步骤		第一次还原	第二次还原	
	①	②	③	④	⑤	⑥
制造费用	34.79	28.04	3 200	2 377	1 379	6 956
合　计	100	100	14 160	8 480	3 963	14 160

2. 成本还原分配率法

成本还原分配率法是按各步骤所耗上一步骤的半成品成本占上一步骤所产该完工半成品总成本的比重进行还原。

采用这种方法的计算程序是，首先确定产成品成本中所耗上一步骤半成品成本占上一步骤本月所产该种半成品总成本的比重，即成本还原分配率，其计算公式为：

$$成本还原分配率=\frac{本月产成品所耗上一步骤半成品成本}{本月所产该种半成品成本合计}$$

然后以成本还原分配率分别乘以上一步骤本月所产该种半成品各成本项目的成本，即可将所耗用半成品的综合成本进行分解、还原。

仍以表10—3、表10—4、表10—5资料为例，列示成本还原计算表，如表10—7所示。

表10—7　　成本还原计算表(还原分配率法)　　单位:元

项　目		还原分配率	直接材料	直接人工	制造费用	合　计
还原前产成品成本			8 480	2 480	3 200	14 160
本月所产半成品成本	第一步骤		1 200	1 050	1 200	3 450
	第二步骤		2 500	1 350	1 500	5 350
成本还原	第三步骤	$\frac{8\ 480}{5\ 350}=1.585$	3 963	2 140	2 377	8 480
	第二步骤	$\frac{3\ 963}{3\ 450}=1.149$	1 379	1 206	1 378	3 963
还原后产成品总成本			1 379	5 826	6 955	14 160

采用上述方法进行成本还原，是基于产成品中所耗用的自制半成品以前月份所产的部分较小，或者各月所产自制半成品的成本结构变动不大的情况下，从而未考虑以前月份所产自制半成品的成本结构对本月产成品所耗用自制半成品成本结构的影响，只按本月所产半成品成本结构进行分解。但由于以前月份所产半成品的成本构成与本月所产半成品的成本构成不可能完全一致，因此，在各月所产半成品的成本构成变动较大的情况下，按照上述方法进行成本还原，对还原结果的准确性就会有较大的影响，这时就应将产品成本计算单中的月初在产品成本、本月生产费用和月末在产品成本中所耗上一步骤半成品的综合成本，全部按原始的成本项目进行分解，并根据月初在产品成本加上本月生产费用减去月末在产品成本等于完工产品成本的计算原理，计算出按原始成本项目反映的完工产品成本。但如此就会使成本还

原方法的计算工作陷入复杂化。

从上例可以看出，采用综合结转法逐步结转半成品成本，从各步骤的成本计算单中可以看出各步骤产品所耗上一步骤半成品费用的水平和本步骤加工费用的水平，从而便于各生产步骤进行成本管理。因此，这种结转方法只适用于成本管理上要求计算各步骤完工产品所耗半成品成本而不要求进行成本还原的企业。

（二）半成品按计划成本综合结转法

半成品成本按实际成本综合结转，这样能够保证产品成本计算的客观性和真实性，较为直观且符合实际情况。但是，通过上例可以看出，后一生产步骤产品的成本计算，只有在上一步骤半成品成本计算出来后才能进行，这就不能保证成本计算和分析的及时性；另外，上一步骤半成品成本水平直接影响了后一生产步骤产品的成本水平，不利于分清责任，进行成本的有效控制。因此，企业也可以按计划成本对半成品成本进行综合结转。

采用半成品按计划成本计价综合结转法，半成品的日常收发的明细核算均按计划单位成本进行核算，期末在半成品实际成本计算出来后，再根据计算出来的半成品成本差异率，调整所耗半成品的计划成本。但在实际工作中，半成品的成本差异不需另设账户进行专门核算，而是直接在自制半成品明细账内归集和分配，使发出的半成品直接调整为实际成本。

例如，某企业生产M产品分两个步骤：第一步骤生产出半成品L交半成品库验收；第二步骤按所需向半成品库领用，半成品按计划成本计价，原材料在生产开始时一次投入，月末在产品完工程度50%，如表10—8所示。

表10—8　　自制半成品明细账

产品名称：L半成品　　计划单位成本100元　　单位：元

项　目		7月份	8月份	9月份
月初余额	数量(件)	125	175	
	计划成本	12 500	17 500	
	实际成本	12 680	17 870	
本月增加	数量(件)	200		
	计划成本	20 000		
	实际成本	20 490		
合　计	数量(件)	325		
	计划成本	32 500		
	实际成本	33 170		
	成本差异额	670		
	成本差异率	2%		

续表

项目		7月份	8月份	9月份
本月减少	数量(件)	150		
	计划成本	15 000		
	实际成本	15 300		

通过表10－8“自制半成品明细分类账”可以看出半成品按计划成本综合结转的特点：其一，自制半成品明细账不仅要反映半成品收发和结存的数量及实际成本，而且还要反映其计划成本，以及成本差异额和成本差异率。其二，在产品成本计算单中，对于所耗用半成品的成本，既可以直接按照调整成本差异后的实际成本登记，也可以按照计划成本和成本差异分别登记，以便于分析上一步骤半成品成本差异对本步骤成本的影响，如表10－9所示。

表10－9　　第二步骤成本计算单　　单位：元

摘要	产量	半成品			直接人工	制造费用	合计
		计划成本	成本差异	实际成本			
月初在产品成本	20	2 000	200	2 200	1 550	2 000	5 750
本月生产费用	150	15 000	300	15 300	1 825	2 050	19 175
生产费用合计	170	17 000	500	17 500	3 375	4 050	24 925
完工转出产成品成本	100	10 000	294	10 294	2 500	3 000	15 794
单位成本		100	2.94	102.94	25	30	157.94
月末在产品成本	70	7 000	206	7 206	875	1 050	9 131

半成品成本按计划成本计价综合结转法优点在于：

首先，由于半成品成本是按计划成本计价结转，各步骤的成本计算也可以同时进行，简化和加速了半成品核算和产品成本计算工作。

其次，按计划成本结转半成品成本，在各步骤的产品成本计算单中，可以分别反映所耗半成品的计划成本、成本差异和实际成本，便于分清各步骤的经济责任，进行各步骤产品成本的考核和分析。

（三）分项结转分步法

分项结转分步法，是指在结转半成品成本时，将各步骤所耗用的上一步骤半成品成本，分别按照原始成本项目分项对应转入各该步骤产品成本计算单中的各个相同成本项目。如果半成品通过半成品库收发，在自制半成品明细账中登记半成品成本时，也要按照成本项目分别登记。这样，上一步骤半成品成本中的各项费用，仍按“直接材料”“直接人工”“制造费用”等成本项目对应转入领用步骤成本计算单的相同成本项目栏，不存在成本还原问题，从而保持产品成本的原始结构。

分项结转分步法，可以按照半成品的实际成本结转，也可以按照半成品的计划成本结转。但按计划成本分项结转后，还需按成本项目分项调整成本差异，加大了成本计算的工作量，因而实际工作中一般多采用按实际成本分项结转的方法。

四、综合结转分步法的应用

例 10—1 某企业生产甲产品，分两个生产步骤由两个车间连续生产方能制成。第一车间生产半成品，交半成品库验收；第二车间按所需数量从半成品库领用，经过加工形成产成品。第二步骤所耗第一步骤的半成品成本按全月一次加权平均单位成本计算。两个车间的月末在产品均按定额成本计价。

该企业 202×年 8 月份产量记录如表 10—10 所示。

表 10—10　　产量记录

项　目	单　位	一车间	二车间
月初在产品	件	200	150
本月投入或上步骤转入	件	500	650
本月完工入库	件	600	750
月末在产品	件	100	50

各车间月末在产品定额成本资料如表 10—11 所示。

表 10—11　　月末在产品定额成本资料　　单位：元

项　目	一车间定额费用	二车间定额费用
原材料	12	40
工资及福利费	4	5
制造费用	8	10
单位成本	24	55

该企业 8 月份甲产品成本资料如表 10—12 所示。

表 10—12　　甲产品成本资料　　单位：元

项　目	月初在产品		本月生产费用	
	一车间	二车间	一车间	二车间
直接材料	2 400	6 000	14 600	
直接人工	800	750	7 600	4 000
制造费用	1 600	1 500	8 900	8 000
合　计	4 800	8 250	31 100	12 000

根据以上资料，采用综合结转分步法计算程序如下：

第一步，根据各种生产费用分配表、半成品交库单和第一车间在产品定额成本资料，登记甲产品第一车间成本计算单，如表 10—13 所示。

表 10—13 **成本计算单**

第一步骤:甲半成品 202×年 8 月 单位:元

摘　要	产量(件)	直接材料	直接人工	制造费用	合　计
月初在产品定额成本	200	2 400	800	1 600	4 800
本月生产费用	500	14 600	7 600	8 900	31 100
生产费用合计	700	17 000	8 400	10 500	35 900
完工转出半成品成本	600	15 800	8 000	9 700	33 500
月末在产品定额成本	100	1 200	400	800	2 400

根据第一步骤的半成品交库单所列交库数量和成本计算单中完工转出的半成品成本,编制会计分录如下:

借:自制半成品——甲半成品 33 500

贷:生产成本——基本生产成本(第一步骤) 33 500

第二步,根据第一步骤成本计算单、半成品交库单和第二步骤领用半成品的领用单,登记“自制半成品明细账”。半成品按实际成本综合结转时,各步骤所耗上一步骤的半成品成本应根据所耗半成品的实际数量乘以半成品的实际单位成本计算。由于各月份所产半成品的实际单位成本不同,因而所耗半成品实际单位成本的计算可根据企业的实际情况,选择使用先进先出法、全月一次加权平均法等方法确定。自制半成品明细账的登记如表 10—14 所示。

表 10—14 **自制半成品明细账**

产品名称:甲半成品 单位:元

月　份	月初余额		本月增加		合　计			本月减少	
	数量	实际成本	数量	实际成本	数量	实际成本	单位成本	数量	实际成本
8	530	23 000	600	33 500	1 130	56 500	50	650	32 500
9	480	24 000							

表 10—14 中自制半成品本月的减少数量,就是本月下一个生产步骤领用半成品的数量,其实际成本应随之转入第二步骤成本计算单中的“直接材料”或“半成品”成本项目栏中。根据第二步骤半成品领用单和自制半成品明细账中的单位成本,编制会计分录如下:

借:生产成本——基本生产成本(第二步骤) 32 500

贷:自制半成品——甲半成品 32 500

第三步,根据各种生产费用分配表、半成品领用单、产成品交库单以及第二步骤在产品定额成本资料,登记第二步骤甲产品成本计算单,如表 10—15 所示。

表 10—15 **产品成本计算单**

第二步骤：甲产成品 202×年 8 月 单位：元

摘　要	产量(件)	直接材料	直接人工	制造费用	合　计
月初在产品定额成本	150	6 000	750	1 500	8 250
本月生产费用	650	32 500	4 000	8 000	44 500
生产费用合计	800	38 500	4 750	9 500	52 750
完工转出产成品成本	750	36 500	4 500	9 000	50 000
完工产品单位成本		48.67	6	12	66.67
月末在产品定额成本	50	2 000	250	500	2 750

表 10—15 中的“直接材料”成本项目一栏中的生产费用 32 500 元，实际上就是第二步骤本月耗用第一步骤的半成品成本，是根据半成品领用单登记的，明显地反映出半成品成本综合结转的特点。

根据第二步骤的产成品交库单所列产成品交库数量和第二步骤产品成本计算单中完工转出产成品成本，编制会计分录如下：

借：库存商品——甲产品　　50 000

　贷：生产成本——基本生产成本(第二步骤)　　50 000

第四步，成本还原。根据表 10—13、表 10—15 计算结果，将第二步骤成本计算单中所列产成品所耗用的半成品综合成本 36 500 元，按照第一步骤成本计算单中所列本月半成品成本合计 33 500 元的结构进行分解、还原，计算出按原始成本项目反映的产成品成本。采用还原分配率法，根据有关资料编制成本还原计算表，如表 10—16 所示。

表 10—16 **成本还原计算表(还原分配率法)** 单位：元

项　目	还原分配率	直接材料	直接人工	制造费用	合　计
还原前产成品成本		36 500	4 500	9 000	50 000
本月所产半成品成本		15 800	8 000	9 700	33 500
成本还原	1.089 6	17 216	8 717	10 567	36 500
还原后产成品成本		17 216	13 217	19 567	50 000

表 10—16 中：

$$还原分配率=\frac{36\ 500}{33\ 500}\approx 1.089\ 6$$

五、分项结转分步法的应用

例 10—2 某冶金企业大量生产乙产品，产品需经过第一、第二两个车间连续加工方能制成，成本计算步骤按车间设置，自制半成品不通过自制半成品仓库收发，原材料在生产开始时一次投入，各步骤在产品完工程度均为 50%。采用分项结转分步法结转半成品成本。202×

年8月乙产品成本的有关资料如表10—17、表10—18所示。

表10—17 产量资料 单位:件

项目	第一步骤	第二步骤
月初在产品	300	500
本月投入	700	800
本月完工	800	1 000
月末在产品	200	300

表10—18 成本资料 单位:元

项目		直接材料	直接人工	制造费用	合计
月初在产品成本	第一步骤	30 000	16 500	10 000	56 500
	第二步骤	79 500	35 000	26 000	140 500
本月生产费用	第一步骤	90 000	42 000	35 000	167 000
	第二步骤		16 500	17 950	34 450

根据以上资料,采用分项结转分步法计算如下:

编制乙产品第一、第二步骤产品成本计算单,如表10—19、表10—20所示。

表10—19 成本计算单

产品名称:乙产品

生产步骤:第一步骤 202×年8月 单位:元

摘要	直接材料	直接人工	制造费用	合计
月初在产品成本	30 000	16 500	10 000	56 500
本月生产费用	90 000	42 000	35 000	167 000
生产费用合计	120 000	58 500	45 000	223 500
完工半产品成本	96 000	52 000	40 000	188 000
完工半产品单位成本	120	65	50	235
月末在产品成本	24 000	6 500	5 000	35 500

表10—19中的有关计算如下:

在产品约当产量=200×50%=100(件)

直接材料费用分配率=120 000÷(800+200)=120

直接人工费用分配率=58 500÷(800+100)=65

制造费用分配率＝45 000÷(800＋100)＝50

编制会计分录如下：

借：生产成本——基本生产成本(第二步骤)　　188 000

　贷：生产成本——基本生产成本(第一步骤)　　188 000

表 10—20　　**成本计算单**

产品名称：乙产品

生产步骤：第二步骤　　202×年 8 月　　单位：元

摘　要	直接材料	直接人工	制造费用	合　计
月初在产品成本	79 500	35 000	26 000	140 500
本月上步骤转入	96 000	52 000	40 000	188 000
本月生产费用		16 500	17 950	34 450
生产费用合计	175 500	103 500	83 950	362 950
完工产成品成本	135 000	90 000	73 000	298 000
完工产品单位成本	135	90	73	298
月末在产品成本	40 500	13 500	10 950	64 950

表 10—20 的有关计算如下：

在产品约当产量＝300×50%＝150(件)

$$直接材料费用分配率=\frac{175\ 500}{1\ 000+300}=135$$

$$直接人工费用分配率=\frac{103\ 500}{1\ 000+150}=90$$

$$制造费用分配率=\frac{83\ 950}{1\ 000+150}=73$$

编制会计分录如下：

借：库存商品——乙产品　　298 000

　贷：生产成本——基本生产成本(第二步骤)　　298 000

通过上述计算可以看出，采用分项结转法逐步结转半成品成本，可以直接、正确地提供按原始成本项目反映的产成品成本资料，便于从整个企业角度考核和分析产品成本计划的执行情况，不需要进行成本还原。但是，这种方法的成本结转工作比较复杂，而且在各步骤完工产品成本中看不出所耗上一步骤半成品的成本和本步骤加工费用的水平，不便于进行完工产品成本的分析和考核。因此，这种结转方法一般适用于管理上不要求分别提供各步骤完工产品所耗半成品成本和本步骤加工费用资料但要求按原始成本项目反映产品成本的企业。

六、逐步结转分步法的优缺点

1. 逐步结转分步法的优点

(1)逐步结转分步法不仅能提供产成品成本资料,并且能提供各步骤半成品成本资料。

(2)在逐步结转分步法下,半成品成本随着实物的转移而转移,有利于加强半成品的实物管理和价值管理。

(3)在综合结转方式下,还有利于对各步骤完工产品成本进行分析和考核。

2. 逐步结转分步法的缺点

(1)各加工步骤的半成品成本按加工顺序逐步结转,影响了成本计算工作的及时性。

(2)在综合结转方式下,如果从整个企业角度分析产成品成本的构成,成本还原工作量较大;在分项结转方式下,各步骤半成品成本结转的工作量较大,且不利于对各加工步骤完工产品成本进行分析和考核。

第三节　平行结转分步法的应用

一、平行结转分步法的特点

平行结转分步法,是指在计算产品成本时,各生产步骤只计算本步骤所发生的生产费用和这些费用中应计入产成品成本的"份额",并将相同产品各步骤的"份额"平行结转、汇总,计算出产成品成本的一种分步法。

平行结转分步法最显著的特点就是不计列半成品成本,也不结转半成品成本,其成本计算对象就是各种产成品及其所经过的各生产步骤的成本"份额",当然也就不能提供各步骤半成品成本的资料。由于各步骤仅归集本步骤发生的费用,而不反映所耗上一步骤的半成品成本,因此,成本计算单中不必开设"自制半成品"成本项目,从而使半成品成本与实物相脱节。在月末计算各生产步骤应计入产成品成本的份额时,一般都需要将该生产步骤的生产费用在完工产成品和在产品之间采用适当的方法进行分配。

这里所说的产成品是指最后一个生产步骤的完工产品,在产品是指广义的在产品(即全厂范围内的在产品),既包括本步骤正在加工中的在产品,也包括本步骤已经完工但尚未形成最终产成品而存在于后续步骤的半成品。

生产费用经过分配后形成两部分:一部分是该生产步骤应计入产成品成本的"份额";另一部分是该生产步骤的在产品成本,具体包括本步骤月末正在加工的在产品在本步骤发生的费用、本步骤已经完工留在本步骤及本步骤已经完工并转入下一步骤或半成品仓库但是尚未最终制成产成品的自制半成品在本步骤发生的费用。

平行结转分步法适用于大量大批的多步骤生产,且各生产步骤所产半成品种类较多,但半成品外售的情况却较少,又不需要计算半成品成本的企业。例如,机械制造企业设有铸工、锻工、加工、装配等车间,铸工车间生产的各种铸件、锻工车间生产的各种锻件进入加工车间进行加工,制成各种产品的零件和部件,然后转入装配车间进行装配,生产各种机械产品。

二、平行结转分步法的核算程序

平行结转分步法核算程序一般需要经过以下几个步骤:

(1)按各加工步骤的各种产品设置成本计算单,归集其在本步骤加工过程中发生的各项费用,但不包括其所耗用上一步骤半成品的成本。

(2)月末采用一定的方法将各加工步骤所归集的生产费用在最终完工的产品与在产品之间分配,计算出产成品应负担的各加工步骤的费用"份额"。

(3)将各加工步骤的生产费用中应计入产成品成本的"份额"平行结转、汇总,计算出产成品成本。

平行结转分步法的核算程序如图 10—3 所示。

第一步骤成本计算单	
直接材料	8 000
直接人工	2 000
制造费用	1 000
应计入产成品成本的份额	在产品成本
6 000	5 000

第二步骤成本计算单	
直接人工	5 000
制造费用	3 000
应计入产成品成本的份额	在产品成本
5 500	2 500

第三步骤成本计算单	
直接人工	4 000
制造费用	2 300
应计入产成品成本的份额	在产品成本
3 500	2 800

第一步骤应计份额	第二步骤应计份额	第三步骤应计份额
6 000	5 500	3 500
产成品成本	15 000	

图 10—3 平行结转分步法成本计算程序图

三、产成品成本"份额"的计算

采用平行结转分步法的关键问题,是如何正确确定各步骤生产费用中应计入产成品成本的份额,即每一生产步骤的生产费用如何合理地在完工产成品和广义在产品之间进行分配。这是正确计算产品成本首先要解决的问题。在实际工作中,完工产成品和广义在产品之间费用的分配,通常采用的方法有约当产量法、定额成本计价法或定额比例法。

平行结转分步法采用约当产量法计算产成品成本,主要体现在生产费用在完工产品与在产品之间分配时,要求被分配的生产费用必须是本步骤发生的,完工产品与在产品则是全厂范围的,即将各步骤生产费用在完工产成品和广义在产品之间进行分配。这样,在产品就不能局限于本步骤完工的数量,还应包括后面步骤领用的但尚未最后完工的本步骤自制半成品,通过分配确定该步骤的生产费用应计入产成品成本的"份额"。其具体的计算公式如下:

$$\text{某步骤应计入产成品成本的份额}=\text{产成品产量}\times\text{单位产成品耗用该步骤半成品的数量}\times\text{该步骤半成品单位成本}$$

$$\text{某步骤半成品单位成本}=\frac{\text{该步骤月初在产品成本}+\text{该步骤本月发生费用}}{\text{该步骤完工半成品数量}}$$

某步骤完工半成品数量=本月该步骤完工半成品数量+本月该步骤月末狭义在产品约当产量+该步骤

已完工仍留存在半成品库和后续各步骤的月初在产品数量

或：

某步骤完工半成品数量＝经该步骤加工的产成品数量＋本月该步骤月末狭义在产品约当产量＋该步骤已完工仍留存在半成品库和后续各步骤的月末在产品数量

某步骤在产品成本＝该步骤生产费用合计－该步骤应计入产成品成本份额

四、平行结转分步法的应用

例 10－3 某机械制造企业有三个基本生产车间，大量生产丙产品，自制半成品不通过自制半成品仓库收发，直接转入下一步骤继续加工，每件产成品耗用半成品一件，各车间月末在产品完工程度均为 50%，原材料在生产开始时一次投入，生产费用在完工产品和月末在产品之间采用约当产量法分配，生产步骤按生产车间设置。采用平行结转分步法计算成本，202×年 8 月份的产量记录和有关成本资料如表 10－21、表 10－22、表 10－23 所示。

表 10－21 **产量记录** 单位：件

摘 要	第一车间	第二车间	第三车间
月初在产品	10	20	30
本月投产或上步骤转入	200	150	130
本月完工	150	130	140
月末在产品	60	40	20

表 10－22 **月初在产品成本** 单位：元

成本项目	第一车间	第二车间	第三车间
直接材料	3 200		
直接人工	620	1 200	500
制造费用	800	1 600	600
合 计	4 620	2 800	1 100

表 10－23 **本月生产费用** 单位：元

成本项目	第一车间	第二车间	第三车间
直接材料	28 000		
直接人工	7 200	10 500	6 400
制造费用	8 400	14 600	8 100
合 计	43 600	25 100	14 500

根据上述资料，采用平行结转分步法程序如下：

第一步，编制各生产步骤成本计算单，计算出各步骤应计入产成品成本的份额，如表 10－24、表 10－25、表 10－26 所示。

表 10—24 **成本计算单**

车间名称：第一车间

产品名称：丙半成品 202×年 8 月 单位：元

项目		直接材料	直接人工	制造费用	合计
月初在产品成本		3 200	620	800	4 620
本月生产费用		28 000	7 200	8 400	43 600
生产费用合计		31 200	7 820	9 200	48 220
半成品数量	月初半成品数量	50	50	50	—
	本月完工半成品数量	150	150	150	—
	月末狭义在产品约当产量	60	30	30	—
	合计	260	230	230	—
单位半成品成本		120	34	40	194
应计入产成品成本份额		16 800	4 760	5 600	27 160
月末在产品成本		14 400	3 060	3 600	21 060

表 10—24 中的有关计算如下：

直接材料应计入产成品成本份额＝140×120＝16 800(元)

直接人工应计入产成品成本份额＝140×34＝4 760(元)

制造费用应计入产成品成本份额＝140×40＝5 600(元)

表 10—25 **成本计算单**

车间名称：第二车间

产品名称：丙半成品 202×年 8 月 单位：元

项目		直接材料	直接人工	制造费用	合计
月初在产品成本			1 200	1 600	2 800
本月生产费用			10 500	14 600	25 100
生产费用合计			11 700	16 200	27 900
半成品数量	月初半成品数量		30	30	—
	本月完工半成品数量		130	130	—
	月末狭义在产品约当产量		20	20	—
	合计		180	180	—
单位半成品成本			65	90	155
应计入产成品成本份额			9 100	12 600	21 700
月末在产品成本			2 600	3 600	6 200

表 10—25 中的有关计算如下：

直接人工应计入产成品成本份额＝140×65＝9 100(元)

制造费用应计入产成品成本份额＝140×90＝12 600(元)

表 10—26 **成本计算单**

车间名称:第三车间

产品名称:丙产品 202×年 8 月 单位:元

项 目		直接材料	直接人工	制造费用	合 计
月初在产品成本			500	600	1 100
本月生产费用			6 400	8 100	14 500
生产费用合计			6 900	8 700	15 600
产品数量	月初数量		—	—	—
	本月完工产品数量		140	140	—
	月末狭义在产品约当产量		10	10	—
	合 计		150	150	—
单位成本			46	58	104
应计入产成品成本份额			6 440	8 120	14 560
月末在产品成本			460	580	1 040

表 10—26 中的有关计算如下:

直接人工应计入产成品成本份额=140×46=6 440(元)

制造费用应计入产成品成本份额=140×58=8 120(元)

第二步,根据表 10—24、表 10—25、表 10—26 三个成本计算单,编制产品成本汇总计算表,如表 10—27 所示。

表 10—27 **丙产品成本汇总计算表**

202×年 8 月 单位:元

生产车间	产量(件)	直接材料	直接人工	制造费用	合 计
第一车间份额	140	16 800	4 760	5 600	27 160
第二车间份额	140		9 100	12 600	21 700
第三车间份额	140		6 440	8 120	14 560
合 计	140	16 800	20 300	26 320	63 420
单位成本		120	145	188	453

根据丙产品成本汇总计算表,编制会计分录如下:

借:库存商品——丙产品 63 420

贷:生产成本——基本生产成本(第一车间) 27 160

生产成本——基本生产成本(第二车间) 21 700

生产成本——基本生产成本(第三车间) 14 560

例 10—4 某企业经过三个基本生产车间大量生产丁产品,原材料在生产开始时一次投入,在生产过程中,第二车间单位半成品耗用第一车间半成品 2 件,第三车间单位产成品耗用第二车间单位半成品 2 件。该企业采用平行结转分步法计算丁产品成本。生产费用在完工产品与在产品之间的分配采用定额比例法，其中直接材料费用按定额原材料费用比例分配，其他各项费用均按定额工时比例分配。丁产品202×年8月有关定额资料及费用资料如表10—28、表10—29、表10—30所示。

表10—28　　定额资料

生产车间	月初在产品定额资料		本月投产定额资料		产成品				
						单件定额		总定额	
	材料	工时	材料	工时	产量	材料	工时	材料	工时
第一车间	10 000	500	40 000	1 000	100×4	80	2	32 000	800
第二车间		1 500		2 000	100×2		6		1 200
第三车间		300		700	100		4		400
合　计	10 000	2 300	40 000	3 700	100	80	12	32 000	2 400

表10—29　　月初在产品成本　　单位：元

成本项目	第一车间	第二车间	第三车间
直接材料	8 800		
直接人工	3 200	6 600	3 100
制造费用	1 200	7 200	2 600
合　计	13 200	13 800	5 700

表10—30　　本月生产费用　　单位：元

成本项目	第一车间	第二车间	第三车间
直接材料	39 200		
直接人工	7 300	16 150	5 200
制造费用	5 550	17 300	4 900
合　计	52 050	33 450	10 100

根据上述资料，采用平行结转分步法，程序如下：

第一步，编制各步骤产品成本计算单，如表10—31、表10—32、表10—33所示。

表10—31　　产品成本计算单

车间名称：第一车间　　202×年8月　　单位：元

摘　要	产　量	直接材料		定额工时	直接人工	制造费用	合　计
		定额	实际				
月初在产品成本		10 000	8 800	500	3 200	1 200	13 200
本月生产费用		40 000	39 200	1 000	7 300	5 550	52 050

续表

摘要	产量	直接材料		定额工时	直接人工	制造费用	合计
		定额	实际				
生产费用合计		50 000	48 000	1 500	10 500	6 750	65 250
费用分配率			0.96		7	4.5	
应计入产成品成本份额	400	32 000	30 720	800	5 600	3 600	39 920
月末在产品成本		18 000	17 280	700	4 900	3 150	25 330

表 10—32 **产品成本计算单**

车间名称:第二车间 202×年 8 月 单位:元

摘要	产量	直接材料		定额工时	直接人工	制造费用	合计
		定额	实际				
月初在产品成本				1 500	6 600	7 200	13 800
本月生产费用				2 000	16 150	17 300	33 450
生产费用合计				3 500	22 750	24 500	47 250
费用分配率					6.5	7	
应计入产成品成本份额	200			1 200	7 800	8 400	16 200
月末在产品成本				2 300	14 950	16 100	31 050

表 10—33 **产品成本计算单**

车间名称:第三车间 202×年 8 月 单位:元

摘要	产量	直接材料		定额工时	直接人工	制造费用	合计
		定额	实际				
月初在产品成本				300	3 100	2 600	5 700
本月生产费用				700	5 200	4 900	10 100
生产费用合计				1 000	8 300	7 500	15 800
费用分配率					8.3	7.5	
应计入产成品成本份额	100			400	3 320	3 000	6 320
月末在产品成本				600	4 980	4 500	9 480

第二步,根据上述各生产车间的产品成本计算单,编制丁产品成本汇总计算表,如表 10—34 所示。

表 10—34　　丁产品成本汇总计算表

202×年 8 月　　单位：元

生产车间	产量(件)	直接材料	直接人工	制造费用	合　计
第一车间份额	400	30 720	5 600	3 600	39 920
第二车间份额	200		7 800	8 400	16 200
第三车间份额	100		3 320	3 000	6 320
合　计	100	30 720	16 720	15 000	62 440
单位成本		307.2	167.2	150	624.4

根据表 10—34，编制会计分录如下：

借：库存商品——丁产品　　62 440

　贷：生产成本——基本生产成本(第一车间)　　39 920

　　生产成本——基本生产成本(第二车间)　　16 200

　　生产成本——基本生产成本(第三车间)　　6 320

五、平行结转分步法的优缺点

1. 平行结转分步法与逐步结转分步法相比较，具有以下优点：

(1)采用平行结转分步法，各步骤可以同时计算产品成本，并将应计入完工产品成本的份额平行结转、汇总计入产成品成本，不必逐步结转半成品成本，不需要等待上一步骤的成本计算工作完成，从而简化了成本计算工作，节约了成本计算时间。

(2)采用平行结转分步法，由于产成品成本可以按照原始成本项目平行结转、汇总各步骤成本中应计入产成品成本的份额，因而能够直接提供按原始成本项目反映的产成品成本资料，不必进行成本还原，既简化了成本核算工作，又便于加强成本分析。

2. 采用平行结转分步法的不足之处主要表现在：

(1)由于平行结转分步法不能提供各步骤半成品成本资料及各步骤所耗上一步骤半成品成本资料，因而也就不能全面反映各步骤生产耗费的水平，不利于各步骤的成本管理。

(2)由于平行结转分步法各步骤间不结转半成品成本，使半成品实物转移与成本结转相脱节，因而也就不能为各步骤在产品的实物管理和价值管理提供资料。

本章小结

本章主要介绍了分步法，重点阐述了综合结转分步法、分项结转分步法和平行结转分步法的特点、适用范围、核算程序以及成本计算结转方法。

分步法的主要特点是：以产品的品种及其所经过的生产步骤作为成本计算对象。成本计算工作一般都是按月、定期地进行，这与会计报告期一致，而与产品的生产周期不一致。月末要采用适当的分配方法，将生产费用在完工产品与在产品之间进行分配，计算各产品、各生产步骤的完工产品成本和在产品成本。

逐步结转分步法能够提供各步骤半成品成本资料，对各步骤完工产品成本进行分析和考核。有利于加强半成品的实物管理和价值管理，但在综合结转方式下，成本还原工作量较大。

平行结转分步法各步骤可以同时计算产品成本，简化了成本计算工作，能够直接提供按原始成本项目反映的产成品成本资料，不必进行成本还原。但平行结转分步法各步骤间不结转半成品成本，使半成品实物转移与成本结转相脱节，不能全面反映各步骤生产耗费的水平，不利于各步骤的成本管理，不能为各步骤在产品的实物管理和价值管理提供资料。

分步法主要适用于大量大批多步骤生产企业，如纺织、机械制造等。

在实际工作中，应该根据企业具体情况，选择适合本企业的成本计算方法，既要简化成本核算工作，又要便于加强成本分析，为各步骤在产品的实物管理和资金管理提供资料。

关键概念

分步法　　逐步结转分步法　　综合结转分步法　　分项结转分步法

平行结转分步法

思考题

1. 什么是产品成本计算的分步法？简述其特点及适用范围。
2. 分步法是如何分类的？各有什么特点？
3. 什么是成本还原？成本还原的具体程序和方法有哪些？
4. 简述逐步结转分步法的优缺点和适用范围。
5. 简述平行结转分步法的优缺点和适用范围。
6. 逐步结转分步法下的月末在产品含义和平行结转分步法下的月末在产品含义有何不同？
7. 生产费用的归集和分配程序与成本计算方法是什么关系？
8. 如何根据企业的实际情况，选择适合企业自身特点的成本计算方法？

自测题

一、判断题

1. 分步法是按照产品的生产步骤归集费用，计算产品成本的一种方法。（　　）
2. 采用逐步结转分步法，半成品成本的结转与半成品实物的转移是一致的，因而有利于半成品的实物管理和在产品的资金管理。（　　）
3. 成本还原的对象是产品成本。（　　）
4. 成本还原的依据是本月所产该种半成品的成本构成。（　　）

5. 综合结转半成品成本有利于从整个企业角度分析和考核产成品成本的构成。（　　）

6. 不论是综合结转还是分项结转,半成品成本都是随着半成品实物的转移而转移。（　　）

7. 在平行结转分步法下,各步骤完工产品与在产品之间的费用分配都是指狭义产成品与广义在产品之间的费用分配。（　　）

8. 逐步结转分步法就是为了计算半成品成本而采用的一种分步法。（　　）

9. 采用逐步结转分步法,按照结转的半成品在下一步骤产品成本明细账中的反映方法,分为综合结转和分项结转两种方法。（　　）

10. 采用平行结转分步法,各步骤可以同时计算产品成本,但各步骤间不结转半成品成本。（　　）

11. 采用平行结转分步法,如果是按半成品成本综合结转,也需要进行成本还原。（　　）

12. 由于各个企业生产组织的特点不同,各生产步骤成本的计算和结转采用两种不同的方法:逐步结转和平行结转。（　　）

13. 采用分项结转半成品成本,在各步骤完工产品成本中看不出所耗上一步骤半成品的费用和本步骤加工费用的水平。（　　）

14. 采用平行结转分步法,每一生产步骤的生产成本要在最终完工产品与本步骤尚未加工完成的在产品之间进行分配。（　　）

15. 当企业经常对外销售半成品时,不宜采用平行结转分步法。（　　）

二、单项选择题

1. 分步法是以(　　)作为成本计算对象。

A. 产品批别　B. 产品品种　C. 产品类别　D. 产品的生产步骤

2. 下列方法中,不计算半成品成本的分步法是(　　)。

A. 分项结转法　B. 综合结转法　C. 逐步结转法　D. 平行结转法

3. 分步法适用于(　　)。

A. 大量大批多步骤生产　B. 大量大批单步骤生产

C. 小批单件多步骤生产　D. 小批单件单步骤生产

4. 成本还原的目的是求得按(　　)反映的产成品成本资料。

A. 半成品成本　B. 原始成本项目

C. 实际产成品成本　D. 计划产成品成本

5. 在逐步结转分步法下,完工产品与在产品之间的费用分配,下列说法中正确的是(　　)。

A. 产成品与广义的在产品之间的费用分配

B. 产成品与狭义的在产品之间的费用分配

C. 半成品与在产品之间的费用分配

D. 本步骤的完工半成品与加工中的在产品及最后步骤的产成品与加工中的在产品之

间的费用分配

6. 成本还原的对象是(　　)。

A. 广义的在产品成本　　B. 各步骤的半成品成本

C. 产成品所耗上一步骤半成品成本　　D. 各步骤的在产品成本

7. 下列方法中,需要进行成本还原的是(　　)。

A. 逐步结转法　　B. 综合结转法　　C. 分项结转法　　D. 平行结转法

8. 平行结转分步法只计算(　　)。

A. 各步骤的半成品成本

B. 各步骤所耗上一步骤半成品成本

C. 各步骤的在产品成本

D. 本步骤所发生的各项生产费用及这些费用中应计入产成品的"份额"

9. 甲产品分两个生产步骤连续加工,第一步骤加工完毕转入第二步骤继续加工,制成产成品。第一步骤本月共发生费用 50 000 元,完工半成品成本 30 000 元;第二步骤本月完工产品成本 48 000 元,其中所耗半成品成本 36 000 元。甲产品的成本还原率为(　　)。

A. 1.2　　B. 1.6　　C. 0.72　　D. 0.83

10. 在逐步结转分步法下,上一步骤的半成品移交下一步骤继续加工时,其半成品成本(　　)。

A. 不随实物的转移而转移　　B. 应保留在本步骤

C. 随实物的转移而转移　　D. 只转移由完工产品负担的份额

11. 下列各项中,不能够采用分步法计算产品成本的是(　　)。

A. 纺织　　B. 冶金　　C. 机械制造　　D. 设备修理作业

12. 下列各项中,关于逐步结转分步法特点的表述,不正确的是(　　)。

A. 适用于大量大批连续式复杂性生产的企业

B. 成本计算期与产品的生产周期一致

C. 月末生产费用要在各步骤完工产品和在产品之间进行分配

D. 成本核算对象是各种产品的生产步骤

13. 下列属于逐步结转分步法缺点的是(　　)。

A. 能够提供各个生产步骤的半成品成本资料

B. 为各生产步骤的在产品实物管理及资金管理提供资料

C. 能够全面地反映各生产步骤的生产耗费水平

D. 逐步综合结转法要进行成本还原

14. 平行结转分步法与逐步结转分步法的本质区别是(　　)。

A. 成本计算对象不同　　B. 适用的企业不同

C. 计算的难易程度不同　　D. 在产品含义不同

15. 在多步骤连续式生产企业,采用平行结转分步法,第二生产步骤的广义在产品不包括(　　)。

A. 第一生产步骤正在加工的在产品　　B. 第二生产步骤正在加工的在产品
C. 第二生产步骤完工入库的半成品　　D. 第三生产步骤正在加工的在产品

三、多项选择题

1. 逐步结转分步法下按照半成品成本在下一步骤产品成本明细账中的反映方法不同，可分为(　　)。
A. 逐步结转法　　B. 综合结转法　　C. 分项结转法　　D. 平行结转法
2. 综合结转法半成品成本的结转，可按照(　　)结转。
A. 实际成本　　B. 计划成本　　C. 定额成本　　D. 半成品成本
3. 采用逐步结转分步法，计算各步骤半成品成本是(　　)。
A. 对外报告的需要　　B. 成本计算的需要
C. 成本控制的需要　　D. 考核和分析成本计划执行情况的需要
4. 综合结转分步法的优点是(　　)。
A. 能够提供各生产步骤的半成品成本资料
B. 有利于各生产步骤的成本管理
C. 成本核算简单及时
D. 能够为在产品实物管理和生产资金管理提供资料
5. 分项结转分步法的优点是(　　)。
A. 有利于各生产步骤的成本分析
B. 可以直接提供按原始成本项目反映的产品成本资料
C. 能够简化和加速成本核算工作
D. 便于企业分析和考核产品成本的构成和水平
6. 平行结转分步法的优点是(　　)。
A. 能够简化和加速成本核算工作
B. 各步骤的半成品成本随实物的转移而转移
C. 各生产步骤能够同时计算产品成本
D. 可以直接提供按原始成本项目反映的产品成本资料
7. 半成品成本按计划成本结转的优点是(　　)。
A. 便于了解产品成本的构成情况
B. 便于各步骤产品成本的考核和分析
C. 能够简化和加速成本核算工作
D. 便于从整个企业进行成本考核
8. 采用平行结转分步法应具备的条件是(　　)。
A. 半成品大量对外销售
B. 管理上不要求提供各步骤半成品成本资料
C. 管理上要求提供按原始成本项目反映的产品成本资料

D. 半成品种类较多，计算和结转半成品工作量太大

9. 在平行结转分步法下，完工产品与在产品之间的费用分配，下列说法中正确的是(　　)。

A. 应计入产成品的“份额”与广义的在产品

B. 产成品与半成品

C. 产成品与广义的在产品

D. 产成品与狭义的在产品

10. 与逐步结转分步法相比，平行结转分步法的缺点是(　　)。

A. 不需要进行成本还原

B. 各步骤不能同时计算产品成本

C. 不能为在产品实物管理和生产资金管理提供资料

D. 不能提供各步骤的半成品成本资料

实务题

实务题一

1. 目的：练习综合结转分步法。

2. 资料：某厂大量大批生产甲产品，分三个步骤分别由三个基本生产车间分步骤连续加工。第一步骤完工的A半成品转入第二步骤加工成B半成品，B半成品再转入第三步骤加工成甲产成品，原材料在生产开始时一次投入。为了加强成本管理，该厂采用分步法计算甲产品成本。202×年8月份有关资料如下：

费用分配表资料

单位：元

摘　要	第一车间	第二车间	第三车间
原材料费用分配表	16 000		
生产工资及福利费分配表	8 000	500	1 400
制造费用分配表	2 000	700	4 200
合　计	26 000	1 200	5 600

产量情况汇总表

单位：件

摘　要	第一车间	第二车间	第三车间
月初在产品	200	150	300
本月投入	600	500	550
本月完工	500	550	700
月末在产品	300	100	150
在产品完工程度(%)	50	50	60

月初在产品成本资料

产品名称：甲产品　　202×年8月　　单位：元

车间名称	直接材料	直接人工	制造费用	合　计
第一车间	8 000	1 100	1 900	11 000
第二车间	1 000	1 000	800	2 800
第三车间	17 750	496	619	18 865
合　计	26 750	2 596	3 319	32 665

3. 要求：采用综合结转分步法计算甲产品成本，并进行成本还原。

实务题二

1. 目的：练习分项逐步结转法。

2. 资料：某企业生产乙产品，分两个步骤连续加工而成，第一步骤生产的半成品直接转入第二步骤继续加工，本月完工乙产品500千克。8月份有关资料如下：

(1)第一步骤本月发生的生产费用：直接材料15 000元，直接人工5 400元，制造费用6 000元，本月完工半成品400千克，月末在产品100千克，原材料在生产开始时一次投入，完工程度50%。完工产品和月末在产品之间的费用，按约当产量比例分配。月初在产品成本：直接材料3 000元，直接人工900元，制造费用1 200元。

(2)第二步骤本月发生的生产费用：直接人工4 800元，制造费用6 000元。在产品按定额成本计算，月初在产品定额成本：直接材料7 850元，直接人工2 200元，制造费用2 650元。月末在产品定额成本：直接材料4 200元，直接人工1 600元，制造费用1 800元。

3. 要求：采用分项结转分步法：

(1)计算第一步骤半成品的成本。

(2)计算第二步骤产成品的总成本和单位成本。

(3)编制产成品入库的会计分录。

实务题三

1. 目的：练习平行结转分步法。

2. 资料：(1)某厂生产AB产品，第一车间生产A零件，第二车间生产B零件，第三车间将A零件和B零件装配成AB产品，每件AB产品由A、B各一件组成。

(2)A零件耗用的原材料在生产开始时一次投入，B零件所耗用的原材料随着加工进度逐步投入。各车间在产品完工程度均为50%。

(3)202×年8月份各车间生产情况如下：

产量资料

项　目	A零件	B零件	AB产品
期初在产品数量	200	50	200
本期投产数量	1 000	1 200	800

续表

项 目	A零件	B零件	AB产品
完工转出数量	800	800	900
期末在产品数量	400	450	100

各车间月初在产品成本资料

车间名称	直接材料	直接人工	制造费用	合 计
第一车间	3 500	800	620	4 920
第二车间	3 250	750	700	4 700
第三车间		175	250	425

各车间本月生产费用资料

车间名称	直接材料	直接人工	制造费用	合 计
第一车间	14 700	3 880	2 500	21 080
第二车间	58 000	28 650	14 000	100 650
第三车间		2 865	1 650	4 515

3. 要求：采用平行结转分步法：

(1)计算各车间应计入产品成本的份额及月末在产品成本(完工产品和月末在产品之间的费用，按约当产量比例分配)。

(2)编制产品成本汇总表，计算完工产品的总成本和单位成本。

(3)编制完工产品入库的会计分录。

实务题四

1. 目的：练习平行结转分步法。

2. 资料：某企业生产的丙产品经过第一、第二和第三基本生产车间加工，原材料在第一车间生产开始时一次投入，月末各车间在产品完工程度均为50%，202×年8月份有关成本计算资料如下：

产量资料

项 目	数 量	第一车间	第二车间	第三车间
月初在产品数量	件	50	100	200
本月投产或上步转入数量	件	550	500	500
本月完工转出数量	件	500	500	550
月末在产品数量	件	100	100	150

各车间生产费用资料

项　　目	第一车间	第二车间	第三车间
月初在产品成本	160 625	83 000	35 000
其中：直接材料	87 500		
直接人工	40 625	50 000	20 000
制造费用	32 500	33 000	15 000
本月生产费用	255 625	175 000	183 750
其中：直接材料	137 500		
直接人工	65 625	100 000	105 000
制造费用	52 500	75 000	78 750

3. 要求：根据以上资料，采用平行结转分步法计算丙产品成本，编制产品生产计算单和产品成本计算汇总表，并根据产品成本计算汇总表编制会计分录。

第十一章

分类法和定额法

本章要点

- 掌握分类法、定额法的含义、特点、适用范围和优缺点
- 熟练掌握分类法和定额法两种成本计算方法
- 熟悉联产品、副产品和等级产品的成本计算

本章引言

本章主要讲述产品成本计算的辅助方法分类法和定额法。

分类法，是按产品的类别设立成本计算单，归集生产费用，先计算出该类产品的总成本，然后采用一定方法计算出类内各种规格产品的总成本和单位成本的一种方法。定额法，是以事先制定的产品定额成本为标准，在生产费用发生时，就及时提供实际发生的费用脱离定额消耗的差异额，根据定额和各种差异额计算产品实际成本的一种成本计算和成本控制的方法。在实际工作中，企业可以根据生产特点和成本管理要求，灵活采用多种成本计算方法。本章对联产品、副产品和等级产品的成本计算方法也做了简单的介绍。

素养提升

本章主要使学生通过分类法、定额法掌握辅助方法的基本流程，使学生熟悉两种辅助方法的适用范围，培养学生良好的职业道德和职业操守，认识到产品成本核算方法对企业成本信息以及管理决策的重要作用，提升会计职业归属感。

第一节 分类法

一、分类法的特点

产品成本计算的分类法，是按产品的类别作为成本计算对象，开设生产成本明细账，归集各类产品的生产费用，并将各类产品归集的生产费用在该类完工产品与在产品之间进行分配，计算出该类产成品的总成本，再按照一定的方法或标准在该类内各品种、规格产品之间进行分配，计算出该类内各种产品的总成本和单位成本的一种方法。

在一些工业企业中，生产的产品品种、规格繁多，如果分别按产品的品种、规格归集生产费用，计算产品成本，则成本计算工作势必繁重。在这种情况下，为了简化成本计算工作，可以将不同品种、规格的产品按照一定标准进行分类，采用分类法来计算产品成本。

分类法与企业生产类型没有直接关系，它可以在各种类型的生产中应用，即凡是产品品种、规格繁多又可以按照一定标准划分为若干类别的企业或车间，均可以采用分类法计算成本。例如，钢铁厂生产的各种型号和规格的生铁、钢锭和钢材，灯泡厂生产的各种不同类别和瓦数的灯泡，食品厂生产的各种饼干等，它们的生产类型有所不同，但都可以采用分类法计算成本。

有些工业企业可能生产一些零星产品，例如为协作单位生产少量的零部件或自制少量材料和工具等。这些零星产品虽然所用原材料和工艺过程不一定完全相近，但其品种规格多，数量少，费用比重小。为了简化核算工作，也可以把它们归为一类，采用分类法计算成本。

还有一些工业企业，特别是轻工企业，有时可能生产出品种相同但质量不同的产品。如果这些不同质量的产品是由于所用原材料的质量或工艺技术上的要求不同而产生的，则这些产品应属于同一品种不同规格的产品，可以把它们归为一类，采用分类法计算成本。

分类法的特点主要有：

（一）成本计算对象

分类法以产品的类别作为成本计算对象，开设基本生产成本明细账，归集该类产品的生产费用。直接费用直接计入，该类产品成本明细账，各类产品共同耗费的费用采用一定的标准分配计入，该类产品成本明细账，汇总计算该类产品的总成本。

（二）成本计算期

分类法的成本计算期要根据生产特点和管理要求来确定，如果是大批量生产，应结合品种法和分步法定期在月末进行成本计算；如果与分批法结合运用，成本计算期应与生产周期一致，在产品完工时进行成本计算。

（三）生产费用在完工产品与在产品之间的分配

采用分类法计算产品成本，如果月末在产品数量较多，应将该类产品生产费用总额在完工产品与在产品之间进行分配。

分类法并不是一种独立的成本计算方法，它要根据各类产品的生产工艺特点和管理要求，与品种法、分步法和分批法结合运用。

二、分类法产品成本的计算程序

分类法成本计算的基本程序是：

(1)根据产品的结构、所用原材料和工艺技术过程的不同，将产品划分为若干类别，按照产品的类别开设产品成本明细账，归集产品的生产费用，计算各类完工产品和在产品的成本。

(2)选择合理的分配标准，在类内各种产品之间进行费用分配，计算类内各种产品的总成本和单位成本。

分类法的计算程序如图 11－1 所示。

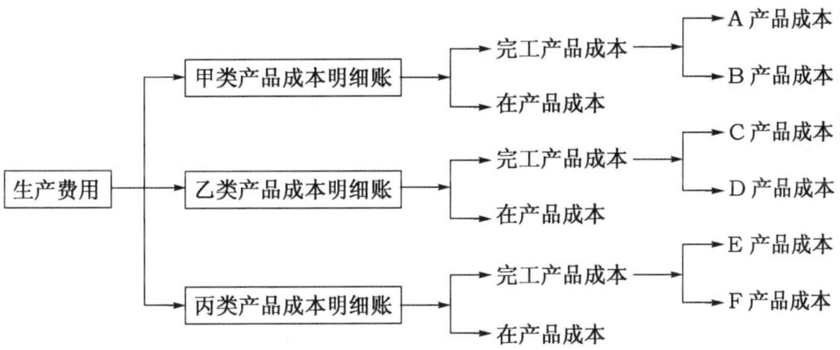

图 11－1　分类法成本计算程序图

三、产品类别的划分与类内产品成本的分配方法

在产品品种、规格较多的企业里，采用分类法进行产品成本核算，可以大大简化成本核算工作。但采用这种方法时，产品分类是否恰当，分配标准的选择是否科学，将直接影响成本计算结果的准确性。

产品分类的依据和原则，应是将产品的性质、结构、用途、耗用原材料、工艺过程相同或相近的归为一类。

同类产品内各种产品之间分配费用所确定的标准，一般有定额消耗量、定额费用、售价以及产品的体积、长度和重量等。在选择费用的分配标准时，应遵循相关性原则，考虑分配标准与产品生产成本的关系是否较大，即应选择与产品各项耗费有密切联系的分配标准。

在类内各种产品之间分配费用时，各成本项目可以按同一个分配标准进行分配，也可以按照各成本项目的性质，分别采用不同的分配标准进行分配，以使分配结果更趋于合理。例如，直接材料费用可以按照材料定额消耗量或材料定额费用比例进行分配，直接人工等其他费用则可以按照定额工时比例进行分配。

类内产品成本的分配方法一般有系数法和定额比例法。

(一)系数法

系数即各种规格产品之间的比例关系。将分配标准折合成相对固定的系数,按固定的系数分配类内各种产品成本,称为系数分配法。

系数分配法的应用步骤如下:

1. 确定分配标准

确定分配标准即选择与所耗费用关系最密切的经济因素作为分配标准。但需注意,所选分配标准应与产品成本高低呈正比例关系。

2. 将分配标准折算为固定的系数

折算为固定系数的方法是,在同类产品中,选择一种产量较大、生产比较稳定或规格折中的有代表性的产品作为标准产品,将这种产品的分配标准额的系数定为"1",其他各种产品的分配标准额分别与标准产品的分配标准额相比,其比率即为系数。

3. 计算出按标准产品折算的产量

$$标准产品总产量(总系数)=各种产品的实际产量\times 各自系数$$

4. 按标准产品总量(总系数)分配类内各种(或各规格)产品的成本(略)

(二)定额比例法

如果企业定额基础工作比较好,各项消耗定额比较准确、稳定,在类内各种产品成本计算时可采用各产品的定额比例进行分配,称为定额比例法。计算公式如下:

$$某类产品某项费用分配率=\frac{该类完工产品某项费用}{类内各种产品定额消耗量(定额成本)之和}$$

$$类内某产品某项费用=类内该种产品定额消耗量(或定额成本)\times 该类产品该项费用分配率$$

四、分类法的应用

例 11-1 某企业生产 A01、A02、A03、A04、A05 五种产品。这五种产品的规格不同,但其结构相似,所用原材料相同,生产工艺也相近。为简化核算,将五种产品归为一类——A 类产品,按分类法计算产品成本。该类产品月末在产品成本按定额成本计算。202×年 8 月份各项费用资料见表 11-1。

表 11-1 **产品成本资料**

产品:A 类　　202×年 8 月　　单位:元

项　目	直接材料	直接人工	制造费用	合　计
月初在产品成本	41 000	15 600	24 800	81 400
本月生产费用	574 000	464 000	172 000	1 210 000
月末在产品成本	30 000	17 180	20 640	67 820

A 类产品的直接材料费用按各种产品的直接材料费用系数进行分配,直接材料费用系数

按材料消耗定额计算;A类产品的直接人工和制造费用按各种产品的工时系数进行分配。该企业将A02产品定为标准产品。本月各种产品产量及单位产品材料消耗定额、定额工时见表11—2。

表11—2 **产品消耗定额表**

产品:A类 202×年8月

产品名称	产　量	材料消耗定额(千克)	工时消耗定额
A01	1 200	30	14
A02	3 000	15	10
A03	5 000	18	15
A04	2 500	6	8
A05	1 000	9	5

根据上述资料,采用分类法计算过程如下:

1. 按类别归集各项生产费用,登记A类产品成本计算单(要素费用分配过程略),计算A类完工产品成本,见表11—3。

表11—3 **产品成本计算单**

产品:A类 202×年8月 单位:元

项　目	直接材料	直接人工	制造费用	合　计
月初在产品成本	41 000	15 600	24 800	81 400
本月生产费用	574 000	464 000	172 000	1 210 000
生产费用合计	615 000	479 600	196 800	1 291 400
本月完工产品总成本	585 000	462 420	176 160	1 223 580
月末在产品成本	30 000	17 180	20 640	67 820

2. 根据各种产品产量、单位产品材料消耗定额、定额工时、标准产品,计算材料费用系数和工时系数,见表11—4。

表11—4 **产品总系数(标准产量)计算表**

产品:A类 202×年8月

产品名称	产品产量	材　料		工　时	
		系数	总系数	系数	总系数
A01	1 200	2	2 400	1.4	1 680
A02	3 000	1	3 000	1	3 000
A03	5 000	1.2	6 000	1.5	7 500
A04	2 500	0.4	1 000	0.8	2 000
A05	1 000	0.6	600	0.5	500
合　计	—	—	13 000	—	14 680

3. 根据各种产品产量、材料费用系数、工时系数及 A 类产品成本明细账(产品成本计算单)中完工产品成本资料,分配类内各种产品成本,见表 11—5。

表 11—5

产品成本分配表

202×年 8 月

单位:元

产品名称	产品产量	材料总系数	工时总系数	直接材料分配金额	直接人工分配金额	制造费用分配金额	产成品总成本	产成品单位成本
分配率				45	31.5	12		
A01	1 200	2 400	1 680	108 000	52 920	20 160	181 080	150.9
A02	3 000	3 000	3 000	135 000	94 500	36 000	265 500	88.5
A03	5 000	6 000	7 500	270 000	236 250	90 000	596 250	119.25
A04	2 500	1 000	2 000	45 000	63 000	24 000	132 000	52.8
A05	1 000	600	500	27 000	15 750	6 000	48 750	48.75
合　计	—	13 000	14 680	585 000	462 420	176 160	1 223 580	—

表 11—5 中各种费用分配率计算如下:

直接材料费用分配率=585 000÷13 000=45

直接人工费用分配率=462 420÷14 680=31.5

制造费用分配率=176 160÷14 680=12

根据计算结果,编制会计分录如下:

借:库存商品——A01	181 080	
——A02	265 500	
——A03	596 250	
——A04	132 000	
——A05	48 750	
贷:生产成本——基本生产成本(A 类)		1 223 580

五、分类法的优缺点

(一)分类法的优点

采用分类法计算产品成本,领料单、工时记录等原始凭证和原始记录可以按产品类别填列,在各种费用分配表中可以按产品类别分配费用,产品成本明细账按产品类别开设,从而不仅能简化成本计算工作,而且能够在产品品种、规格繁多的情况下,分类掌握产品成本的情况。

(二)分类法的缺点

由于在类内各种产品成本的计算中,不论是间接计入费用还是直接计入费用,都是根据一定的分配标准按比例进行分配的,因而计算结果有一定的假定性。因此,在分类法下,关键性的问题是产品的分类和分配标准(或系数)的选定是否适当,这将直接影响成本计算结果的准确性。

第二节 定额法

一、定额法的特点

在有些企业，定额管理制度比较健全，产品的生产定额、消耗定额比较准确、稳定。为了及时对产品成本进行控制和管理，节约费用，降低成本，使成本核算和成本管理有效地结合起来，产品成本计算可采用定额法。

产品成本计算的定额法，是为了及时地反映和监督生产费用和产品成本脱离定额的差异，把产品成本的计划、控制、核算和分析结合在一起，以便加强成本管理而采用的一种成本计算方法。其主要特点表现在：

(1)事前制定产品的消耗定额、费用定额和定额成本作为降低成本的目标，对产品成本进行事前控制。

(2)在生产费用发生的当时，将符合定额的费用和发生的差异分别核算，加强对成本差异的日常核算、分析和控制。

(3)每月月末，在定额成本的基础上加减各种成本差异，计算产品的实际成本，为成本的定期考核和分析提供资料。

产品实际成本＝产品定额成本±脱离定额成本差异±定额变动差异±材料成本差异

产品成本计算的定额法，并不是一种独立的成本计算方法，而是在品种法、分批法和分步法的基础上，运用其特有的汇集费用的技术，计算产品成本的方法。它不仅是一种产品成本计算的方法，同时又是一种对产品成本进行直接控制、管理的方法。这种方法一般适用于企业定额管理制度较健全，而且产品的生产定额、消耗定额比较准确、稳定的企业。

二、定额法的成本计算程序

采用定额法计算产品成本的一般程序如下：

(1)按照企业生产工艺特点和管理要求，确定成本计算对象及成本计算的基本方法。

(2)按照定额成本标准，进行逐项分解，计算各成本项目的定额费用，编制产品定额成本表。

(3)生产费用发生时，将其划分为定额成本和脱离定额成本差异两部分，分别编制凭证，予以汇总。

(4)按确定的成本计算基本方法，汇集、结转产品定额成本和脱离定额成本差异，并按一定标准在完工产品与在产品之间进行分配。

(5)将产品定额成本加减所分配的脱离定额成本差异、定额变动差异及材料成本差异，求得产品实际成本。

三、产品定额成本及各种差异的核算

采用定额法计算产品的实际成本，其主要的工作是核算定额成本、脱离定额差异、定额变动差异、材料成本差异四方面的内容。

（一）定额成本的确定和计算

所谓产品的定额成本，就是根据各种有关的现行定额计算的成本。只有科学、合理地制定产品的定额成本，才能更加有效地对企业的成本进行控制和考核，使之更符合实际，以保证成本计划的顺利完成。

采用定额法计算产品成本，必须首先制定产品的原材料、动力、工时等各项消耗定额，并根据各项消耗定额和原材料的计划单价、计划工资率或计件工资单价、制造费用率（计划每小时制造费用）等资料，计算出产品的各项费用定额和产品的单位定额成本。

1. 单位产品定额成本的计算

其计算公式如下：

单位产品原材料费用定额＝产品原材料消耗定额×原材料计划单价

单位产品生产工资定额＝产品生产工时定额×生产工资计划单价

单位产品制造费用定额＝产品生产工时定额×制造费用计划单价

产品的单位定额成本的制定，是从零件、部件到产品定额成本。首先应根据产品图纸，制定某产品各种零件的定额成本。然后，对由各种零件组成的各部件分别制定其定额成本，也就是将各有关零件的定额成本加以汇总，并加上装配该部件的装配定额成本。最后将若干部件和零件的定额成本进行汇总，加上总装的定额成本，从而制定出产品的单位定额成本。这一产品定额成本的制定过程，一般是通过编制零件定额成本计算表、部件定额成本计算表和产品定额成本计算表（产品定额成本计算表的格式与部件定额成本计算表的格式类似）来完成的。其基本格式如表 11－6、表 11－7 所示。

表 11－6　　　　零件定额成本计算表

零件编号、名称：80001　　　　202×年 8 月

材料编号、名称	计量单位	材料消耗定额
A 材料	千克	3
工序编号	工时定额	累计工时定额
第一工序	4	4
第二工序	3	7
第三工序	5	12
第四工序	4	16

表 11—7　　　　**部件定额成本计算表**

部件编号、名称：80002　　　　202×年 8 月　　　　单位：元

<table>
<tr><th rowspan="3">所用零件编号名称</th><th rowspan="3">零件数量</th><th colspan="7">材料定额</th><th rowspan="3">工时定额</th></tr>
<tr><th colspan="3">A 材料</th><th colspan="3">B 材料</th><th rowspan="2">金额合计</th></tr>
<tr><th>消耗量</th><th>计划单价</th><th>金额</th><th>消耗量</th><th>计划单价</th><th>金额</th></tr>
<tr><td>80001</td><td>5</td><td>15</td><td>6</td><td>90</td><td></td><td></td><td></td><td>90</td><td>80</td></tr>
<tr><td>80011</td><td>3</td><td></td><td></td><td></td><td>12</td><td>5</td><td>60</td><td>60</td><td>60</td></tr>
<tr><td>装配</td><td></td><td></td><td></td><td></td><td></td><td></td><td></td><td></td><td>5</td></tr>
<tr><td>合计</td><td></td><td></td><td></td><td>90</td><td></td><td></td><td>60</td><td>150</td><td>145</td></tr>
<tr><td colspan="9">定额成本项目</td><td rowspan="3">定额成本合计</td></tr>
<tr><td colspan="2" rowspan="2">原材料</td><td colspan="4">直接人工</td><td colspan="3">制造费用</td></tr>
<tr><td colspan="2">小时定额</td><td colspan="2">金额</td><td colspan="2">小时定额</td><td>金额</td></tr>
<tr><td colspan="2">150</td><td colspan="2">3</td><td colspan="2">435</td><td colspan="2">2</td><td>290</td><td>875</td></tr>
</table>

2. 全部产品定额成本的计算

单位产品定额成本确定以后，根据在产品数量和加工程度，可以计算出全部在产品定额成本；根据本期投产产品数量和单位产品定额成本，可以计算出完工产品定额成本。完工产品定额成本是计算完工产品实际成本的基础。

（二）脱离定额差异的核算

脱离定额的差异，是指生产过程中各项生产费用的实际支出脱离现行定额或预算的数额。要加强生产耗费的日常控制，企业必须进行脱离定额差异的核算，及时分析差异产生的原因，确定差异产生的责任，及时采取有效的措施进行处理。对于实际消耗中存在的损失和浪费，应坚决予以制止，以防再次发生；确实属于定额脱离实际的，应按规定及时调整、修订定额，只有这样，才能将生产耗费控制在既先进又切实可行的定额范围之内，以达到节约生产耗费、降低产品成本的目的。

脱离定额差异的核算，应在生产费用发生时，对符合定额的费用和脱离定额的差异，分别编制定额凭证和差异凭证，并在有关的费用分配表和明细分类账中分别予以登记。这样，就能及时正确地核算和分析生产费用脱离定额的差异，控制生产费用支出。为了防止生产费用的超支，避免浪费和损失，差异凭证填制以后，还必须按照规定办理审批手续。在有条件的企业，也可以将脱离定额差异的日常核算同车间或班组经济责任制结合起来，依靠各生产环节的广大职工，控制生产耗费。

脱离定额的差异根据成本项目可分为材料脱离定额的差异、直接人工脱离定额的差异和制造费用脱离定额的差异三部分。

1. 材料脱离定额差异的核算

在各成本项目中，原材料费用（包括自制半成品费用），一般占有比较大的比重，而且属于

直接计入费用，因而有必要在费用发生时就按产品核算定额费用和脱离定额的差异，加强控制。

直接材料脱离定额差异是指实际产量的现行定额耗用量与实际耗用量之间的差异与计划价格的乘积，即只包括材料耗用量的差异，而不包括价格差异。材料价格差异应作为一个实际成本的差异因素单独进行核算。

材料脱离定额差异＝实际产量×(单位产品实际材料耗用量－单位产品定额材料耗用量)×材料计划单价

＝(实际耗用材料数量－实际产量×单位产品定额材料耗用量)×材料计划单价

原材料脱离定额差异的核算方法一般有限额法、切割核算法和盘存法三种。下面分别加以介绍。

(1)限额法

在按批别组织生产的企业，领料按批别进行，定额差异的计算也按批别进行。在限额法下，原材料的领用通常采用限额领料制度。在限额范围内的领料，应根据限额领料单等定额凭证领发。如果由于增加产量，需要增加用料时，在办理追加限额手续后，也可以根据定额凭证领发。由于其他原因发生的超额用料或代用材料的领用，则应填制专设的超额领料单、代用材料领料单等差异凭证，经过一定的审批手续后领发(为了减少凭证的种类，这些差异凭证也可用普通领料单代替，但应以不同的颜色或加盖专用的戳记，以示区别)。在差异凭证中，应填写差异的数量、金额以及发生差异的原因。对于采用代用材料和废料利用，还应在有关的限额领料单中注明，并从原来的限额中予以扣除。

在每批生产任务完成以后，应根据车间余料编制退料手续，限额领料单中尚未领用的余额，在扣除代用领料单中的金额后，再加上退料单上的金额，即为材料的节约差异。超限额领料单上的数量为超支差异。

例如，某企业基本生产车间202×年8月投产A产品500件，单位产品的原材料消耗定额为10千克，超额领料单本月登记数量500千克。每千克计划单位成本5元。

A产品原材料定额消耗量＝500×10＝5 000(千克)

A产品原材料定额成本＝5 000×5＝25 000(元)

A产品原材料脱离定额差异(成本)＝500×5＝2 500(元)(超支差异)

(2)切割核算法

在分批组织生产的企业，对于某些贵重或经常大量使用的且又需要经过在准备车间切割后才能进一步进行加工的材料，应采用整批切割法，通过“材料切割核算单”，核算材料定额消耗量和脱离定额的差异。

“材料切割核算单”应按切割材料的批别开立，单中填明切割材料的种类、数量、消耗定额和应切割成的毛坯数量。切割完毕后，再填写实际切割成的毛坯数量和材料的实际消耗量。根据实际切割成的毛坯数量和消耗定额，即可计算出材料定额消耗量，以此与材料实际消耗量相比较，即可确定用料脱离定额的差异。材料切割核算单的基本格式如表11－8所示。

表 11－8 **材料切割核算单**

材料编号或名称：甲材料　　材料计划单价：20 元

产品名称：A 产品　　废料计划单价：5 元

切割工人工号和姓名：××　　材料计量单位：千克

切割日期：202×年 8 月 20 日　　完工日期：202×年 8 月 25 日

<table>
<tr><td colspan="2">发料数量</td><td colspan="2">退回余料数量</td><td colspan="2">材料实际消耗量</td><td>回收实际废料数量</td></tr>
<tr><td colspan="2">800</td><td colspan="2">80</td><td colspan="2">720</td><td>10</td></tr>
<tr><td colspan="2">单件消耗定额</td><td>单件回收废料定额</td><td>应切割的毛坯数量</td><td>实际切割的毛坯数量</td><td>材料定额消耗量</td><td>废料定额回收量</td></tr>
<tr><td colspan="2">30</td><td>0.2</td><td>24</td><td>22</td><td>660</td><td>4.4</td></tr>
<tr><td colspan="2">材料脱离定额差异</td><td colspan="2">废料脱离定额差异</td><td colspan="2" rowspan="2">差异原因</td><td rowspan="2">责任者</td></tr>
<tr><td>数量</td><td>金额</td><td>数量</td><td>金额</td></tr>
<tr><td>60</td><td>1 200</td><td>－5.6</td><td>－28</td><td colspan="2">未按规定操作，废料增多</td><td>操作人</td></tr>
</table>

在切割核算法下，余料是指剩余的可以按照规定的用途继续使用的材料，并非实际消耗的材料；而废料则是剩余的不能按照原来用途使用的边角废料，属实际消耗材料的一个组成部分。材料实际消耗量除以单件消耗定额即为应切割成的毛坯数量。材料定额消耗量和废料定额回收量应按实际切割成的毛坯数量分别乘以材料消耗定额和废料回收定额计算。材料实际消耗量减去定额消耗量即为材料脱离定额的差异数量，再乘以材料计划单价就可计算出差异金额。废料实际回收量减去定额回收量即为废料脱离定额差异数量，再乘以废料单价，即为差异金额。由于回收废料超过定额的差异可以冲减材料费用，故表中列为负数；低于定额的差异列为正数。

采用"材料切割核算单"进行材料切割的核算，能及时反映材料的使用情况和发生差异的具体原因，有利于加强对材料消耗的监督和控制，尤其是与车间或班组的经济核算结合起来，则可以收到更好的效果。

(3)盘存法

上述两种方法都是按照产品的批别进行材料脱离定额差异的核算。如果在连续式大量大批生产情况下不能分批核算原材料脱离定额差异时，则定期通过盘存的方法计算原材料脱离定额的差异。即根据完工产品数量和在产品盘存(实地盘存或账面结存)数量计算出投产产品数量，再乘以原材料消耗定额，计算出原材料定额消耗量；根据限额领料单、超额领料单、退料单以及车间余料的盘存数量，计算出原材料实际消耗量。然后，将原材料实际消耗量与定额消耗量进行比较，进而确定原材料脱离定额的差异。用公式表示如下：

本期投产数量＝本期完工数量＋期末在产品数量－期初在产品数量

原材料实际耗用量＝本期领料－期末余料

原材料定额耗用量＝本期投产数量×原材料消耗定额

原材料脱离定额差异＝原材料实际耗用量－原材料定额耗用量

按照本期投产产品数量计算材料脱离定额差异，必须具备下列条件：原材料在生产开始时一次投入,不包括期初在产品耗用的原材料。如果原材料是随着生产进度陆续投入,则期初和期末在产品数量应改为按原材料消耗定额计算的期初和期末在产品的约当产量。

综上所述,对于原材料的定额消耗量和脱离定额的差异的核算,不论采用哪一种方法,都应分批或定期地将有关核算资料按照成本计算对象进行汇总,编制原材料定额成本和脱离定额差异汇总表。表中应填明该批或该种产品所耗各种原材料的定额消耗量、定额成本和脱离定额的差异,并分析说明差异产生的主要原因。该表既可以用来汇总反映和分析材料消耗定额的执行情况,又可以代替原材料费用分配表登记产品成本明细账,以使企业根据差异发生的原因采取措施,进一步降低原材料消耗。原材料定额成本和脱离定额差异汇总表的格式如表 11－9 所示。

表 11－9　　原材料定额成本和脱离定额差异汇总表

产品名称:A 产品　　202×年 8 月 1～31 日

材料类别	单位	计划单价	定额成本		实际成本		脱离定额差异		差异原因分析
			数量	金额	数量	金额	数量	金额	
甲	千克	10	3 000	30 000	3 100	31 000	100	1 000	
乙	千克	5	2 000	10 000	2 100	10 500	100	500	
合计	—	—	—	40 000	—	41 500	—	1 500	

2. 直接工资脱离定额差异的核算

由于企业采用工资制度不同,工资脱离定额差异的核算也存在差别。

在计件工资形式下,生产工资属于直接计入费用,因而其脱离定额差异的核算与原材料脱离定额差异的核算相类似。按计件单价支付的工资额即为定额工资。凡符合定额的生产工人工资可反映在产量记录中,脱离定额的差异部分应在专设的工资补付单等差异凭证中予以反映。其计算公式如下:

$$计件单价=\frac{计划单位工时工人工资}{每工时产量定额}$$

$$直接人工定额费用=约当产量\times计件单价$$

在计时工资形式下,由于实际工资总额要等到月终才能确定,因此,生产工资脱离定额的差异不能在平时按照产品直接计算。工资脱离定额差异的核算,在月末实际生产工人工资总额确定之后,再计算核定工资率差异。生产工人工资脱离定额差异可按下列公式计算:

$$\begin{matrix}某产品生产工资\\脱离定额的差异\end{matrix}=\begin{matrix}该产品实际\\生产工资费用\end{matrix}-\begin{matrix}该产品\\实际产量\end{matrix}\times\begin{matrix}该产品生产\\工资费用定额\end{matrix}$$

如果生产工人工资属于间接计入费用,则产品的生产工资脱离定额差异应按下列公式计算:

$$计划小时工资=\frac{计划产量的定额生产工人工资}{计划产量的定额生产工时}$$

$$实际小时工资=\frac{实际生产工人工资总额}{实际生产工时总额}$$

产品定额生产工资＝产品实际产量定额生产工时×计划小时工资

产品实际生产工资＝产品实际产量的实际生产工时×实际小时工资

产品生产工资脱离定额差异＝产品实际生产工资－产品定额生产工资

例如，某企业生产B产品，每工时产量定额为5件，本月约当产量为1 800件，计划单位工时工人工资4元，实际工人工资2 000元。其直接人工脱离定额差异计算如下：

计件单价＝4÷5＝0.8(元/件)

B产品定额工资＝1 800×0.8＝1 440(元)

B产品生产工资脱离定额差异＝2 000－1 440＝560(元)

不论采用哪一种工资形式，都应根据上述核算资料，按照成本计算对象汇总编制定额生产工资和脱离定额差异汇总表。在表中，汇总反映产品的定额工资、实际工资、工资脱离定额的差异及其产生的原因(在计时工资形式下，还应汇总反映各种产品工时脱离定额的情况)等资料，以考核和分析各种产品工资定额的执行情况，并据以计算产品的工资费用，登记有关的产品成本计算单。

3. 制造费用脱离定额差异的核算

制造费用属于间接计入费用。在日常核算中，不能在费用发生的当时按照产品直接确定费用脱离定额的差异，而只能根据月份的费用预算，按照费用发生的车间、部门和费用项目核算脱离预算的差异，据以控制和监督费用的发生。对于制造费用中能够按照一定标准制定限额进行控制的一些项目，例如辅助材料费用等，可以采用限额领料单、超额领料单等定额凭证和差异凭证规定限额，并比照材料的核算方法进行脱离定额差异的核算。对于其他不能采用日常核算方法来计算其差异的费用项目，应定期将费用预算和实际费用进行比较予以考核。

各种产品应负担的制造费用脱离定额的差异，只有等到月末实际费用分配给各产品以后，才能以其实际费用与定额费用相比较加以确定。其计算确定方法与计时工资脱离定额差异的计算确定方法相类似，也是由工时差异和单位小时分配率差异两个因素组成的。其有关计算公式如下：

$$计划小时制造费用率=\frac{计划制造费用总额}{计划产量的定额生产工时总额}$$

$$实际小时制造费用率=\frac{实际制造费用总额}{产品实际生产工时总数}$$

某产品实际制造费用＝该产品实际生产工时×实际小时制造费用率

某产品定额制造费用＝该产品实际产量的定额工时×计划小时制造费用率

某产品制造费用脱离定额差异＝该产品实际制造费用－该产品定额制造费用

脱离定额的差异，月末应在完工产品和月末在产品之间进行分配，分配方法一般采用定额比例法进行。如果脱离定额的差异很小，也可以将全部差异计入完工产品成本，月末在产品不负担差异。

(三)定额变动差异的核算

定额变动差异，是指企业因经济的发展、生产技术条件的变化、劳动生产率的提高等，促使企业修订消耗定额或生产耗费的计划价格而产生的新旧定额之间的差异。定额变动差异与脱离定额差异不同，定额变动差异是定额本身变动的结果，它与生产中费用支出的节约或超支无关，而脱离定额差异则反映生产费用的节约或超支的程度。

在企业的各项消耗定额、生产耗费的计划价格修订以后，定额成本也应及时修订，以保证各项定额能够准确有效地对生产经营活动进行控制和监督。

各项消耗定额和定额成本的修订，一般是在月初、季初或年初定期进行。修订后的定额一般在月初实施，当月投入的产品按新的定额计算定额成本及脱离定额的差异。在定额变动的月份，其月初在产品的定额成本并未修订，它仍然是按照旧定额计算的。因此，为了将按旧定额计算的月初在产品定额成本和按新定额计算的本月投入产品的定额成本，在新定额的同一基础上相加，必须计算月初在产品的定额变动差异，以调整月初在产品的定额成本。其计算公式如下：

$$\begin{matrix}\text{月初在产品}\\\text{定额变动差异}\end{matrix}=\begin{matrix}\text{月初在产品按原定额}\\\text{计算的定额成本}\end{matrix}-\begin{matrix}\text{月初在产品按调整后}\\\text{定额计算的定额成本}\end{matrix}$$

例如，某企业C产品月初在产品100件，直接材料成本项目的定额成本按上月旧定额每件30元计算，共计3 000元。从本月起每件费用定额降为28元，本月投产400件，实际发生直接材料费用为11 800元。产品500件本月全部完工，采用定额法计算该产品的实际成本如下：

月初在产品定额成本	100×30＝3 000(元)
减：月初在产品定额成本降低数	100×(30－28)＝200(元)
加：本月投入产品定额成本	400×28＝11 200(元)
定额成本合计数	3 000－200＋11 200＝14 000(元)
加：脱离定额差异	11 800－11 200＝600(元)
加：定额变动差异	200(元)
C产品实际成本	14 000＋600＋200＝14 800(元)

月初在产品定额变动差异，可以根据定额发生变动的在产品盘存数量或在产品账面结存数量及修订前后的消耗定额，计算出月初在产品消耗定额修订前和修订后的定额消耗量，进而确定定额变动差异。在构成产品的零部件种类较多的情况下，采用这种方法按照零、部件和工序进行计算，工作量就会很大。为了简化计算工作，也可以按照单位产品，采用系数(按新旧定额所计算出的单位产品成本进行对比)折算的方法进行计算。其计算公式如下：

$$\text{定额变动系数}=\frac{\text{按新定额计算的单位产品成本}}{\text{按旧定额计算的单位产品成本}}$$

$$\text{月初在产品定额变动差异}=\text{按旧定额计算的月初在产品成本}\times(1-\text{定额变动系数})$$

例如，D产品的一些零件从8月1日起实行新的原材料消耗定额，单位产品旧的材料消耗定额为80元，新的材料消耗定额为72元。该产品月初在产品按旧定额计算的材料定额成本为50 000元，则月初在产品定额变动差异计算结果如下：

$$\text{定额变动系数}=\frac{72}{80}=0.90$$

月初在产品定额变动差异＝50 000×(1－0.90)＝5 000(元)

采用系数法来计算月初在产品定额变动差异虽然较为简便，但由于系数是按照单位产品计算，而不是按照产品的零部件计算的，因而它只适宜在零部件成套性生产较大的情况下采用；否则，就会影响计算结果的正确性。

对于计算出来的定额变动差异，应分别不同情况进行处理。如果各种消耗定额的变动表现为不断下降的趋势时，月初在产品定额变动差异通常表现为月初在产品定额成本的降低。一方面应从月初在产品定额成本中扣除该项差异，使其与新定额保持一致；另一方面，由于该项差异是月初在产品生产费用的实际支出，不能无故予以扣除，还应将该项差异加入当月产品成本。相反，如果消耗定额是不断提高的，则月初在产品定额成本中应加上小于新定额的差异部分，使之与新定额保持一致；同时因为这部分支出实际上并未发生，应从本月产品成本中予以扣除。因此，期初在产品定额调整与定额变动数额相等，但符号相反，这主要是为了调整期初在产品成本的定额与新定额一致，又不至于影响期初在产品成本。在有月初在产品定额变动差异时，产品实际成本的计算公式为：

产品实际成本＝按现行定额计算的产品定额成本±脱离现行定额的差异±月初在产品定额变动差异

定额变动差异应根据企业具体情况确定是否在完工产品与月末在产品之间进行分配，如果定额变动差异数额较大，应采用定额成本比例法，在完工产品和月末在产品之间进行分配。如果定额变动差异数额较小或者月初在产品在本月已全部完工，则定额变动差异全部由完工产品负担，月末在产品不再负担定额变动差异。

(四)材料成本差异的核算

在采用定额法计算产品成本的企业中，为了加强对产品成本的考核和分析，材料的日常核算都应按计划成本进行。因此材料定额成本和材料脱离定额的差异，都是按照材料的计划单位成本计算的。材料定额成本是定额消耗量乘以计划单位成本；材料脱离定额的差异是消耗量差异乘以计划单位成本，即按计划单位成本反映的数量差异，简称量差。两者之和就是实际消耗量乘以计划单位成本，即原材料的计划价格费用。因此，在月末计算产品的实际原材料费用时，还必须考虑所耗原材料应负担的成本差异，计算应分配的材料成本差异，即所耗原材料的价差。其计算公式如下：

某产品应分配的材料成本差异＝(该产品材料定额成本±材料脱离定额差异)×材料成本差异率

例如，某厂生产E产品，8月份所耗原材料定额成本为36 000元，材料脱离定额差异为超支400元，材料成本差异率为－1％，则：

E产品应分配的材料成本差异＝(36 000＋400)×(－1％)＝－364(元)

(五)产品实际成本的计算

通过上述产品的定额成本及各种差异核算的介绍，如果企业生产的某种产品既有完工产品，又有期末在产品，就需要在完工产品与期末在产品之间对有关差异进行分配。这就必须先计算出完工产品和期末在产品的定额成本，计算公式为：

完工产品各项目定额成本＝完工产品数量×各项目定额成本

期末在产品各项目定额成本＝本月生产费用各项目定额成本合计－完工产品定额成本

根据完工产品和在产品定额成本比例分配各种差异，计算公式为：

$$某差异分配率=\frac{某差异月初数+某差异本月发生数}{完工产品定额成本+期末在产品定额成本}$$

完工产品应分配差异＝完工产品定额成本×某差异分配率

在分配差异时，应按脱离定额差异、材料成本差异、定额变动差异分别进行。如果差异额较小或差异额虽大但各月在产品数量变动较小时，可以全部由完工产品负担；相反，如果差异额比较大且各月在产品的数量变动也较大时，应在完工产品和月末在产品之间按定额成本比例进行分配。但其中的月初在产品定额变动差异，如果产品的生产周期较短（小于一个月），即使差异额较大且各月在产品数量变动也较大时，也应将定额变动差异全部由完工产品负担。

最后，应根据定额成本和分配的差异确定产品的实际成本。定额法计算产品实际成本的公式为：

产品实际成本＝产品定额成本±脱离定额差异±定额变动差异±材料成本差异

四、定额法的应用

例 11－2 某企业大批量生产甲产品，该产品的各项消耗定额比较准确、稳定。为了加强定额管理和成本控制，采用定额法计算产品成本，材料在生产开始时一次投入。该产品的定额变动差异和材料成本差异由完工产品成本负担；脱离定额差异按定额成本比例，在完工产品与月末在产品之间进行分配。202×年 8 月份的有关资料如下：

定额资料如表 11－10 所示。

表 11－10 甲产品定额单位成本计算表

202×年 8 月 单位：元

成本项目	消耗量	计划单价	定额成本
直接材料	10 千克	4.5	45
直接人工	2 小时	10	20
燃料及动力	2 小时	2	4
制造费用	2 小时	1	2
合　计	—	—	71

月初在产品 100 件，月初在产品成本资料如表 11－11 所示。

表 11—11

月初在产品成本资料

202×年 8 月　　　　单位:元

成本项目	定额成本	脱离定额差异
直接材料	4 500	200
直接人工	1 000	100
燃料及动力	200	50
制造费用	100	50
合　计	5 800	400

(1)定额变动资料:

甲产品直接材料费用定额由上月的 45 元降为 40 元,由于月初在产品为 100 件,所以甲产品的定额变动差异为 500 元(5×100)。

(2)本月实际发生费用总额为 32 450 元,其中:直接材料 20 400 元,直接人工 9 200 元,燃料及动力 1 870 元,制造费用 980 元。

(3)月初在产品为 100 件,本月投入甲产品 500 件,当月甲产品完工 400 件,月末在产品为 200 件,在产品完工率均为 50%。

(4)本月定额费用为:直接材料 20 000 元(500×40),直接人工 9 000 元(450×20),燃料及动力 1 800 元(450×4),制造费用 900 元(450×2),共计 31 700 元。

(5)成本计算单如表 11—12 所示。

表 11—12

产品成本计算单

产品名称:甲产品　　　　202×年 8 月　　　　单位:元

成本项目	栏　次	序　号	直接材料	直接人工	燃料动力	制造费用	合　计
月初在产品	定额成本	1	4 500	1 000	200	100	5 800
	定额差异	2	200	100	50	50	400
月初在产品定额变动	定额成本调整	3	−500				−500
	定额变动差异	4	+500				+500
本月费用	定额成本	5	20 000	9 000	1 800	900	31 700
	定额差异	6	400	200	70	80	750
生产费用合计	定额成本	7=1+3+5	24 000	10 000	2 000	1 000	37 000
	定额差异	8=2+6	600	300	120	130	1 150
	定额变动差异	9=4	+500				+500
差异分配率		10=8/7	0.025	0.03	0.06	0.13	—

续表

成本项目	栏 次	序 号	直接材料	直接人工	燃料动力	制造费用	合 计
产品成本	定额成本	11	16 000	8 000	1 600	800	26 400
	定额差异	12=11×10	400	240	96	104	840
	定额变动差异	13=9	+500				+500
	实际成本	14=11+12+13	16 900	8 240	1 696	904	27 740
月末在产品	定额成本	15	8 000	2 000	400	200	10 600
	定额差异	16=8−12	200	60	24	26	310

五、定额法的优缺点

综上所述，定额法是将产品成本的计划工作、核算工作和分析工作有机地结合起来，将事前、事中、事后反映和监督融为一体的一种产品成本计算方法和成本管理制度。

定额法的优点主要表现在：生产耗费及其脱离定额和计划的差异是在日常核算，能够及时反映和监督脱离定额（或计划）的差异，可以及时加强成本控制；有利于提高成本的定额管理和计划管理工作的水平，进一步挖掘降低成本的潜力；能够比较合理、简便地解决完工产品和月末在产品之间分配费用（即分配各种成本差异）的问题。

定额法的缺点是：采用定额法计算产品成本，必须制定定额成本，单独核算脱离定额差异，在定额变动时还必须修订定额成本，计算定额变动差异，因此比采用其他方法核算工作量要大。

定额法作为产品成本计算的辅助方法，不能单独应用，而必须与确定产品成本计算对象的各种基本方法结合起来应用。此外，为了充分发挥定额法的作用，并简化成本核算工作，采用定额法计算产品成本，还必须具备一定的条件：定额管理制度比较健全，定额管理工作的基础比较好；产品的生产已经定型，消耗定额比较准确、稳定。由于大批大量生产比较容易具备这些条件，因而最早应用定额法的就是大量大批的机械制造企业。

第三节 几种成本计算方法的结合应用

由于企业生产产品的特点不同，产品所经过的生产步骤的管理要求不同，致使采用的成本计算方法也有差别，这就可能同时结合使用几种成本计算方法来进行成本的计算。如分批法、品种法和分步法三种成本计算方法的结合应用，分类法、定额法与品种法、分批法、分步法的结合应用。在实际工作中，应根据企业不同的生产特点和管理的要求，并考虑到企业的规模和管理水平等具体条件，对各种成本计算法以灵活运用。在同一企业、同一车间、生产同一产品时，都有可能采用几种成本计算方法来计算产品成本。不能生搬硬套理论知识，要本着主要产品从细、次要产品从简的原则，合理选择成本计算方法，进一步做好企业的成本核算工作。

一、企业生产概况

兴华工厂有一个基本生产车间和一个辅助生产车间(机修车间)，基本生产车间经过三个生产步骤大量生产 A、B、C 三种产品，但因为企业生产规模较小，管理上也不要求分步骤计算产品成本，因此 A 产品采用品种法计算产品成本。由于 B、C 两种产品规格不同，但产品的生产工艺相同，所耗原材料也相同，为了简化成本计算工作，企业规定将 B、C 产品归为一类，称为甲类产品，采用品种分类法计算产品成本，产品成本包括“直接材料”“燃料及动力”“直接人工”“制造费用”四个成本项目。该企业的机修车间，主要是向基本生产提供修理服务，由于提供的劳务比较单一，所以机修车间的制造费用不通过“制造费用”科目核算，直接计入“生产成本——辅助生产成本”明细账。原材料均在生产开始时一次投入。甲类产品月末在产品成本按年初固定成本计算。202×年 8 月份有关资料如表 11－13、表 11－14 所示。

表 11－13 **产量记录**

202×年 8 月 单位:件

产品名称	完工数量	月末在产品数量	在产品完工程度
A 产品	800	200	50%
B 产品	260	80	
C 产品	300	20	

表 11－14 **月初在产品成本** 单位:件

产品名称	直接材料	直接人工	燃料及动力	制造费用	合　计
A 产品	18 000	3 000	750	5 250	27 000
甲类产品	5 000	4 300	300	3 600	13 200

二、兴华工厂 A、B、C 产品成本计算过程及账务处理

(一)编制各种费用汇总分配表，分配各种要素费用

1. 根据审核后的领料凭证，按用途编制材料费用分配表(低值易耗品采用一次摊销法)，如表 11－15 所示。

表 11—15　　**材料费用分配表**

202×年 8 月　　单位:元

分配对象		原材料	低值易耗品	合　计
基本生产车间	A 产品	65 000		65 000
	甲类产品	48 000		48 000
	基本生产车间耗用	1 500	600	2 100
	小　计	114 500	600	115 100
辅助生产车间	机修车间	200	1 000	1 200
行政管理部门			1 800	1 800
合　计		114 700	3 400	118 100

编制会计分录如下:

借:生产成本——基本生产成本(A 产品)　　65 000
　生产成本——基本生产成本(甲类产品)　　48 000
　生产成本——辅助生产成本(机修车间)　　200
　制造费用——基本生产车间　　1 500
　贷:原材料　　114 700
借:生产成本——辅助生产成本(机修车间)　　1 000
　制造费用——基本生产车间　　600
　管理费用　　1 800
　贷:低值易耗品　　3 400

2. 根据本月的工资结算表和职工福利费的计提比例(14%),编制工资及职工福利费分配表,如表 11—16 所示。

表 11—16　　**工资及职工福利费分配表**

202×年 8 月　　单位:元

分配对象			应付工资	应付职工福利	合　计
基本生产车间	生产人员	A 产品	21 000	2 940	23 940
		甲类产品	15 000	2 100	17 100
	基本生产车间管理人员		2 000	280	2 280
	小　计		38 000	5 320	43 320
辅助生产车间			4 200	588	4 788
行政管理部门			12 000	1 680	13 680
合　计			54 200	7 588	61 788

编制会计分录如下:

借:生产成本——基本生产成本(A 产品)　　21 000

生产成本——基本生产成本(甲类产品) 15 000
生产成本——辅助生产成本(机修车间) 4 200
制造费用——基本生产车间 2 000
管理费用 12 000
贷:应付职工薪酬——工资 54 200
借:生产成本——基本生产成本(A 产品) 2 940
生产成本——基本生产成本(甲类产品) 2 100
生产成本——辅助生产成本(机修车间) 588
制造费用——基本生产车间 280
管理费用 1 680
贷:应付职工薪酬——职工福利费 7 588

3. 编制固定资产折旧费用分配表,如表 11—17 所示。

表 11—17 **折旧费用分配表**

202×年 8 月 单位:元

项目	基本生产车间	辅助生产车间	行政管理部门	合计
上月计提折旧	12 400	5 600	8 000	26 000
本月增加固定资产应提折旧				
本月减少固定资产应提折旧				
本月计提折旧	12 400	5 600	8 000	26 000

编制会计分录如下:

借:制造费用——基本生产车间 12 400
生产成本——辅助生产成本(机修车间) 5 600
管理费用 8 000
贷:累计折旧 26 000

4. 本月以银行存款支付办公费 1 682 元,其中基本生产车间 500 元,机修车间 382 元,行政管理部门 800 元。本月应付水费 880 元,其中基本生产车间 280 元,机修车间 200 元,行政管理部门 400 元。本月应付电费 2 200 元。编制会计分录如下:

借:制造费用——基本生产车间 500
生产成本——辅助生产成本(机修车间) 382
管理费用 800
贷:银行存款 1 682
借:制造费用——基本生产车间 280
生产成本——辅助生产成本(机修车间) 200
管理费用 400
贷:应付账款 880

编制外购动力费用分配表，如表11－18所示。

表11－18 **外购动力费用分配表**

202×年8月 单位：元

分配对象		耗电度数	分配率	金　额
基本生产车间	A产品	500	1.10	550
	甲类产品	400	1.10	440
	基本生产车间耗用	100	1.10	110
	小　计	1 000	1.10	1 100
辅助生产车间	机修车间	300	1.10	330
行政管理部门		700	1.10	770
合　计		2 000	1.10	2 200

编制会计分录如下：

借：生产成本——基本生产成本(A产品)　550
　　生产成本——基本生产成本(甲类产品)　440
　　生产成本——辅助生产成本(机修车间)　330
　　制造费用——基本生产车间　110
　　管理费用　770
　贷：应付账款　2 200

(二)归集各项费用，并进行分配

1. 登记辅助生产成本明细账，并根据受益车间部门编制辅助生产费用分配表，如表11－19、表11－20所示。

表11－19 **辅助生产成本明细表**

车间名称：机修车间 单位：元

202×年		凭证号	摘　要	材料费	人工费	折旧费	水电费	其他费用	合　计
月	日								
8	31		根据材料费用分配表	200					200
			低值易耗品摊销					1 000	1 000
			根据工资费用分配表		4 200				4 200
略	略	略	根据福利费用分配表		588				588
			根据折旧费用分配表			5 600			5 600
			支付办公费					382	382
			分配水费				200		200
			根据电费分配表				330		330
			分配转出	200	4 788	5 600	530	1 382	12 500

表 11—20　　辅助生产费用分配表

202×年 8 月　　单位:元

受益部门	修理小时	分配率	分配金额
基本生产车间	1 000	10	10 000
行政管理部门	250	10	2 500
合　计	1 250	10	12 500

编制会计分录如下:

借:制造费用——基本生产车间　　10 000

　管理费用　　2 500

　贷:生产成本——辅助生产成本(机修车间)　　12 500

2. 登记制造费用明细账,归集基本生产车间制造费用,并根据 A 产品和甲类产品的生产工时编制制造费用分配表,将制造费用分配到 A 产品和甲类产品的成本计算单中,如表 11—21、表 11—22 所示。

表 11—21　　制造费用明细表

车间名称:基本生产车间　　单位:元

202×年		凭证号	摘　要	物料消耗	工资福利费	折旧费	办公费	水电费	其他费用	合　计
月	日									
8	31		根据材料费用分配表	1 500						1 500
			低值易耗品摊销						600	600
			根据工资费用分配表		2 000					2 000
略	略	略	根据福利费用分配表		280					280
			根据折旧费用分配表			12 400				12 400
			支付办公费				500			500
			分配水费					280		280
			根据电费分配表					110		110
			根据辅助生产费用分配表						10 000	10 000
			分配转出	1 500	2 280	12 400	500	390	10 600	27 670

表 11—22　　制造费用分配表

202×年 8 月　　单位:元

产品名称	生产工时	分配率	分配金额
A 产品	4 000	5	20 000
甲类产品	1 534	5	7 670
合　计	5 534	5	27 670

编制会计分录如下：

借：生产成本——基本生产成本（A 产品） 20 000

生产成本——基本生产成本（甲类产品） 7 670

贷：制造费用——基本生产车间 27 670

（三）计算产成品的总成本和单位成本

该企业有两个成本计算对象，应分别按 A 产品和甲类产品开设基本生产成本明细账（略），并编制产品成本计算单，分别计算完工产品和在产品成本。

1. A 产品的成本计算单如表 11－23 所示。生产费用在完工产品成本和月末在产品成本之间采用约当产量法分配。

表 11－23 **产品成本计算单**

产品名称：A 产品 202×年 8 月 单位：元

项目		直接材料	直接人工	燃料及动力	制造费用	合计
月初在产品成本		18 000	3 000	750	5 250	27 000
本月生产费用		65 000	23 940	550	20 000	109 490
生产费用合计		83 000	26 940	1 300	25 250	136 490
产量	完工产量	800	800	800	800	—
	在产品约当产量	200	100	100	100	—
	合计	1 000	900	900	900	—
完工产成品成本		66 400	23 944	1 152	22 448	113 944
单位成本		83	29.93	1.44	28.06	142.43
月末在产品成本		16 600	2 996	148	2 802	22 546

2. 甲类产品按定额成本制定的综合系数作为分配的依据（B 产品的定额成本为 150 元，C 产品的定额成本为 120 元，以 B 产品作为标准产品，其系数为 1，C 产品的成本系数则为 120÷150＝0.8）。甲类产品的完工产品成本计算、系数计算及类内产品成本计算如表 11－24、表 11－25 所示。

表 11－24 **完工产品成本计算表**

产品：甲类 202×年 8 月 单位：元

项目	直接材料	直接人工	燃料及动力	制造费用	合计
月初在产品成本	5 000	4 300	300	3 600	13 200
本月生产费用	48 000	17 100	440	7 670	73 210
生产费用合计	53 000	21 400	740	11 270	86 410
本月完工产品总成本	48 000	17 100	440	7 670	73 210
月末在产品成本	5 000	4 300	300	3 600	13 200

表 11—25 **产品系数计算及成本分配表** 单位:元

产品名称	产 量（件）	系 数	标准总产量	直接材料	直接人工	燃料及动力	制造费用	合 计
分配率				96	34.2	0.88	15.34	
B产品	260	1	260	24 960	8 892	228.8	3 988.4	38 069.2
C产品	300	0.8	240	23 040	8 208	211.2	3 681.6	35 140.8
合 计	—	—	500	48 000	17 100	440	7 670	73 210

(四)结转完工产品成本

根据以上计算结果,编制完成产品成本汇总表,见表 11—26。

表 11—26 **产品成本汇总表** 单位:元

产品名称		直接材料	直接人工	燃料及动力	制造费用	合 计
A产品（800 件）	总成本	66 400	23 944	1 152	22 448	113 944
	单位成本	83	29.93	1.44	28.06	142.43
B产品（260 件）	总成本	24 960	8 892	228.8	3 988.4	38 069.2
	单位成本	96	34.2	0.88	15.34	146.42
C产品（300 件）	总成本	23 040	8 208	211.2	3 681.6	35 140.8
	单位成本	76.8	27.36	0.704	12.272	117.136

编制会计分录如下:

借:库存商品——A 产品 113 944

——B 产品 38 069.2

——C 产品 35 140.8

贷:生产成本——基本生产成本(A 产品) 113 944

生产成本——基本生产成本(甲类产品) 73 210

第四节 联产品、副产品和等级产品成本计算

有些工业企业,使用同一种原材料,经过同一生产工艺过程,可以同时生产出两种以上的产品,或者由于生产条件所限、机械操作等方面的原因,生产出不同等级的同一产品。我们根据不同情况,将这些产品分为联产品、副产品和等级产品。例如,炼油厂在原油的加工过程中可同时提炼出汽油、煤油、柴油等联产品,还会产生一些渣油、石油焦等副产品,酿酒厂产生的酒糟、炼铁厂产生的煤气都是副产品,各种产品还会由于质量差别而形成不同等级的产品。

一、联产品成本计算

(一)联产品的含义及联合成本的分配方法

联产品是指使用同种原材料,经过同一生产过程,同时生产出几种具有同等地位、不同用途的主要产品。当投入相同原材料,经过同一生产过程,在某一个"点"上分离的各种产品,称为联产品。这个"点"称"分离点"。分离后的联产品,有的可以直接进入市场销售,有的需经过进一步加工成为另一种用途的产品。在分离前发生的加工成本称为联合成本;在分离后发生的加工成本,由于可以分辨其承担主体,所以称为可归属成本。

联产品的成本计算,可以分两个阶段进行。首先对联合成本进行归集和分配。联产品在分离前可合并成一类产品,根据联产品的生产特点,采用适当的成本计算方法,汇集计算联合成本。产品分离时,将联合成本采用一定的分配标准在联产品之间进行分配,求出各联产品应负担的联合成本。然后对需经过进一步加工才能出售的各种联产品,采用适当的方法计算归集分离后的可归属成本。

联产品的生产过程如图 11－2 所示。

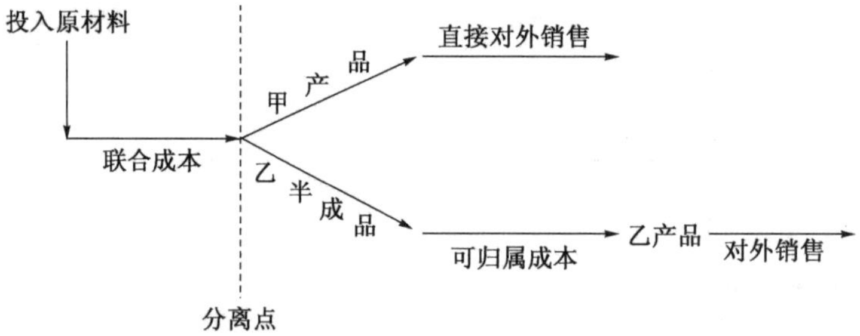

图 11－2 联产品生产过程及产品成本构成图

联产品的成本计算关键是联合成本的分配。联合成本的分配方法主要有售价法、实物法等。

1. 售价法

在售价法下,联合成本按分离点时每种产品的销售价格比例进行分配。采用售价法,要求每种产品在分离点时的销售价格有可靠的计量基础。如果联产品在分离点上可以销售,则采用市场价格进行分摊;如果这些产品尚需进一步加工后才能销售,则需要对分离点上的产品的销售价格进行估计,如果估计销售价格有一定困难,企业可采用可变现净值进行分摊。

2. 实物法

实物法是将产品的联合成本按各联产品的实物数量比例进行分配。这种方法简便易行,但也存在缺陷:一是没有考虑各联产品的含量和特性,没有考虑其销售价值;二是并不是所有的成本都与实物量有直接关系。这种方法使用于所生产的产品价格很不稳定,分离后的联产品价格无法确定且需要经过大量的加工才能销售的联合成本的分配。

(二)联产品成本计算的应用

例 11—3 某化工厂用某一种原料,经过同一生产过程,同时生产出 A、B 两种联产品。202×年 8 月份共生产出 A 产品 10 000 千克,B 产品 20 000 千克,期初、期末无在产品。本月联合成本为 72 000 元,其中直接材料 36 000 元,直接工资 24 000 元,制造费用 12 000 元。A 产品每千克售价 30 元,B 产品每千克售价 45 元,分别采用售价法和实物法计算 A、B 产品成本。

(1)售价法

计算过程如表 11—27 所示。

表 11—27 **联产品成本计算表(售价法)** 单位:元

产品名称	产量	单价	总售价	分配比例(%)	应负担的成本			
					直接材料	直接人工	制造费用	合计
A	10 000	30	300 000	25	9 000	6 000	3 000	18 000
B	20 000	45	900 000	75	27 000	18 000	9 000	54 000
合计	30 000	—	1 200 000	100	36 000	24 000	12 000	72 000

(2)实物法

计算过程如表 11—28 所示。

表 11—28 **联产品成本计算表(实物法)** 单位:元

项目	数量	直接材料	直接人工	制造费用	合计
联合成本	—	36 000	24 000	12 000	72 000
分配率	—	1.2	0.8	0.4	
A	10 000	12 000	8 000	4 000	24 000
B	20 000	24 000	16 000	8 000	48 000

二、副产品成本计算

副产品是指经过同一生产过程,使用同种原材料,在生产出主要产品的同时,附带生产出来的一些非主要产品,或利用生产中的废料加工而成的产品。如在生产肥皂的同时,会附带生产出甘油;在生产焦炭的同时,会附带生产出焦油。副产品不是企业的主要产品,价值一般较低,具有一定的经济价值,因其在生产过程中也发生了耗费,为了保证主要产品成本计算的准确性,因此也要采用一定的方法计算副产品成本。

副产品与主产品是在同一生产过程中形成的,很难划分两者的生产费用,为了简化核算工作,可以将副产品与主产品作为一类,采用分类法计算成本。由于副产品价值较低,在成本计算时,可将副产品按一定标准作价,从分离前的联合成本中扣除,所以,副产品成本计算的关键是副产品的计价。

副产品的计价应视具体情况分别对待：对于分离后不再加工的副产品，如果价值很小，可不负担联合成本，销售后作为其他业务收入处理；如果价值较大，按照售价减去销售费用、销售税金及相应的利润后，作为副产品应负担的成本从联合成本中扣除。对于分离后需进一步加工才能出售的副产品，如果价值很小，可以只计算可归属成本；如果价值较大，应一并计算联合成本和可归属成本。

当然，主要产品和副产品是相对的，并非绝对不变的。随着科学技术的发展、消费市场的变化，主、副产品有时可相互转化，有时还会因为环境保护、废旧物资的回收与综合利用，使副产品的价值大大提高，甚至成为企业的主要产品，为企业提供较大的经济效益和社会效益。

例 11—4 某厂在生产主要产品A产品的同时，还附带生产出副产品B产品和C产品。202×年8月份，A、B、C产品联合成本为45 000元，其中直接材料20 250元，直接人工15 750元，制造费用9 000元。A、B、C产品分离可直接出售，本月A产品的产量为300件，B产品的产量为100千克，销售单价扣除销售费用、销售税金及相应的利润后为6元，C产品的产量为120千克，销售单价扣除销售费用、销售税金及相应的利润后为10元。要求计算A、B、C产品的总成本和单位成本。

根据以上资料，计算过程如表11—29所示。

表 11—29　　产品成本计算表　　单位：元

项　目		直接材料	直接人工	制造费用	合　计
联合成本		20 250	15 750	9 000	45 000
费用项目比重(%)		45	35	20	100
B产品100千克	总成本	270	210	120	600
	单位成本	2.70	2.10	1.20	6.00
C产品120千克	总成本	540	420	240	1 200
	单位成本	4.50	3.50	2.00	10.00
A产品300件	总成本	19 440	15 120	8 640	43 200
	单位成本	64.80	50.40	28.80	144.00

B产品总成本＝100×6＝600(元)

其中直接材料成本＝600×45%＝270(元)

直接人工成本＝600×35%＝210(元)

制造费用＝600×20%＝120(元)

C产品总成本＝120×10＝1 200(元)

其中直接材料成本＝1 200×45%＝540(元)

直接人工成本＝1 200×35%＝420(元)

制造费用＝1 200×20%＝240(元)

A产品总成本＝45 000－600－1 200＝43 200(元)

其中直接材料成本＝43 200×45%＝19 440(元)

直接人工成本＝43 200×35％＝15 120(元)

制造费用＝43 200×20％＝8 640(元)

三、等级产品的成本计算

等级产品是指使用同种原材料，经过同一生产过程而生产出来的品种相同但质量不同的产品。等级产品是合格品，它不同于废品。产生等级产品的原因有两种：一种是由于生产工人技术原因、操作不慎、企业经营管理不善造成；一种是由于材料质量、目前生产技术或生产工艺水平等原因造成。在计算等级产品的成本时，要根据企业的具体情况而定。如果等级产品是由第一种情况造成，则各种等级产品的单位成本是相同的，按等级产品的实际产量比例分配各等级产品应负担的联合成本，次品由于降价销售而造成的损失，可以促使企业不断改善经营管理，提高产品质量。如果等级产品是由第二种情况造成，则应采用适当方法计算等级产品的成本，通常是把等级产品归为一类，计算联合成本，再按等级产品的单位售价为标准制定系数，按系数比例分配各等级产品应负担的联合成本。

例如，某厂由于材料质量不同，生产甲、乙、丙三种不同等级产品，联合成本为 6 800 元。要求计算甲、乙、丙产品的总成本和单位成本。计算过程如表 11－30 所示。

表 11－30 等级产品成本计算表

产品名称	产量	售价	系数	总系数	分配比例(％)	应负担的成本				单位成本
						直接材料	直接人工	制造费用	合计	
甲	100	10	1	100	61	2 196	1 220	732	4 148	41.48
乙	80	5	0.5	40	24	864	480	288	1 632	20.40
丙	40	6	0.6	24	15	540	300	180	1 020	25.50
合计	—	—	—	164	100	3 600	2 000	1 200	6 800	—

本章小结

本章主要介绍了成本计算的辅助方法——分类法和定额法。

分类法的特点是以产品的类别作为成本计算对象，归集该类产品的生产费用，成本计算期要根据生产特点和管理要求来确定，可以定期在月末进行成本计算，也可以与生产周期一致。如果月末在产品数量较多，应将该类产品生产费用总额在完工产品与在产品之间进行分配。

分类法与企业生产类型没有直接的关系，凡是产品品种、规格繁多，可以按照一定标准划分为若干类别的企业或车间，均可以采用分类法计算成本。

在分类法下，类内各种产品成本的计算一般采用系数分配法和定额比例法。

定额法的主要特点有：能够在生产耗费发生的当时，反映和监督脱离定额或预算的差异。有利于提高成本的计划工作和定额管理工作水平，挖掘降低成本的潜力。能简便、合理分配完工产品和月末在产品应负担的费用。在定额法下必须制定定额成本，核算脱离定额差异，因而增加了核算工作量。

定额法的一般程序是：(1)按照企业生产工艺特点和管理要求，确定成本计算对象及成本计算的基本方法。(2)按照定额成本标准，确定计算各成本项目的定额费用。(3)生产费用发生时，将其划分为定额成本和脱离定额差异两部分，分别编制凭证，予以汇总。(4)按确定的成本计算基本方法，汇集、结转产品定额成本和脱离定额成本差异，并按一定标准在完工产品与在产品之间进行分配。(5)将产品定额成本加减所分配的脱离定额成本差异、定额变动差异及材料成本差异求得产品实际成本。

定额法适用于定额管理制度比较健全，定额管理工作的基础比较好，产品的生产已经定型，消耗定额比较准确、稳定的企业和产品。

在有联产品、副产品和等级产品的企业，也要根据具体情况，采用分类法进行成本计算。

各种成本计算方法并不是孤立存在的，在实际工作中，企业应根据自身的生产特点和成本管理要求，选择适合本企业的成本计算方法，使各种成本计算方法有机结合，保证企业成本核算顺利进行，以改善经营管理，提高产品质量，使成本核算真正服务于成本管理。

关键概念

分类法　　定额法　　联产品　　副产品　　等级产品

思考题

1. 试述成本计算分类法的特点、适用范围和产品成本计算程序。
2. 在分类法下，如何计算类内各种产品成本？
3. 简述定额法的特点、适用范围和产品成本计算的程序。
4. 什么是联产品、副产品和等级产品？说明联产品、副产品和等级产品的联系与区别。
5. 什么是联合成本？什么是可归属成本？

自测题

一、判断题

1. 分类法不是成本计算的基本方法，它与企业生产类型没有直接联系。（　　）
2. 分类法是以产品类别作为成本计算对象的一种产品成本计算的基本方法。（　　）
3. 用分类法计算出的类内各种产品的成本，具有一定的假设性。（　　）
4. 企业对品种、规格多而且数量少、费用比重小的零星产品，必须采用分类法计算成本。（　　）

5. 按照系数分配法计算同类产品中各种产品成本的方法，称为系数法，而不属于分类法。（ ）

6. 在系数法下，确定系数时，一般是在类内选择一种产量较大、生产比较稳定或规格折中的产品作为标准产品，将这种产品的系数定为“1”。（ ）

7. 定额法是以产品的定额作为成本计算对象。（ ）

8. 定额法只适用于大批大量生产的机械制造业。（ ）

9. 在采用定额法时，事前必须制定产品的消耗定额、费用定额和定额成本。（ ）

10. 在定额法下，原材料费用定额等于原材料实际消耗数量乘以原材料计划单价。（ ）

11. 在定额法下，原材料的日常核算既可按实际成本，也可按计划成本。（ ）

12. 定额法不仅是一种产品成本的计算方法，而且还是一种对产品成本进行直接控制和管理的方法。（ ）

13. 联产品的成本计算关键是联合成本的分配。（ ）

14. 在定额法下，定额变动差异就是脱离定额差异。（ ）

15. 采用定额法计算产品成本时，在计算月初在产品定额变动差异时，若是定额降低的差异，则应从月初在产品定额成本中减去，同时加入本月产品成本。（ ）

16. 在定额法下，在月初在产品定额成本发生变动时，其结果是：若是定额降低时，减少了定额成本，增加了定额变动差异；若定额提高时，则增加了定额成本，减少了定额变动差异。（ ）

17. 定额变动差异是定额本身变动的结果，它与生产中的生产费用支出的节约或浪费无关。（ ）

18. 在定额法下，产品的定额成本是以产品生产耗费的消耗定额和计划单价为依据确定的费用。（ ）

19. 为了简化核算工作，可以将副产品与主产品作为一类，采用分类法计算成本。（ ）

20. 由于生产工人技术原因、操作不慎、企业经营管理不善形成等级产品，应采用适当方法计算等级产品的成本，通常是把等级产品归为一类，计算联合成本，再按等级产品的单位售价为标准制定系数，按系数比例分配各等级产品应负担的联合成本。（ ）

二、单项选择题

1. 分类法是以（ ）作为成本计算对象。

A. 产品品种　B. 产品类别　C. 产品生产步骤　D. 产品批别

2. 某公司生产主产品的同时，还生产某种副产品。该种副产品可直接对外出售，当月共发生生产成本总额 60 000 元，当月完工主产品 500 件，副产品 100 件，副产品的市场销售价格为 52 元/件，单位销售费用、税金和利润合计为 15 元，采用副产品作价扣除法确定副产品成本，则该公司主产品成本为（ ）元。

A. 3 700　B. 6 700　C. 53 300　D. 56 300

3. 采用系数法时，作为标准产品的应是(　　)。

A. 生产量最大的产品

B. 获利最多的产品

C. 品种、规格繁多的产品

D. 产量较大、生产稳定或规格适中的产品

4. 分类法适用于(　　)的企业。

A. 小批单件多步骤生产

B. 大量大批多步骤生产

C. 大量大批单步骤生产

D. 品种、规格繁多，可以按一定标准进行分类

5. 定额法的特点是将事前制定的产品消耗定额、费用定额和(　　)作为降低成本的目标。

A. 定额成本　　B. 计划成本　　C. 定额差异　　D. 目标成本

6. (　　)不仅是一种成本计算方法，而且是一种对产品成本进行事前、事中、事后控制和管理的方法。

A. 分类法　　B. 定额法　　C. 分步法　　D. 分批法

7. 定额法适用于(　　)。

A. 单件小批生产的企业

B. 定额管理制度比较健全，定额管理工作的基础比较好，产品生产已定型，各项消耗定额比较准确、稳定的企业

C. 与生产类型没有直接关系

D. 大批大量生产企业

8. 一个企业有两个生产车间，其生产类型不同，则(　　)。

A. 可以采用不同的成本计算方法　　B. 应采用相同的成本计算方法

C. 不能采用不同的成本计算方法　　D. 几种成本计算方法不能结合运用

9. 某产品月初原材料定额费用为 5 000 元，1 月份对原材料消耗定额进行了调整，旧的原材料费用定额为 50 元，新的费用定额为 48 元，则该产品月初在产品原材料定额变动差异为(　　)。

A. +200　　B. -200　　C. +100　　D. -100

10. 某公司生产 A、B 两种联产品，采用售价法分配联合成本。3 月份发生的全部成本是 100 万元，A、B 产品在分离点上的销售价格总额是 40 万元，其中 A 产品的销售价格总额为 16 万元，B 产品的销售价格总额是 24 万元，则 B 产品应分配的联合成本为(　　)万元。

A. 40　　B. 24　　C. 80　　D. 60

三、多项选择题

1. 在分类法下，应选择合理的分配标准，在每类产品的各种产品之间分配费用，这些分配

标准主要有(　　)。

A. 产品的重量　　B. 售价　　C. 定额消耗量　　D. 定额费用

2. 原材料脱离定额差异的计算方法有(　　)。

A. 限额法　　B. 切割法　　C. 盘存法　　D. 定额法

3. 定额法的特点是(　　)。

A. 按产品类别设立成本明细账

B. 事前制定消耗定额、费用定额和定额成本

C. 在生产费用发生时,将其符合定额的费用和发生的差异分别核算

D. 月末,在产品定额的基础上,加减各种成本差异,计算产品的实际成本

4. 在定额法下,当消耗定额降低时,下列说法中正确的是(　　)。

A. 月初在产品定额成本降低

B. 月初在产品定额变动差异增加

C. 月初在产品费用与本月生产费用之和不变

D. 本月完工产品成本与月末在产品成本之和不变

5. 分类法的优点是(　　)。

A. 可以简化成本核算工作

B. 可以分类掌握产品成本情况

C. 可以使类内产品成本计算更为准确

D. 能够及时对类内产品成本进行有效控制

6. 分类法的缺点是(　　)。

A. 产品成本计算结果有一定的假定性。

B. 产品的分类选定是否适当,将直接影响成本计算结果的准确性

C. 分配标准(或系数)的选定是否适当,对成本计算结果有很大影响

D. 因为既要分类又要选择分配标准,所以成本核算工作较复杂

7. 定额法的优点是(　　)。

A. 能够及时加强成本控制

B. 有利于提高成本的定额管理和计划管理工作的水平

C. 能够挖掘降低成本的潜力

D. 能够比较合理、简便地解决生产费用在完工产品和月末在产品之间的分配问题

8. 定额法的缺点是(　　)。

A. 必须制定定额成本,单独核算脱离定额差异

B. 在定额变动时还必须修订定额成本,计算定额变动差异

C. 比采用其他成本核算方法工作量大

D. 生产费用在完工产品和月末在产品之间的分配结果不准确

9. 分类法适用于(　　)。

A. 品种、规格繁多,可以按规定标准分类的产品

B. 联产品

C. 等级产品

D. 品种、规格繁多，且数量较少，费用比重小的零星产品

10. 在定额法下，产品的实际成本是(　　)的代数和。

A. 产品定额成本　　B. 脱离定额差异

C. 材料成本差异　　D. 月初在产品定额变动差异

实务题

实务题一

1. 目的：练习各种成本计算方法的选择。

2. 资料：某机器制造厂有第一车间、第二车间和装配三个基本生产车间，同时还设有机修、模具两个辅助生产车间。该厂大量生产甲、乙两种产品。

第一车间生产加工铁铸件、钢铸件和铜铸件三类铸件。其中铁铸件又分为Ⅰ、Ⅱ、Ⅲ三个型号。该车间所产铸件除一部分对外销售外，另一部分转入第二车间加工成A、B、C、D、E、F零件，其中A零件时常有大批量的订货，这些零件全部通过自制半成品入库，装配车间按需领用，装配成甲、乙两种产品。

该企业机修车间主要负责全厂生产设备的大、中、小型修理，模具车间为基本生产车间制造各种专用工具、模具、夹具等，生产组织为小批生产。

该企业为了实行厂内经济核算，分清和落实各生产车间的经济责任，规定企业内部相互提供的材料、半成品及各种劳务都按计划成本进行核算，各项成本差异由厂部成本核算人员集中调整后，计算出产品的实际成本。

3. 要求：分析该企业的生产特点及成本管理要求，并为该企业的各种产品和劳务选择确定合适的成本计算方法。

实务题二

1. 目的：练习分类法。

2. 资料：大华工厂按照产品类别(A类)归集生产费用，计算产品成本。类内各种不同产品的成本采用系数法分配确定。

该厂202×年8月份的A类产品的有关产量、定额及成本资料如下：

(1)　　**产量及定额资料**

产品规格	产量(件)	材料单件定额(元)	工时单件定额(元)	备　注
甲产品	1 000	48	20	
乙产品	2 400	40	10	标准产品
丙产品	800	60	5	

（2）

生产成本资料

项　目	直接材料	直接人工	制造费用	合　计
月初在产品定额成本	264 000	31 500	22 500	318 000
本月发生费用	1 034 100	260 000	300 000	1 594 100
合　计	1 298 100	291 500	322 500	1 912 100

（3）月末在产品成本按定额成本计算，定额成本为：直接材料 119 100 元，直接人工 18 700 元，制造费用 18 900 元。

3. 要求：按系数法计算 A 类产品的三种产品成本。

实务题三

1. 目的：练习定额法。

2. 资料：某公司大批生产乙产品，采用定额法计算产品成本，为了简化核算手续，该产品的定额变动差异和材料成本差异全部由完工产品成本负担，脱离定额差异按定额比例在完工产品与月末在产品之间进行分配。该企业 9 月份生产乙产品的有关成本核算资料如下：

（1）乙产品单位定额成本为 376 元，其中：原材料 266 元，工资及福利费 60 元，制造费用 50 元。

（2）本月乙产品完工 1 000 件，月末在产品 200 件，完工程度 50％。

（3）

乙产品成本核算资料

单位：元

成本项目	月初在产品成本		本月生产费用	
	定额成本	脱离定额差异	定额成本	脱离定额差异
原材料	28 000	＋1 268	292 600	＋11 500
工资及福利费	3 000	－120	63 000	＋2 100
制造费用	2 500	＋100	52 500	＋1 000
合　计	33 500	＋1 248	408 100	＋14 600

（4）该产品原材料在生产开始时一次投入，从 9 月 1 日起实行新的原材料消耗定额。乙产品原单位产品材料费用定额为 280 元，新的材料费用定额为 266 元。乙产品月初在产品按旧定额计算的材料费用为 28 000 元。

（5）乙产品 9 月份材料成本差异额为节约 6 600 元。

3. 要求：采用定额法计算乙产品成本，并登记产品成本明细账。

产品成本计算单

产品名称：　　　　202×年　月　　　　单位：元

成本项目	栏　次	直接材料	直接人工	制造费用	合　计
月初在产品	定额成本				
	定额差异				

续表

成本项目	栏　次	直接材料	直接人工	制造费用	合　计
月初在产品定额变动	定额成本调整				
	定额变动差异				
本月费用	定额成本				
	定额差异				
	材料成本差异				
生产费用合计	定额成本				
	定额差异				
	定额变动差异				
	材料成本差异				
差异分配率					
产品成本	定额成本				
	定额差异				
	定额变动差异				
	材料成本差异				
	实际成本				
月末在产品	定额成本				
	定额差异				

实务题四

1. 目的：练习定额法。

2. 资料：(1)某企业生产甲产品，本月投入量为 500 件，单位产品的材料消耗定额为 10 千克，计划单价为 6 元，材料的节约差异为 200 千克，材料的成本差异率为 2%。

(2)某企业采用定额法计算成本，乙产品月初在产品 800 件，完工率 50%，每工时产量定额上月为 4 件，本月提高到 5 件，计划单位工时工资上月和本月均为 3 元。

3. 要求：

(1)根据资料(1)，计算甲产品的定额成本、脱离定额差异、材料成本差异。

(2)根据资料(2)，计算乙产品月初在产品的定额费用、定额变动调整数和定额变动差异数。

第十二章

标准成本法和作业成本法

本章要点

- 了解标准成本和作业成本的含义及特点
- 熟悉标准成本法和作业成本法的核算程序

本章引言

本章将介绍两种在现代企业中被广泛运用于成本控制和成本管理的方法——标准成本法和作业成本法。标准成本法作为一种成本控制方法,本书主要介绍采用标准成本法进行成本差异的分析。作业成本法是一种较为先进的成本管理方法,本书将主要介绍作业成本管理的核心思想以及作业成本法核算的一般程序。旨在让读者了解成本会计学发展的前沿动态及其对我国现行成本核算、成本控制和成本管理制度的影响。

素养提升

标准成本在本质上可以视为产品成本控制的目标,为企业的成本控制指明方向。本章主要通过标准成本的概念引导学生学会制定明确的目标,将个人目标与国家目标、集体目标相结合,为祖国建设贡献自己的一份力量。

第一节　标准成本法

在本书前几章中介绍的各种产品成本计算方法,仅限于实际成本计算,属于实际成本制度的范畴。它们虽然也能较正确地反映产品的实际成本,为编制会计报表提供资料,对成本管理起着一定的作用。但是,随着生产的发展,企业经营的规模在扩大,这几种实际成本制度已很难满足现代化大生产经营管理的需要。比如实际成本制度重在事后核算,而忽视了事前、事中的控制,提供的成本信息不能直接用于分析成本升降的原因,不便于成本预测和决策。而产生于20世纪20年代末30年代初的标准成本制度不仅克服了实际成本制度的缺陷,还简化了会计核算工作,被广泛应用于现代企业。

一、标准成本法的含义和特点

标准成本法又称为标准成本制度,不仅是一种成本计算方法,而且是把成本的计划、控制、计算、分析相结合的一种成本控制系统。在标准成本法下,要为产品成本制定各种标准,并使之适用于管理中对产品成本进行有效的控制。其主要目的在于尽可能地降低成本,提高企业经营绩效。

标准成本法具有以下特点:

(1)事先为企业生产的各种产品制定各成本项目的标准(即标准成本),将标准成本作为员工努力工作的目标,也是衡量实际成本节约或超支的尺度,从而起到事先控制的作用。

(2)生产过程中将实际发生的成本与标准成本做比较,及时揭示并分析成本差异,并可以迅速采取有效措施加以改进,起到事中控制的作用。

(3)月末,将实际产量下的标准成本与实际成本做比较,揭示成本差异分析原因,查明责任,评估业绩,并指出降低成本的途径,达到事后控制的目的。

标准成本法在西方国家及我国成本管理较为先进的企业中被广泛应用,就是因为它可以简化成本核算,有效地进行成本控制,有利于正确评价业绩,增强员工的成本意识,最终提高企业经营的绩效。

二、标准成本的制定

采用标准成本法核算,企业必须事先制定产品的各项标准成本。标准成本是指在整个生产经营过程中为各部门、各单位、各种产品规定的费用开支和人力、物力的消耗标准。

(一)成本标准的类型

常见的成本标准有三种分类方法:

(1)按照制定成本标准的依据不同,分为历史标准成本和预期标准成本。历史标准成本是以某产品过去已实现的实际成本为标准确定的成本。历史成本可以选择历史平均成本,也可以选择历史最低成本。预期标准成本是以现有的技术水平为基础,考虑未来可能发生的变化制定的标准成本,是企业短期内的目标成本。

(2)按照标准成本使用的期限不同,分为基本标准成本和现行标准成本。基本标准成本是在制定后,只要基本生产条件不变,则不再变动的一种标准成本。现行标准成本是在企业现行的生产条件下有效经营可以达到的成本,该成本标准应随着企业生产条件的变化而调整,通常每年制定一次。

(3)按照标准成本的水平,分为理想标准成本和正常标准成本。理想标准成本是企业的生产经营条件达到最优水平时的成本。这种成本只在理论上存在,现实中不可能达到。正常标准成本是在合理的工作效率、正常的生产能力和有效的经营条件下所能达到的成本。这种成本经过生产经营者的努力是可以达到的。

企业在成本控制中应采用何种标准成本,要考虑自身情况,既要选择先进的标准,又要选择切实可行的标准。制定以后既不能长期不变,也不能变化过频,一般以每年修订一次为宜。

(二)各成本项目标准成本的制定

产品的标准成本和实际成本一样,包括直接材料、直接人工和制造费用三个成本项目。标准成本的制定应分成本项目分别进行,每一个成本项目都遵循一个公式:

标准成本＝标准消耗量×标准价格

1. 直接材料的标准成本

某产品直接材料的标准成本＝直接材料标准数量×直接材料标准价格

其中,数量标准在制定时,要以正常生产条件下构成产品实体所耗的原材料数量为准,同时考虑合理的损耗和不可避免的废品所耗;价格标准是指材料的采购成本标准,包括买价和采购费用。

2. 直接人工的标准成本

某产品直接人工的标准成本＝直接人工标准工时×直接人工标准工资率

其中,工时标准即为数量标准,应考虑产品正常加工时间、必要停工时间和不可避免废品所耗时间等;工资率标准即为价格标准,计时工资制下为标准小时工资率,计件工资制下为标准计件单价。

3. 制造费用的标准成本

制造费用的标准成本一般不是按照产品制定,而是以部门为单位,先分别编制固定制造费用和变动制造费用预算额,再除以标准总工时,求得各自的标准分配率。计算公式如下:

$$\text{固定制造费用标准分配率}=\frac{\text{固定制造费用预算总额}}{\text{标准总工时}}$$

$$\text{变动制造费用标准分配率}=\frac{\text{变动制造费用预算总额}}{\text{标准总工时}}$$

某种产品的制造费用标准成本,可以用该产品的标准工时数乘以费用的标准分配率计算求得:

某产品固定制造费用标准成本＝该产品标准工时×固定制造费用标准分配率

某产品变动制造费用标准成本＝该产品标准工时×变动制造费用标准分配率

综上所述,单位产品的标准成本由三个成本项目构成:

单位产品标准成本＝直接材料标准成本＋直接人工标准成本＋制造费用标准成本

三、标准成本差异的计算和分析

标准成本差异是指标准成本与实际成本之间的差额。如果实际成本高于标准成本,为超支差异；如果实际成本低于标准成本，为节约差异。成本差异的存在，表明成本发生过程中存在不利或有利的因素在起作用。企业可以从差异入手，找出这些影响成本的因素，并采取措施，控制成本。由于标准成本均由数量标准和价格标准组成，因此，成本差异的分析也应从数量差异和价格差异两方面入手。

(一)直接材料成本差异

直接材料成本差异＝材料实际成本－材料标准成本

＝实际数量×实际价格－标准数量×标准价格

总的成本差异从数量和价格两方面考虑：

材料数量差异＝(实际数量－标准数量)×标准价格

材料价格差异＝(实际价格－标准价格)×实际数量

例 12－1 某产品生产过程耗用 A 材料。A 材料的标准消耗量为 600 千克，标准单价为 8 元，实际消耗量为 700 千克，实际单价为 7.5 元，则 A 材料成本差异计算如下：

A 材料成本差异＝700×7.5－600×8＝450(元)

其中：

数量差异＝(700－600)×8＝800(元)

价格差异＝(7.5－8)×700＝－350(元)

表明该产品耗用 A 材料超支 450 元，其中由于增加了材料的消耗量引起成本超支 800 元，由于降低了采购成本而节约了 350 元。因此，企业应在控制采购成本的基础上，有效控制生产部门消耗量，减少浪费。

(二)直接人工成本差异

直接人工成本差异＝实际工时×实际工资率－标准工时×标准工资率

同样从两方面分析，工时差异(效率差异)和工资率差异：

直接人工效率差异＝(实际工时－标准工时)×标准工资率

直接人工工资率差异＝(实际工资率－标准工资率)×实际工时

例 12－2 某企业生产甲产品，单位产品消耗的标准工时为 5 小时，标准工资率为 2.5 元/小时，实际消耗的工时为 6 小时，实际的工资率为 2.4 元/小时。单位产品的直接人工成本差异计算如下：

直接人工成本差异＝6×2.4－5×2.5＝1.9(元)

其中：

直接人工效率差异＝(6－5)×2.5＝2.5(元)

直接人工工资率差异＝(2.4－2.5)×6＝－0.6(元)

表明单位甲产品的直接人工成本超支 1.9 元。其中，由于生产效率降低导致成本增加了 2.5 元，工资率降低使得成本降低了 0.6 元。因此，要降低直接人工成本，在工资水平不断提高的前提下，必须改进生产工艺，提高劳动熟练程度，以提高劳动生产率。

(三)制造费用的成本差异

制造费用的成本差异要分固定制造费用和变动制造费用分别计算和分析,其中固定制造费用一般与生产部门的规模有关,而变动制造费用与产品产量有关。各自的差异仍然分效率差异和开支差异两方面考虑。

1. 变动制造费用的成本差异

变动制造费用成本差异=实际变动费用-标准工时×标准变动制造费用分配率

其中:

效率差异=(实际工时-标准工时)×标准变动制造费用分配率

变动制造费用开支差异=(实际变动制造费用分配率-标准变动制造费用分配率)×实际工时

=实际变动制造费用-实际工时×标准变动制造费用分配率

例 12—3 某车间本月变动性制造费用实际发生额为 2 680 元,实际消耗工时为 1 500 小时,标准工时为 1 400 小时,变动制造费用标准分配率为 1.8。变动制造费用成本差异计算如下:

变动制造费用成本差异=2 680-1 400×1.8=160(元)

其中:

变动制造费用效率差异=(1 500-1 400)×1.8=180(元)

变动制造费用开支差异=2 680-1 500×1.8=-20(元)

表明变动制造费用成本超支 160 元,由于机器工时的增加使成本增加了 180 元,而变动制造费用开支的降低使成本降低了 20 元。

2. 固定制造费用的成本差异

固定制造费用成本差异=实际固定制造费用-标准工时×标准固定制造费用分配率

其中:

固定制造费用效率差异=(实际工时-标准工时)×标准固定制造费用分配率

固定制造费用开支差异=实际固定制造费用-实际工时×标准固定制造费用分配率

其计算分析过程与变动制造费用类似,不再赘述。

四、标准成本法账务处理的特点

采用标准成本法,其账务处理有以下特点:

(1)"原材料""基本生产成本""库存商品""主营业务成本"等账户日常均按标准成本记账。如购入材料时,用采购数量乘以标准单价记入"原材料"账户借方;生产领用材料时,用领用数量乘以材料标准成本,从"原材料"账户贷方转入"基本生产成本"账户借方;结转完工产品成本时,以完工产品数量乘以标准成本,从"基本生产成本"账户贷方转入"库存商品"账户借方。

(2)对标准成本差异,单独开设账户进行核算,如"材料数量差异""材料价格差异""直接人工效率差异""直接人工工资率差异""变动制造费用效率差异""变动制造费用开支差异""固定制造费用效率差异"和"固定制造费用开支差异"等账户。这些差异账户借方登记超支差异,贷方登记节约差异。

(3)月末,将各差异账户中的差异额汇总后,编制“成本差异汇总表”,并将各种差异抵消后的净额列入利润表,作为主营业务成本的调整范围。

五、标准成本法的应用

某公司本月生产甲产品 200 件,全部完工,且全部出售,每件售价 500 元。“在产品”和“产成品”账户期初均无余额,本月有关费用资料如下:

(1)本月采购部门采购 A 材料 3 000 千克,实际采购价格为 4.3 元/千克,标准价格为 5 元/千克。

(2)甲产品耗用 A 材料 2 100 千克,标准耗用量为 10 千克/件。

(3)实际耗用工时 3 000 个,实际工资总额 42 000 元,标准工资率 10 元/小时,单位产品标准工时 20 小时。

(4)本月变动制造费用 15 000 元,变动制造费用标准分配率为 4 元/小时。固定制造费用 9 600 元,固定制造费用标准分配率为 3 元/小时。

按照标准成本法,根据以上资料,计算过程如下:

(一)编制采购材料会计分录

材料采购标准成本=3 000×5=15 000(元)

材料采购实际成本=3 000×4.3=12 900(元)

材料采购价格差异=(4.3−5)×3 000=−2 100(元)(有利差异)

借:原材料	15 000	
贷:银行存款		12 900
材料价格差异		2 100

(二)编制领用材料会计分录

材料用量差异=(2 100−200×10)×5=500(元)(不利差异)

借:在产品	10 000	
材料用量差异	500	
贷:原材料		10 500

(三)编制直接人工会计分录

直接人工标准成本=200×20×10=40 000(元)

直接人工实际成本=42 000(元)

直接人工实际工资率$=\frac{42\ 000}{3\ 000}=14$(元/小时)

直接人工工资率差异=(14−10)×3 000=12 000(元)(不利差异)

直接人工效率差异＝(3 000－200×20)×10＝－10 000(元)(有利差异)

借:在产品　40 000
　直接人工工资率差异　12 000
　贷:应付职工薪酬　42 000
　　直接人工效率差异　10 000

(四)编制变动制造费用会计分录

标准变动制造费用＝200×20×4＝16 000(元)

实际变动制造费用＝15 000(元)

实际变动制造费用分配率＝$\frac{15\ 000}{3\ 000}$＝5(元/小时)

变动制造费用开支差异＝(5－4)×3 000＝3 000(元)(不利差异)

变动制造费用效率差异＝(3 000－200×20)×4＝－4 000(元)(有利差异)

借:在产品　16 000
　变动制造费用开支差异　3 000
　贷:变动制造费用　15 000
　　变动制造费用效率差异　4 000

(五)编制固定制造费用会计分录

标准固定制造费用＝200×20×3＝12 000(元)

实际固定制造费用＝9 600(元)

实际固定制造费用分配率＝$\frac{9\ 600}{3\ 000}$＝3.2(元/小时)

固定制造费用开支差异＝(3.2－3)×3 000＝600(元)(不利差异)

固定制造费用效率差异＝(3 000－200×20)×3＝－3 000(元)(有利差异)

借:在产品　12 000
　固定制造费用开支差异　600
　贷:固定制造费用效率差异　3 000
　　固定制造费用　9 600

(六)编制完工入库的会计分录

直接材料:	10 000 元
直接人工:	40 000 元
变动制造费用:	16 000 元
固定制造费用:	12 000 元
合计	78 000 元

借:产成品　78 000

贷:在产品 78 000

(七)编制销售会计分录

借:银行存款 100 000

贷:销售收入 100 000

(八)编制结转产品销售成本的会计分录

借:销售成本 78 000

贷:产成品 78 000

(九)编制结转本期各项成本差异的会计分录

编制成本差异汇总表,如表12—1所示。

表12—1 **成本差异汇总表** 单位:元

账户名称	不利差异	有利差异
材料价格差异		2 100
材料用量差异	500	
直接人工工资率差异	12 000	
直接人工效率差异		10 000
变动制造费用开支差异	3 000	
变动制造费用效率差异		4 000
固定制造费用开支差异	600	
固定制造费用效率差异		3 000
合　计	16 100	19 100
差异净额		3 000

借:材料价格差异 2 100

直接人工效率差异 10 000

变动制造费用效率差异 4 000

固定制造费用效率差异 3 000

贷:销售成本 3 000

材料用量差异 500

直接人工工资率差异 12 000

变动制造费用开支差异 3 000

固定制造费用开支差异 600

第二节　作业成本法

随着市场经济发展和变化速度的加快,企业的生存越来越困难,但同时也给企业的生存和发展留下了很大的空间。谁掌握了先进的管理技术和方法，谁就能生存和发展，因而企业管理者越来越强调准确的成本信息对市场和产品决策的重要性。成本信息的准确与否的关键在于如何把间接费用分摊到产品上，而采用什么样的分配方法就成为问题的关键。作业成本法就是针对这一问题而产生和发展的一种新的成本计算和管理方法。

作业成本法起源于 20 世纪 30 年代末、40 年代初美国会计学家科勒的作业会计思想。20 世纪 80 年代后期，受到西方会计界的普遍重视，开始在企业中大范围应用。作业成本法提出的背景是基于间接费用的分配，尤其是先进的制造环境下。传统的成本计算方法都是以某一总量为基础，计算统一的间接费用分配率来分配间接费用。这种方法在间接费用在成本中所占比重较小、对成本管理要求不高的情况下是可行的。但随着生产自动化的日益发展，弹性制造系统、电脑辅助设计在企业的运用，成本中间接费用的比重与日俱增，传统成本计算方法已不能适应客观要求。于是作业成本法逐渐为现代企业所接受，并得以广泛应用。

一、作业成本法的基本原理

在作业成本法下，首先将企业的生产经营过程划分为一个又一个的作业。这里的作业指的是一个组织内部，为了特定目的而消耗资源的活动，如产品设计、设备安装、材料搬运、物资调度、质量检验、产品营销、售后服务等都可以作为企业生产经营过程中的一个作业。作业是一种资源的投入和另一种效果的产出，作业活动贯穿于经营活动的全过程，而且作业可以用一定的标准计量。把类似的作业归集在一起就构成了作业中心。一个又一个作业的有机结合就形成了作业链。作业链的价值表现称为价值链。

作业成本法的基础原理是：产品消耗作业，作业消耗资源。

作业成本法把作业作为成本核算对象，依据作业对资源的消耗情况，将生产费用按其产生的原因汇集到作业上，计算出作业成本，再按照产品生产所消耗的作业，将作业成本计入产品的生产成本。因此，作业成本法既可以计算出产品生产成本以满足损益计算的需要，又可以计算出作业成本以满足作业管理的需要。作业成本法的基本原理可用图 12—1 表示如下：

资源 —资源动因→ 作业 —作业动因→ 产品

图 12—1　作业成本法的基本原理

可以看出，作业的实质就是在资源耗费和产品之间建立的“桥梁”，借助作业将资源耗费归集、分配到产品中，形成各种产品的成本。

二、作业成本法计算的一般程序

依据作业成本法的基本原理，其计算的一般程序如下：

(一)选择作业，归集作业成本

该步骤是对耗费的资源价值按照作业进行归集的过程。企业在生产过程中消耗的各种资源，首先要合理分配归集到作业中，按照资源消耗与作业的关系，选择主要作业，归集作业，形成作业成本库。如X电源开关生产企业，采用作业成本法核算产品成本，根据本公司产品生产特点，划分为备料、液压、喷漆、加盐、检查和生产制造六种主要作业。各个作业所耗费的资源能够明确分开，各种作业耗用的资源量都不相同。因此可以按这几项作业分别设立作业成本库，归集耗费资源情况。

(二)识别成本动因

成本动因即成本驱动因素，是对导致成本发生或增加的具有相同性质的某一类重要事项进行的量度，如电力消耗的用电度数、订单处理的批次、材料搬运的数量等。

在电源开关生产企业的六项作业中，备料作业成本与产品的数量呈正比例关系，以产品数量为成本动因；液压作业的消耗与占用机器时间有关，以液压小时为成本动因；喷漆作业以喷漆道数为成本动因；加盐作业以加盐批次为成本动因；检查作业以检查小时为成本动因；生产制造以人工费用为主，选择生产小时为成本动因。

(三)计算单位作业成本

确定了作业成本库及其成本动因后，用各作业成本库的作业成本除以该作业中心的成本动因总数，即可得到各个作业成本库的单位作业成本，也就是成本的分配率。计算公式如下：

某成本库单位作业成本＝该作业成本库成本总额÷该成本动因总数

(四)将作业成本分配到产品上

这是作业成本计算的最后一步。它是以每个作业成本库的单位作业成本乘以该批产品或劳务的成本动因数，即得到该批产品或劳务应承担的作业成本。将该批产品或劳务所承担的各项作业成本加总即为该批产品或劳务的总成本，再除以产品或劳务的数量即为其单位成本。

三、作业成本法的应用

某企业同时生产A、B两种产品，A产品每批1 000件，年产量10 000件，B产品每批200件，年产5 000件。A产品每件售价13元，B产品每件售价22元。有关成本动因资料如下：

A、B产品单位机器工时比例为1∶6。

A、B产品每批材料移动次数分别为10次、20次。

每批检验数量为A产品每批50件，B产品每批10件。

A产品直接材料20 000元，直接人工30 000元；B产品直接材料40 000元，直接人工15 000元。

依据不同的成本库，归集的制造费用如表12—2所示。

表 12—2 制造费用(成本库)资料

项　目	数额(元)	作业层次(成本动因)
材料处理	12 000	批作业层次
产品检验	15 000	批作业层次
车间管理	18 000	能量作业层次
取暖照明	4 000	能量作业层次
厂房折旧	30 000	能量作业层次
机器能量	11 000	单位作业层次
合　计	90 000	

按传统成本计算法计算产品总成本、单位成本及毛利如表 12—3、表 12—4 所示。

表 12—3 产品生产成本计算表 单位:元

项目 产品名称	直接材料	直接人工	制造费用	合　计
A 产品	20 000	30 000	60 000	110 000
B 产品	40 000	15 000	30 000	85 000
合　计	60 000	45 000	90 000	195 000

注:表 12—3 中制造费用按直接人工比例分配。

表 12—4 产品单位成本及毛利计算表 单位:元

产品名称	直接材料	直接人工	制造费用	合　计	售　价	毛　利
A 产品(10 000 件)	2	3	6	11	13	2
B 产品(5 000 件)	8	3	6	17	22	5

在作业成本法下,根据以上资料,计算步骤如下:

1. 按照作业层次分配制造费用:

(1)单位作业层次(机器能量按机器工时比例分配,计算过程如表 12—5 所示)

表 12—5 机器能量成本分配表

产品名称	数　量	机器工时	合计(元)	分配率	分配额(元)
A 产品	10 000	1	10 000		2 750
B 产品	5 000	6	30 000		8 250
合　计			40 000	0.275	11 000

(2)批作业层次(材料处理成本与检验成本分别按移动次数与检验次数比例分配,计算过程如表 12—6、表 12—7 所示)

表 12—6　　材料处理成本分配表

产品名称	批　数	每批移动次数	合　计	分配率	分配额(元)
A 产品	10	10	100		2 000
B 产品	25	20	500		10 000
合　计	—	—	600	20	12 000

表 12—7　　检验成本分配表

产品名称	批　数	每批检验数	合　计	分配率	分配额(元)
A 产品	10	50	500		10 000
B 产品	25	10	250		5 000
合　计	—	—	750	20	15 000

(3)能量作业层次(车间管理成本、取暖照明、厂房折旧按照直接材料成本比例分配,计算过程如表 12—8 所示)

表 12—8　　其他作业(全面管理)成本分配表

产品名称	直接材料成本(元)	分配率	分配额(元)
A 产品	20 000		17 400
B 产品	40 000		34 600
合　计	60 000	0.87	52 000

2. 综合上述计算结果,A、B 产品总成本和单位成本汇总表如表 12—9 所示。

表 12—9　　产品成本计算表　　单位:元

项　目	A 产品(10 000 件)		B 产品(5 000 件)	
	总成本	单位成本	总成本	单位成本
单位工作层次				
直接材料	20 000	2	40 000	8
直接人工	30 000	3	15 000	3
机器能量	2 750	0.28	8 250	1.65
小　计	52 750	5.28	63 250	12.65
批作业层次				
材料处理	2 000	0.2	10 000	2
检验成本	10 000	1	5 000	1
小　计	12 000	1.2	15 000	3
能量作业层次				

续表

项　目	A产品(10 000件)		B产品(5 000件)	
	总成本	单位成本	总成本	单位成本
全面管理	17 400	1.74	34 600	6.92
小　计	17 400	1.74	34 600	6.92
合　计	82 150	8.22	112 850	22.57

作业成本法下,单位成本与毛利如表12—10所示。

表12—10　　产品单位成本及毛利计算表　　单位:元

产品名称	直接材料	直接人工	作业成本	合　计	售　价	毛　利
A产品(10 000件)	2	3	3.22	8.22	13	4.78
B产品(5 000件)	8	3	11.57	22.57	22	—0.57

以上通过运用传统成本计算法与作业成本计算法,对A、B产品成本计算结果可做如下比较:

在传统成本计算法下,A、B产品的单位成本均低于单位售价,给管理者提供的信息是A、B产品都是盈利产品,而B产品的盈利要大于A产品。

在作业成本法下,A产品的单位成本低于单位售价,而B产品的毛利为负数,给管理者提供的信息是A产品为盈利产品,B产品为亏损产品。

上例采用不同的成本计算方法,得出了截然不同的成本信息,其原因是在传统成本计算法下,制造费用是以工时或人工费用这单一标准为基础分配的,这样一方面高估了产量较高、复杂程度较低的产品的成本,同时也低估了产量较低而复杂程度较高的产品的成本,给管理者提供的成本信息是不真实的,会误导管理者做出错误决策。在作业成本法下,制造费用是以作业为基础,按成本动因来分配的,使成本计算的合理性、准确性大大提高,给管理者提供了真实、可靠的成本信息,有助于管理者做出正确决策。

四、作业成本法的适用范围

作业成本法不仅可以用于事后成本核算,还可以用于事前的计划,有助于成本管理。但其使用所需要的数据来源较广、分类较细,所以作业成本法一般适用于生产自动化程度较高,制造费用在成本中所占比重较大,作业种类多,而且最好是会计电算化程度比较高的企业。

除制造业外,其他行业比如零售业、服务业等也可以采用作业成本法计算和管理成本。这样,既可以提供有关成本信息,又能有效地提高资源的利用率。

本章小结

随着市场的变化、科技的进步以及消费需求的变化,企业之间的竞争日趋激烈。经营环境的变化推动着企业管理的革新，传统的成本计算方法已不能满足企业成本管理的需要，于是就出现了像标准成本法、作业成本法等新型成本分析和管理方法。

本章简单介绍了这两种方法核算的原理。标准成本法的特点和核算程序是，事先采用现行标准成本为企业生产的各种产品制定其各成本项目的标准，再将生产过程中实际发生的成本与标准成本做比较，及时揭示并分析成本差异，迅速采取有效措施，起到事中控制的作用。月末揭示成本差异分析原因，查明责任，评估业绩，并指出降低成本的途径，达到事后控制的目的。

作业成本法的原理是：产品消耗作业，作业消耗资源。作业成本法下，首先将企业的生产经营过程划分为一个又一个的作业，把作业作为成本核算对象，依据作业对资源的消耗情况，将生产费用按其产生的原因汇集到作业上，计算出作业成本，再按照产品生产所消耗的作业，将作业成本计入产品的生产成本。因此，作业成本法既可以计算出产品生产成本以满足损益计算的需要，又可以计算出作业成本以满足作业管理的需要。

在市场经济发展的今天，企业应多借鉴西方国家先进的管理制度和方法，以更好地提高我国企业的管理水平和经营绩效。

关键概念

标准成本法　　作业成本法

思考题

1. 什么是标准成本法？它有哪些特点？
2. 产品的标准成本如何制定？
3. 标准成本差异如何计算？
4. 标准成本法的账务处理有哪些特点？
5. 什么是作业成本法？其基本原理是什么？
6. 作业成本法与传统成本法有何区别？

自测题

一、判断题

1. 从本质上讲，标准成本法是一种成本控制和管理的方法。（　　）
2. 根据标准成本的水平不同，标准成本分为理想标准成本和现行标准成本。（　　）
3. 现行标准成本是指企业现在所使用的标准成本。（　　）
4. 企业制定的标准成本并非越低越好。（　　）
5. 标准成本差异包括数量差异和价格差异。（　　）

6. 各种标准成本差异抵消后的净额,应记入“基本生产成本”账户。 ( )
7. 作业成本法对间接费用的分配可以采用不同的分配率。 ( )
8. 成本动因是指引起成本发生的驱动因素。 ( )

二、单项选择题

1. 以现有生产经营条件达到最优水平为基础确定的成本为( )。
   A. 理想标准成本　B. 正常标准成本
   C. 基本标准成本　D. 现行标准成本
2. 固定制造费用效率差异是由于( )之间的差异造成的。
   A. 实际工时与预算工时　B. 实际工时与标准工时
   C. 预算工时与标准工时　D. 实际分配率与标准分配率
3. 月末,各项成本差异抵消后的净额应列入( )。
   A. 资产负债表　B. 利润表　C. 利润分配表　D. 现金流量表
4. 作业成本法的基本原理是( )。
   A. 作业消耗产品,产品消耗资源　B. 作业消耗资源,资源消耗产品
   C. 产品消耗作业,作业消耗资源　D. 产品消耗资源,资源消耗作业
5. 作业成本法的成本核算对象是( )。
   A. 作业　B. 产品　C. 资源　D. 作业动因

三、多项选择题

1. 标准成本按照其制定的依据不同可分为( )。
   A. 历史标准成本　B. 现行标准成本
   C. 预期标准成本　D. 正常标准成本
2. 直接材料数量标准在制定时应考虑( )因素。
   A. 产品所耗材料数量　B. 不可避免的废品所耗材料数量
   C. 采购价格　D. 合理损耗
3. 直接人工的工资率标准可能采用( )。
   A. 标准工时　B. 标准小时工资率
   C. 标准计件单价　D. 标准分配率
4. 以下属于标准成本差异的是( )。
   A. 材料价格差异　B. 直接人工成本差异
   C. 变动制造费用效率差异　D. 固定制造费用成本差异

实务题

实务题一

1. 目的：练习标准成本差异的计算和分析。

2. 资料：某企业生产甲产品，202×年 8 月投产 1 000 件，全部完工。202×年 8 月共采购材料 2 200 千克，耗用材料 2 000 千克，实际购买单价为 11 元。标准耗用量为 1 800 千克，标准单价为 12 元。实际消耗生产工时 30 000 小时，每小时支付工人工资 4 元，标准工时 33 000 小时，标准工资率 3.4 元。发生固定制造费用 90 000 元，标准分配率为 3 元。发生变动制造费用 65 000 元，标准分配率为 2 元。

3. 要求：计算和分析各项标准成本差异。

实务题二

1. 目的：练习作业成本法

2. 资料：某企业生产甲、乙两种产品，由于技术含量不同，所耗作业量也不同。企业 202×年 8 月耗费间接费用 10 000 元，生产甲产品 1 000 件，乙产品 2 000 件。经分析，企业间接费用的驱动因素主要有五个，设置五个作业中心。相关资料见下表：

作业中心	作业成本	作业量			成本动因
		甲产品	乙产品	合　计	
材料采购	2 000	2	8	10	采购次数
生产准备	1 000	60	40	100	准备次数
机器调整准备	3 000	70	80	150	准备次数
设备维修	3 000	90	60	150	维修次数
质量检验	1 000	50	50	100	检验次数
合　计	10 000	272	238	510	—

3. 要求：采用作业成本法分配间接费用。

第十三章

成本报表的编制和分析

本章要点

- 熟练掌握成本报表的编制
- 掌握成本报表的分析

本章引言

成本报表的编制和分析，是成本会计工作的重要环节。本章第一节在阐述成本报表的概念、作用、种类的基础上，研究了商品产品生产成本表、主要产品单位成本表和各种费用明细表的基本结构和编制方法。第二节侧重对商品产品成本计划完成情况、可比产品成本降低计划完成情况、产品单位成本计划完成情况进行分析。另外，本节还介绍了成本分析的作用、成本分析方法以及成本分析报告的主要内容。

素养提升

本章主要培养学生掌握成本报表的编制过程，并通过对成本报表的分析，掌握成本变化趋势及变化的原因，理解正确的成本信息对企业管理决策及企业核心竞争力的重要作用，树立良好职业道德。

第一节　成本报表的编制

一、成本报表的概念和作用

(一)成本报表的概念及特点

1. 概念

成本报表是根据产品成本和期间费用的核算资料以及其他有关资料编制的,用来反映企业一定时期产品成本和期间费用水平及其构成情况的报告文件。成本报表不是对外报送的会计报表,属于企业内部报表。

2. 特点

(1)成本报表是服务于企业内部经营管理目的的报表,一般不受外界因素的影响。报表的种类、格式、编制时间、报送程序、报送范围都由企业自行规定,并且随着生产条件的变化和管理要求的提高,可以随时修改和调整,因而具有较大的灵活性和多样性。

(2)成本报表是以企业特定的生产环境为背景,对成本的反映和控制紧密联系着其生产工艺与生产组织的特点及企业对成本管理的要求,因此不同企业的成本报表会存在差异。

(3)成本报表会计核算资料与技术经济资料相结合的产物,其信息具有综合性与全面性的特点。如对材料成本,既要从价格上反映,又要从消耗量上反映。因此,对成本报表不仅要设置货币指标,在反映成本消耗的指标上还要采取多种形式,容纳多方面的信息。成本报表需要同时满足各级部门和各级生产部门、各职能部门对成本管理的需要,不仅要提供事后分析资料,还应提供事前计划、事中控制所需要的大量信息。

(4)成本报表具有及时与灵敏的特点。由于成本报表编制时间灵活,有日报、旬报、月报等,从而能为企业日常的成本控制提供及时有用的资料。

(二)成本报表的作用

(1)企业经营管理人员利用和分析成本报表,可以了解企业成本管理的现状和发展趋势,考核各级部门完成成本计划的进度和结果,进一步挖掘降低成本的潜力,也可以结合其他相关资料进行综合分析,以利于做出正确的经营决策。另外,成本报表作为本期成本计划完成情况的系统总结,还可以为企业管理层编制下期成本和利润等计划提供重要依据。

(2)企业各管理职能部门利用和分析成本报表,可以了解成本计划的执行情况、成本结构的变化趋势等有关资料,发现成本管理工作中存在的问题,以便及时采取措施加以解决;可以明确各部门、各岗位执行成本计划的成绩和责任,总结经验,实行合理的奖惩;可以结合其他相关资料,进行综合分析,为企业经营决策提供及时而有效的依据。

(3)企业所有者利用和分析成本报表,可以了解成本计划的执行情况,监督企业经营活动,并通过与同类企业成本报表资料的对比分析,可以了解本企业的市场竞争力,为企业做出正确决策。

二、成本报表的种类

(一)按报表反映的经济内容分类

(1)反映企业产品成本水平及其构成情况的报表,主要有商品产品成本表、主要产品单位成本表等。

(2)反映企业生产经营过程中各种费用支出水平及其构成情况的报表,主要有制造费用明细表、销售费用明细表、管理费用明细表和财务费用明细表等。

(二)按报表编制的时间分类

成本报表按编制的时间不同可以分为日报、周报、旬报、月报、季报和年报,甚至按班编报。为了及时向企业管理部门提供成本信息资料,成本报表除了年报、半年报、季报和月报外,应突出采用旬报、周报、日报和班报等形式,以满足企业生产经营管理对于成本的控制和考核方面的需要。

三、成本报表的编制要求

为了保证成本信息的质量,充分发挥成本报表的作用,成本报表的编制应符合以下基本要求:

1. 内容必须完整

一是报表的种类必须齐全,特别是定期报表的编制更应注意这一点;

二是报表项目的填制必须齐全,包括正表与副表的填列、表内项目与表外补充资料的填列等,不得随意取舍报表的种类及报表的有关项目。

2. 数字必须真实

报表所提供的有关指标,必须做到如实反映企业一定时期内各项费用成本的实际情况,保证账证相符、账账相符、账实相符、账表相符等,不得以估计数字、定额数字或计划数字代替实际数字。

3. 指标必须实用

出于不同的管理需要,成本报表的指标设计应贯彻有用性原则,可以是总括数字或明细数字,也可以是预算数字或实际数字;可以是完全成本,也可以是变动成本、标准成本、责任成本或作业成本;可以是事前成本预测数字,也可以是事中反馈数字、事后总结数字;可以是各个产品全面的成本数字,也可以是某一种产品甚至某一个生产步骤、某个工段、某个班组的成本数字;可以是各个成本项目的综合数字,也可以是某个成本项目甚至某个项目费用的数字等。

4. 编报必须及时

及时提供成本信息,是保证成本信息质量的重要前提之一。过时的信息将因为事过境迁、机遇的丧失,使得所提供成本信息的用途大打折扣,以致毫无用处甚至误导决策,造成失误。

成本报表无论是定期还是不定期编报，都应在规定的时间内尽快报出，向有关部门和人员反馈成本费用信息，以便及时检查计划或预算的执行情况，采取措施，以减少费用、降低成本。

四、商品产品成本表的编制

商品产品成本表是反映企业在一定期间内所生产的全部产品(包括可比产品和不可比产品)的总成本及各种主要产品的单位成本和总成本的报表。编制该报表的目的是用该表所提供的资料，对全部产品及主要产品成本计划的执行结果和各种可比产品降低任务的完成情况进行考核，分析成本增减变动的原因，寻求进一步降低产品成本的途径。

商品产品成本报表通常按月编制。该表由基本部分和补充资料两部分组成。该表的基本部分中，一般将全部产品划分为可比产品和不可比产品两类，并分别列示其单位成本、本月总成本、累计总成本等栏目。其基本格式如表 13－1 所示。

表 13－1　　　　商品产品成本表

编制单位：　　　　　　　　　　年　　月　　　　　　　　　　单位：元

产品名称	单位	实际产量		单位成本				本月总成本			本年累计总成本		
		本月	本年累计	上年实际平均	本年计划	本月实际	年累计实际平均	按上年实际平均单位成本计算	按本年计划单位成本计算	按本月实际单位成本计算	按上年实际平均单位成本计算	按本年计划单位成本计算	按本年累计实际平均成本计算
		1	2	3	4	5	6	7＝1×3	8＝1×4	9＝1×5	10＝2×3	11＝2×4	12＝2×6
可比产品合计													
甲	件												
乙	件												
不可比产品合计													
丙	件												
丁	件												
全部产品成本													

补充资料：1. 可比产品成本降低额
2. 可比产品成本降低率
3. 甲产品计划产量，乙产品计划产量

商品产品成本表的编制说明如下：

(1)此表分为基本报表和补充资料两部分。基本报表部分应按可比产品和不可比产品分别填列。可比产品是指以前年度正式生产过，有完整历史成本资料的产品，包括已验收入库的产成品、已对外销售的半成品和已经完成的服务。不可比产品是指本年度初次生产的新产品，或虽非初次生产，但在以前仅为试制而并未正式投产的产品；如果缺乏完整的可比成本资料的产品，也可列为不可比产品。

(2)对于可比产品的单位成本、本月总成本和本年累计总成本，应在报表中分别列示其上年实际平均数、本年计划数、本月实际数和本年累计平均数，以便分析可比产品成本降低任务的完成情况。对于不可比产品的单位成本、本月总成本和本年累计总成本以及全部产品的总成本，则应同时列出本年计划数、本月实际数和本年累计实际平均数，以利于考核不可比产品以及全部产品成本计划的执行情况。

(3)产量资料根据有关生产记录或产成品明细账的产量记录填列。本年累计实际产量根据本月实际产量加上上月商品产品成本表所列本年累计实际产量填列。

(4)上年实际平均单位成本根据上年商品产品成本所列全年累计实际平均单位成本填列，本年计划单位成本按本年计划资料填列，本月实际单位成本等于本月实际总成本除以本月实际产量计算填列，本年累计实际平均单位成本等于本年累计总成本除以本年累计实际产量计算填列。

(5)补充资料是商品产品成本表的一个重要组成部分，它能提供完整的反映企业成本管理状况的成本信息，一般包括“可比产品成本降低额”与“可比产品成本降低率”两个指标。

$$\begin{matrix}\text{可比产品}\\\text{成本降低额}\end{matrix}=\sum[(\text{上年平均单位成本}-\text{本年平均单位成本})\times\text{本年实际产量}]$$

$$\begin{matrix}\text{可比产品}\\\text{成本降低率}\end{matrix}=\begin{matrix}\text{可比产品}\\\text{成本降低额}\end{matrix}\div\sum(\text{上年单位成本}\times\text{本年实际产量})\times 100\%$$

本年实际总成本大于上年总成本时，成本降低额和成本降低率均以“－”号表示。

五、主要产品单位成本表的编制

主要产品单位成本表是反映企业在一定期间内生产的各种主要产品单位成本的构成和各项主要经济指标执行情况的成本报表。该表是对全部商品产品成本报表中主要产品单位成本的详细补充，进一步提供成本构成项目的明细资料和揭示成本变动趋势。其格式如表 13－2 所示。

表 13－2　　主要产品单位成本表

年　　月　　　　单位：元

产品名称：　　本月计划产量：　　本月实际产量：

计量单位：　　本年累计计划产量：　　本年累计实际产量：

产品规格：　　销售单价：

成本项目	行次	历史先进水平（××××年）	上年实际平均	本年计划	本月实际	本年累计实际平均
直接材料	1	（略）				
直接人工	2					
制造费用	3					
生产成本合计	4					

续表

成本项目	行次	历史先进水平（××××年）	上年实际平均	本年计划	本月实际	本年累计实际平均
主要经济技术指标用量	5	耗用量	耗用量	耗用量	耗用量	耗用量
1. A材料（千克/件） 2. B材料（千克/件） 3. ……						

主要产品单位成本表编制说明如下：

（1）主要产品通常是指企业经常生产，在企业全部产品中所占比重较大，能够概括反映企业生产经营全貌的那些产品。本表主要分为两部分：

第一部分为本表的基本部分，包括产量和产品单位成本。其中，产量部分反映各主要产品的本月实际产量、本年累计实际产量及产品的销售单价；单位成本部分按照成本项目分别反映历史先进水平、上年实际平均水平、本月实际以及本年累计实际平均的单位成本，所列成本项目包括直接材料、直接人工和制造费用。

第二部分为补充资料，主要反映上年和本年的几项主要经济指标，如主要材料的耗用量等。

（2）“产量”项目中的本月及本年累计计划产量根据生产计划资料填列；本月及本年累计实际产量根据产品成本明细账或产成品成本汇总表中的产量资料填列；销售单价根据产品定价表填列。

（3）成本项目的“历史先进水平”单位成本，根据企业历史上该种产品成本最低年度的实际平均单位成本填列；各成本项目的“上年实际平均”单位成本，根据上年度主要产品单位成本累计实际平均单位成本填列；各成本项目的“本年计划”单位成本，根据本年度计划资料填列；各成本项目的“本年实际”单位成本，根据产品成本明细账或产成品成本汇总表填列；各成本项目的“本年累计实际平均”单位成本，根据公式“某产品的平均实际单位成本＝该产品累计总成本÷该产品累计产量”计算填列。

（4）“主要技术经济指标”是指该种产品主要原材料的耗用量，根据业务技术核算资料填列。

对于不可比产品，则无须填列“历史先进水平”和“上年实际平均”的单位成本。

六、制造费用明细表的编制

制造费用明细表是反映企业及其各生产单位在报告期内发生的各项制造费用及其构成情况报表。企业编制的各生产单位汇总的制造费用明细表，只汇总反映基本生产单位的制造费用，不包括辅助生产单位的制造费用。本表可以用于分析制造费用的构成及其增减变动情况，考核制造费用预算的执行结果，为加强制造费用控制管理、节约开支、降低产品成本提供依据。

为了加强费用管理、及时了解制造费用的发生情况，制造费用明细表一般按月编制。在有些季节性生产企业，制造费用明细表也可以按年编制。制造费用明细表根据制造费用的费用项目，分别反映本年计划数、上年同期实际数、本年累计实际数。其基本格式如表13—3所示。

表13—3　　制造费用明细表

编制单位：　　　　年　　月　　　　单位：元

项　目	行　次	本年计划	上年同期实际	本月实际	本年累计实际
工资	（略）				
职工福利费					
社会保险费					
折旧费					
修理费					
办公费					
取暖费					
水电费					
机物料消耗					
低值易耗品摊销					
劳动保护费					
租赁费					
运输费					
保险费					
设计制图费					
试验检验费					
季节性、修理期间的停工损失					
其他支出					
合　计					

制造费用明细表的编制说明如下：

本表的"本年计划数"根据成本计划中的制造费用计划数填列；"上年同期实际数"根据上年同期本表的累计实际数填列，如果上年度本表的费用项目与本年度不一致，应将上年度的有关数字按照本年度本表的项目调整数填列；"本年累计实际数"根据制造费用本月实际加上月制造费用明细表中的本年累计实际填列。

七、其他成本报表的编制

（一）销售费用明细表的编制

销售费用明细表是反映企业在一定会计期间内发生的产品销售费用及其构成情况的报

表。该表一般按照费用项目分别反映各项费用的本年(月)计划数、上年实际数(或上年同期实际数)、本月实际数和本年累计实际数。利用该表可以分析销售费用的构成及其增减变动情况,考核各项销售费用计划的执行情况。销售费用明细表基本格式如表 13－4 所示。

表 13－4 **销售费用明细表**

编制单位： 年 月 单位:元

项 目	本年计划数	上年同期实际数	本月实际数	本年累计实际数
职工薪酬	(略)			
业务费				
运输费				
装卸费				
包装费				
保险费				
展览费				
广告费				
差旅费				
租赁费				
低值易耗品摊销				
销售部门办公费				
委托代销手续费				
销售服务费				
折旧费				
其他				
合 计				

销售费用明细表的编制说明如下：

此表按销售费用项目分别反映各该费用的本年计划数、上年同期实际数、本月实际数和本年累计实际数。其中,本年计划数应根据本年销售费用计划填列;上年同期实际数应根据上年同期销售费用明细表的累计实际数填列;本月实际数应根据销售费用明细账的本月合计数填列;本年累计实际数应根据销售费用本月实际数加上月销售费用明细表中的本年累计实际数填列。

(二)管理费用明细表的编制

管理费用明细表是反映企业在一定会计期间内发生的管理费用以及构成情况的报表。该表一般按照费用项目分别反映各项费用的本年(月)计划数、上年实际数(或上年同期实际数)、本月实际数和本年累计实际数。利用该表可以分析管理费用的构成及其增减变动情况、考核各项管理费用计划的执行情况。管理费用明细表基本格式如表 13—5 所示。

表 13—5　　管理费用明细表

编制单位：　　年　　月　　单位:元

项　目	本年计划数	上年同期实际数	本月实际数	本年累计实际数
工资	（略）			
职工福利费				
社会保险费				
折旧费				
办公费				
差旅费				
运输费				
保险费				
租赁费				
修理费				
咨询费				
诉讼费				
排污费				
绿化费				
物料消耗				
低值易耗品摊销				
无形资产摊销				
研究开发费				
技术转让费				
业务招待费				
工会经费				
职工教育经费				
材料、产成品盘亏和毁损（减盘盈）				
其他				
合　计				

管理费用明细表的编制说明如下：

此表按管理费用项目分别反映各该费用的本年计划数、上年同期实际数、本月实际数和本年累计数。其中，本年计划数应根据公司（总厂）或企业行政管理部门的管理费用计划填列；上年同期实际数应根据上年同期管理费用明细表的累计实际数填列；本月实际数应根据管理费用明细账的本月合计数填列；本年累计实际数应根据管理费用本月实际数加上月管理费用明细表中本年累计实际数填列。

(三)财务费用明细表的编制

财务费用明细表是反映企业在一定期间内发生的财务费用及其构成情况的报表。利用该表可以分析财务费用的构成及其增减变动情况,考核各项财务费用计划的执行情况。财务费用明细表基本格式如表13—6所示。

表13—6　　财务费用明细表

编制单位:　　年　月　　单位:元

项　目	本年计划数	上年同期实际数	本月实际数	本年累计实际数
利息支出(减利息收入)	(略)			
汇兑损益(减汇兑收益)				
调剂外汇手续费				
金融机构手续费				
其他筹资费用				
合　计				

财务费用明细表的编制说明如下:

此表按财务费用项目分别反映各该费用的本年计划数、上年同期实际数、本月实际数和本年累计实际数。其中,本年计划数应根据本年财务费用计划填列;上年同期实际数应根据上年同期财务费用明细表的累计实际数填列;本月实际数应根据财务费用明细表的本月合计数填列;本年累计实际数应根据财务费用本月实际数加上月财务费用明细表中的本年累计实际数填列。

第二节　成本报表的分析

一、成本分析的作用

成本分析是以成本核算资料为基础,结合有关计划、定额和其他相关资料,揭示成本变化情况及原因的过程。通过成本分析可以揭示成本变动原因,明确成本发生变化的责任,有助于挖掘企业内部降低成本的潜力。具体来说,成本分析的作用有:

(1)通过成本分析,可以随时查明各项定额、费用指标和成本计划的执行情况,及时采取有效措施,使各项消耗和费用开支控制在预先制定的标准限度内,以达到降低成本的目的。

(2)通过系统地、全面地分析成本计划完成或未完成的原因,可以对成本计划本身及其执行情况进行评价,对成本管理的经验教训进行总结,逐步认识和掌握产品成本变动规律,以便于更好地完成计划任务,且为下期成本计划的编制提供重要依据。

(3)进行成本分析,对各种备选方案进行比较,为确定最佳方案提供客观依据。这对于企业正确进行生产、技术和经营管理决策，提高经济效益，具有重要意义。

二、成本报表的分析方法

(一)比较分析法

比较分析法，是指对经济指标的实际数进行各种各样的比较，从数量上确定其差异的一种成本分析方法。比较分析法只适用于同质指标的数量对比，其主要作用在于揭示客观上存在的差距，并为进一步分析指明方向。根据分析的目的与要求不同，主要有以下几种形式：

(1)以成本的实际指标与成本的计划或定额指标对比，分析成本计划或定额的完成情况。

(2)以本期实际成本指标与前期(上期、上年同期或历史最高水平)的实际成本指标对比，观察企业成本指标的变动情况和变动趋势，了解企业生产经营工作的改进情况。

(3)以本企业实际成本指标(或某项技术经济指标)与国内外同行业先进指标对比，可以在更大范围内找出差距，推动企业改进经营管理。

(二)比率分析法

比率分析法，是将反映成本状况或与成本水平相关的两个因素联系起来，通过计算比率，反映它们之间的关系，借以评价企业成本状况和经营状况的一种成本分析方法。采用这种方法，先要把对比的数值变成相对数，求出比率，然后再进行对比分析。由于成本分析的目的和分析的角度不同，比率分析法有以下几种表示形式：

1. 相关比率分析法

这种分析方法是将某一成本指标或项目，同其他与之相关但不相同的指标或项目加以对比，求出比率，以便更深入地认识某方面的成本水平与经营状况，如成本利润率、百元商品产值成本、百元销售收入成本等都属于相关比率。相关比率分析法是比率分析法中最重要的分析方法，在成本效益分析中被广泛采用。

2. 构成比率分析法

这种方法是通过确定某一成本指标的各个组成部分占总体的比重，观察其构成内容及其变化，以掌握该项成本的特点和变化趋势。如通过计算产品总成本中材料成本、工资成本及制造费用所占的比重及其变化，可以揭示影响总成本水平的关键因素及其增减变动的原因，明确成本管理的重点。

3. 趋势比率分析法

这种方法是将几个时期的同一成本指标进行对比求出比率，再根据比率指标分析、判断企业成本的变动速度与变化趋势。趋势比率分析法既可用于评价经营业绩，又可用于成本预测。

(三)因素分析法

因素分析法是依据分析指标与其影响因素之间的关系，按照一定的程序和方法，确定各因素对分析指标差异影响程度的一种技术方法。因素分析法是成本分析中最重要的方法之一，按其分析特点它又分为连环替代法和差额计算法两种。

1. 连环替代法

连环替代法又称因素替换法、连锁替代法，是因素分析法的基本形式。其分析步骤如下：

(1)确定分析指标与其影响因素之间的关系。通常是用指标分解法，将经济指标在计算公式的基础上进行分解或扩展，从而得出各影响因素与分析指标之间的关系式。

(2)根据分析指标的报告期数值与基期数值列出两个关系式或指标体系，以便确定分析对象。

(3)连环顺序替代，计算替代结果。连环顺序替代就是以基期指标体系为计算基础，用实际指标体系中的每一因素的实际数顺序地替代其相应的基期数，每次替代一个因素，替代后的因素被保留下来。计算替代结果，就是在每次替代后，按关系式计算其结果。有几个因素就替代几次，并相应确定计算结果。

(4)比较各因素的替代结果，确定各因素对分析指标的影响程度。比较替代结果是连环进行的，即将每次替代所计算的结果与这一因素被替代之前的结果进行对比，两者的差额就是替代因素对分析对象的影响程度。

(5)检验分析结果。将各因素对分析指标的影响额相加，其代数和应等于分析对象。如果两者相等，说明分析结果可能是正确的；如果两者不相等，则说明分析结果一定是错误的。

2. 差额计算法

它是因素分析法的一种简化形式。差额计算法作为连环替代法的简化形式，运用的原理与连环替代法是相同的，区别只在于分析程序上。差额计算法比连环替代法简化，即它可直接利用各影响因素的实际数与基期数的差额，在其他因素不变的假设条件下，计算各该因素对分析指标的影响程度。或者说差额计算法是将连环替代法的第三步和第四步合并为一个步骤进行。这个步骤的基本点是确定各因素实际数与基期数之间的差额，并在此基础上乘以排列在该因素前面各因素的实际数和排列在该因素后面各因素的基期数，所得出的结果就是该因素变动对分析指标的影响数。

三、商品产品成本表的分析

商品产品成本分析就是对企业全部商品产品成本计划完成情况进行初步了解和评价，并在此基础上分析商品产品总成本变动原因及可比产品成本降低任务完成情况及影响因素，从而评价企业的成本管理工作，寻求降低产品成本的主要途径。利用此表可以分析以下问题：

1. 对全部产品成本计划的完成情况进行总括评价

通过总评价，一是对企业全部产品成本计划的完成情况有个总括的了解；二是通过对影响计划的完成情况因素的初步分析，为进一步分析指明方向。

2. 分析可比产品成本降低计划的完成情况

可比产品成本降低计划指标和计划完成情况的资料，分别反映在企业的成本计划和成本报表中。

(1)分析可比产品成本降低计划的完成情况，首先应确定分析的对象，即以可比产品成本实际降低额、降低率指标与计划降低额、降低率指标进行对比，确定实际脱离计划的差异。

(2)其次，确定影响可比产品成本降低计划完成情况的因素和各因素的影响程度。影响可比产品成本计划完成情况的因素有产品产量、产品品种构成和产品的单位成本。

例 13－1 某企业 202×年 12 月份“全部商品产品成本分析表”如表 13－7 所示。

表 13－7 **全部商品产品成本分析表** 单位：万元

成本项目	全部商品产品成本		降低指标	
	计划	实际	降低额	降低率(%)
直接材料	5 190	4 848	342	6.59
直接人工	1 038	1 060	－22	－2.12
制造费用	692	732	－40	－5.78
制造成本	6 920	6 640	280	4.05

全部商品产品成本计划完成情况如下：

总成本降低额＝6 920－6 640＝280(万元)

$$总成本降低率=\frac{280}{6\ 920}\times 100\%=4.05\%$$

从表中可以看出，总成本降低 280 万元，降低率为 4.05%，主要依靠直接材料项目降低，而直接人工和制造费用项目是超支的。对此，应进一步对各成本项目进行分析，查明超支和降低的具体原因。

四、主要产品单位成本表的分析

全部商品产品成本计划完成情况分析并不能解释每一种产品成本指标完成情况的成因和成本降低的潜力，对单位成本的分析可以确定产品设计结构、生产工艺过程、消耗定额等因素变动对成本的影响，测算各指标影响单位成本的情况，以便正确全面地评价企业成本管理工作。

产品单位成本分析包括单位成本完成情况的分析和技术经济指标变动对单位成本的影响两部分。这里主要介绍单位成本完成情况的分析。

(一)单位成本一般分析

首先采用比较分析法将单位成本实际与计划、上期或历史先进水平相比，了解其升降情况；然后对重要产品按成本项目对比，研究其成本变动情况，进一步查明单位成本升降的原因。

例 13－2 某企业对其生产的乙产品单位成本进行分析，如表 13－8 所示。

表 13—8　　乙产品单位成本

编制单位:某企业　　202×年 12 月　　单位:万元

成本项目	历史先进水平	上年实际平均	本年计划	本月实际	本年累计实际平均
直接材料	29.75	36.51	36.70	40.80	40.92
直接人工	6.96	7.80	7.80	7.81	7.81
制造费用	5.82	6.23	6.02	6.01	6.03
产品单位成本	42.53	50.54	50.52	54.62	54.76
主要技术经济指标	耗用量	耗用量	耗用量	耗用量	耗用量

从表中可以看出,该企业乙产品的单位成本较计划、上年、历史先进水平都有上升,且上升幅度比较大,乙产品的单位成本较计划上升了 4.24 万元,上升了 8.39%;较上年上升了 4.22 万元,上升了 8.35%;较历史先进水平上升了 12.23 万元,上升了 28.76%。乙产品单位成本上升的主要原因是直接材料上升所致。因此,企业应对材料上升的原因进行因素分析,看其是单位产品材料消耗量上升所致,还是材料采购价格上升或是其他原因引起的。

(二)主要成本项目分析

单位成本与企业的生产技术、生产组织的状况和经营管理水平以及采取的技术措施密切相连。具体成本项目的分析就是要结合这些因素,查明成本升降的具体原因。

1. 直接材料单位成本分析

直接材料在产品成本中比重较大,节约使用材料、提高材料利用率是降低成本的重要途径。影响直接材料成本项目单位成本的因素有消耗量和单价,它们对直接材料成本项目的单位成本的影响如下:

$$\begin{matrix}\text{材料消耗量变动}\\\text{对单位成本的影响值}\end{matrix}=\sum[(\text{材料实际单位耗用量}-\text{材料计划单位耗用量})\times\text{材料计划单价}]$$

$$\begin{matrix}\text{材料单价变动}\\\text{对单位成本的影响值}\end{matrix}=\sum[(\text{材料实际单价}-\text{材料计划单价})\times\text{材料实际单位耗用量}]$$

例 13—3　某企业生产甲产品,材料项目的有关资料如表 13—9 所示。

表 13—9　　材料项目的有关资料

材料名称	计量单位	单位耗用量		材料单价(元)		材料成本(元)		差异(元)
		计划	实际	计划	实际	计划	实际	
A	千克	120	125	62	65	7 440	8 125	685
B	千克	80	75	30	28	2 400	2 100	—300
C	千克	60	62	42	46	2 520	2 852	332
合　计	—	—	—	—	—	12 360	13 077	717

材料耗用量变动对单位成本的影响值=(125—120)×62+(75—80)×30+(62—60)×42

=244(元)

材料价格变动对单位成本的影响值=(65－62)×125＋(28－30)×75＋(46－42)×62

=473(元)

各种因素变动对直接材料费用的影响值=244＋473=717(元)

计算结果表明,甲产品单位成本中的材料成本实际比计划超支717元,这是由于材料消耗量变动超支244元和材料价格变动超支473元综合影响的结果。从各种材料看,A、C材料分别超支685元和332元,超支的原因有材料消耗量增加和材料价格上涨两种,应进一步分析材料消耗量和材料价格上涨的原因,以降低材料成本。而B材料却节约了300元,节约的原因也有材料消耗量减少和材料价格下降两种,也应进一步分析具体原因,以进一步总结经验,挖掘企业内部降低材料成本的潜力。

2. 直接人工项目的分析

分析直接人工项目依不同的工资制度和工资费用计入成本的方法的不同而有所区别。计件工资制下,计件单价不变,单位成本中的工资费用也不变,除非生产工艺和劳动组织方式变化。计时工资制下,如果企业生产多种产品,产品成本中的工资费用一般按生产工时比例分配计入。因此,直接人工费用取决于单位工时定额和小时工资率两个因素,其差异的计算公式如下:

单位工时变动的影响=(实际单位工时－计划单位工时)×计划小时工资率

小时工资率变动的影响=实际单位工时×(实际小时工资率－计划小时工资率)

小时工资率受计时工资总额和生产工时的影响,其变动原因需从这两个方面入手查明。基于此,分析直接人工项目,应结合生产技术、工艺和劳动组织等方面的情况,重点查明单位产品生产工时变动的原因。

例13－4 某企业生产多种产品,其中甲产品的有关资料如表13－10所示。

表13－10 **甲产品工时及工资资料**

项 目	单 位	计 划	实 际	差 异
小时工资率		4	4.5	0.5
单位产品工时	小时	100	95	－5.0
单位产品工资	元	400	427.5	27.5

分析过程如下:

分析对象=427.5－400=27.5(元)

根据上述资料,计算工时耗用量差异和小时工资率差异变动对单位成本中工资项目的影响结果如下:

工时耗用量差异的影响值=(95－100)×4=－20(元)

小时工资率差异的影响值=(4.5－4)×95=47.5(元)

各因素变动对单位产品成本中工资费用的影响值=－20＋47.5=27.5(元)

计算结果表明,直接人工成本实际比计划超支27.5元,这是由于工时消耗量减少使单位产品直接人工成本节约20元和小时工资率提高使单位产品直接人工成本超支47.5元综合影响的结果。从表中可以看出,直接人工成本的超支主要是由于工资水平的增长高于劳动生产率的提高所造成的,应进一步查明原因,以便采取措施,提高劳动生产率。

3. 制造费用项目的分析

制造费用项目的分析主要是对产品单位成本中制造费用升降情况的分析。单位产品中制造费用成本受单位产品消耗的生产工时和小时制造费用率两个因素的影响。其计算公式为:

单位产品成本中制造费用=单位产品生产工时×小时制造费用率

各因素变动的影响可按下列公式计算:

工时消耗量差异影响值=(单位产品实际工时-单位产品计划工时)×计划费用分配率

小时工资率变动的影响值=(实际制造费用分配率-计划制造费用分配率)×实际单位产品工时

例 13—5 某企业生产多种产品,其中甲产品有关资料如表13—11所示。

表 13—11 **甲产品工时及制造费用资料**

项　目	单　位	计　划	实　际	差　异
单位产品工时	小时	50	45	−5
制造费用分配率		0.25	0.23	−0.02
单位产品制造费用	元	12.50	10.35	−2.15

根据上述资料,计算工时耗用量差异和小时制造费用率差异变动对单位成本中制造费用影响的结果如下:

分析对象=10.35−12.50=−2.15(元)

工时耗用量差异的影响值=(45−50)×0.25=−1.25(元)

小时费用率差异的影响值=(0.23−0.25)×45=−0.9(元)

各因素变动对制造费用的影响值=−1.25−0.9=−2.15(元)

计算结果表明,制造费用实际比计划节约2.15元,这是由于工时耗用量减少使单位产品制造费用节约1.25元和小时制造费用率下降使单位产品制造费用成本节约0.9元综合影响的结果,应进一步查明原因,以便采取措施,降低单位产品制造费用成本。

五、成本分析报告

成本分析报告是将成本分析的结果、成本管理的实际情况以及对改进工作提出的建议措施以书面的形式表示为一种汇报材料。其行文要尽可能流畅、通顺、简明、精练,避免口语化、冗长化。严格地讲,成本分析报告没有固定的格式和体裁,但要求能够反映要点、分析透彻、有实有据、观点鲜明、符合报送对象的要求。一般来说,成本分析报告应包含五部分:

第一部分提要段,即概括企业成本核算的情况,让成本报告接受者对成本分析说明有一个总括的认识。

第二部分说明段,是对企业当期成本现状的介绍。该部分要求文字表述恰当、数据引用准确。对经济指标进行说明时可适当运用绝对数、比较数及复合指标数。

第三部分分析段，是对企业当期成本进行分析研究。在说明问题的同时还要分析问题，寻找问题的原因和症结，以达到解决问题的目的。成本分析一定要有理有据，要细化分解各项指标，因为有些报表的数据是比较含糊和笼统的，要善于运用表格、图示，突出表达分析的内容，分析问题一定要善于抓住当前要点。

第四部分评价段，在对企业当期成本做出说明和分析后，对于经营情况、财务状况、盈利业绩，应该给予公正、客观的评价和预测。评价要从正面和负面两方面进行，评价既可以单独分段进行，也可以将评价内容穿插在说明部分和分析部分。

第五部分建议段，特别是对运作过程中存在的问题所提出的改进建议。值得注意的是，成本分析报告中提出的建议不能太抽象，而要具体化，最好有一套切实可行的方案。

本章小结

本章主要阐述两个主要问题：成本报表的编制和成本报表的分析。

成本报表是根据产品成本和期间费用的核算资料以及其他有关资料编制的，用来反映企业一定时期产品成本和期间费用水平及其构成情况的报告文件。成本报表不是对外报送的会计报表，属于企业内部报表。

为了保证成本信息的质量，充分发挥成本报表的作用，成本报表的编制应符合以下基本要求：(1)内容必须完整；(2)数字必须真实；(3)指标必须实用；(4)编报必须及时。

商品产品成本表是反映企业在一定期间内所生产的全部产品(包括可比产品和不可比产品)的总成本及各种主要产品的单位成本和总成本的报表。编制该报表的目的是用该表所提供的资料，对全部产品及主要产品成本计划的执行结果和各种可比产品降低任务的完成情况进行考核，分析成本增减变动的原因，寻求进一步降低产品成本的途径。商品产品成本报表通常按月编制。该表由基本部分和补充资料两个部分组成。

主要产品单位成本表是反映企业在一定期间内生产的各种主要产品单位成本的构成和各项主要经济指标执行情况的成本报表。该表是对全部商品产品成本报表中主要成本单位成本的详细补充，进一步提供成本构成项目的明细资料并揭示成本变动趋势。

制造费用明细表是反映企业及其各生产单位在报告期内发生的各项制造费用及其构成情况报表。企业编制的各生产单位汇总的制造费用明细表，只汇总反映基本生产单位的制造费用，不包括辅助生产单位的制造费用。本表可以用于分析制造费用的构成及其增减变动情况，考核制造费用预算的执行结果，为加强制造费用控制管理、节约开支、降低产品成本提供依据。

商品产品成本分析就是对企业全部商品产品成本计划完成情况进行初步了解和评价，并在此基础上分析商品产品总成本变动原因及可比产品成本降低任务完成情况及影响因素，从而评价企业的成本管理工作，寻求降低产品成本的主要途径。

全部商品产品成本计划完成情况分析并不能解释每一种产品成本指标完成情况的成因和成

本降低的潜力，对单位成本的分析可以确定产品设计结构、生产工艺过程、消耗定额等因素变动对成本的影响，测算各指标影响单位成本的情况，以便正确全面地评价企业成本管理工作。

关键概念

成本报表　　商品产品成本表　　主要产品单位成本表　　成本分析
比较分析法　　比率分析法　　因素分析法　　连环替代法　　差额计算法

思考题

1. 什么是成本报表？与对外报表相比，成本报表作为内部报表具有哪些特点？
2. 成本报表的编制应符合哪些要求？
3. 什么是主要产品单位成本表？如何编制主要产品单位成本表？
4. 什么是成本分析？
5. 成本分析的方法有哪些？
6. 如何分析商品产品成本表？
7. 如何对主要产品单位成本进行分析？

自测题

一、判断题

1. 成本报表的种类、格式、内容及编制方法，可以由企业根据其生产经营的特点和管理要求自行确定。（　　）
2. 商品产品成本表中的补充资料部分，只填列单位成本、本月总成本及产值成本率。（　　）
3. 主要产品单位成本表从成本角度揭示了主要产品的成本状况。（　　）
4. 趋势比率分析法既可用于评价企业的经营业绩，又可用于进行成本预测。（　　）
5. 对大多数企业而言，可比产品成本是成本分析的重点也是企业降低成本的重点。（　　）
6. 制造费用明细账只需列出“上年同期实际数”及“本年累计实际数”两栏数字。（　　）

二、单项选择题

1. 成本报表属于（　　）。
　A. 对内报表　　B. 对外报表
　C. 既是对内报表，又是对外报表　　D. 对内还是对外，由企业自行决定
2. 填制商品产品成本表必须做到（　　）。

A. 可比、不可比产品必须分别填列
B. 可比、不可比产品可合并填列
C. 既可分别,也可合并填列
D. 填列时无须划分可比、不可比产品

3. 狭义的成本分析主要是指(　　)。

A. 事前成本分析
B. 事中成本分析
C. 事后成本分析
D. 全过程成本分析

4. 产品单位成本分析的重点是(　　)。

A. 直接工资项目的分析
B. 制造费用的分析
C. 直接材料成本项目的分析
D. 管理费用的分析

5. 成本利润率属于(　　)。

A. 因素分析法
B. 相关比率分析法
C. 趋势比例分析法
D. 构成比率分析法

6. 差额计算法的计算程序是(　　)。

A. 首先确定各因素对经济指标差异数的影响
B. 首先确定各因素的实际数与基数的差额
C. 首先确定各因素的分析方法
D. 首先替换各个基数指标

三、多项选择题

1. 工业企业成本报表包括(　　)。

A. 商品产品成本表
B. 制造费用明细表
C. 主要产品单位成本表
D. 成本计算单
E. 完工产品成本表

2. 为了保证成本信息的质量,充分发挥成本报表的作用,成本报表的编制应符合(　　)。

A. 内容必须完整
B. 数字必须真实
C. 指标必须实用
D. 计算必须精确
E. 编报必须及时

3. 下列有关主要产品单位成本表说法中正确的是(　　)。

A. 能够提供成本构成情况的信息,便于成本分析
B. 从成本总额角度揭示了主要产品的成本状况
C. 有利于揭示各成本项目的增减变动情况、趋势及原因
D. 有利于从技术与经济的结合上寻求降低产品成本的途径
E. 能够进一步提供成本构成项目的明细资料和揭示成本变动趋势

4. 比率分析法主要包括(　　)。

A. 构成比率分析法
B. 连环替代分析法
C. 差额计算法
D. 相关比率分析法
E. 指标对比分析法

5. 在应用连环替代法时，应注意(　　)。

A. 因素分解的相关性　　B. 分析前提的假定性

C. 因素替代的顺序性　　D. 结果的可验证性

E. 顺序替代的连环性

6. 影响可比产品成本降低任务完成情况的因素有(　　)。

A. 产品产量　　B. 产品品种构成

C. 产品单位成本　　D. 产品总成本

E. 产品定额消耗量

实务题

实务题一

1. 目的：练习因素分析法。

2. 资料：荣丰工厂 202×年一季度和二季度 A 产品成本资料如下表所示：

成本资料　　单位：元

项　目	一季度	二季度
产品产量	1 000	1 200
单位变动成本	12	11
固定总成本	9 000	10 000
产品总成本	21 000	23 200

3. 要求：计算各因素变动对产品总成本的影响程度。

实务题二

1. 目的：练习商品产品成本报表的编制。

2. 资料：瑞星工厂 202×年 12 月有关商品产品成本资料如下表所示：

产品产量及单位成本资料　　单位：元

产品种类	单　位	产　量		单位成本			
		本月	本年累计	上年实际	本年计划	本月实际	本年实际
可比产品							
甲产品	件	100	1 100	163	162	161	161.5
乙产品	件	200	2 450	134	135	136	135.5
不可比产品							
丙产品	件	300	3 500		108	106	107

3. 要求：编制商品产品成本表。

参考文献

REFERENCE

1. 张敏，黎来芳，于富生. 成本会计学[M]. 北京：中国人民大学出版社，2021.

2. 袁堂梅，王小燕，宋秀超. 成本会计学[M]. 清华大学出版社，2019.

3. 苗爱红，王晓敏，刘瑞红，孙淑娟. 成本会计实务[M]. 清华大学出版社，2019.

4. 财政部会计资格评价中心. 初级会计实务[M]. 北京：经济科学出版社，2023.

5. 财政部. 企业会计准则第 9 号——职工薪酬. 2014.

6. 企业产品成本核算制度(试行)(2013 年 8 月 16 日财政部发布，自 2014 年 1 月 1 日起施行)